U0930337

# 中国特色社会主义文化自信的前提追问与基础建构研究

## ——基于马克思唯物史观的理论视域

主　编　于泉蛟　王书梅

副主编　王启云

国　家　一　级　出　版　社

全国百佳图书出版单位

**图书在版编目(CIP)数据**

中国特色社会主义文化自信的前提追问与基础建构研究：基于马克思唯物史观的理论视域 / 于泉蛟，王书梅主编. —长春：长春出版社，2021.4
ISBN 978-7-5445-6313-0

Ⅰ.①中… Ⅱ.①于… ②王… Ⅲ.①中国特色社会主义-文化事业-研究②历史唯物主义-研究 Ⅳ.①G12②B03

中国版本图书馆 CIP 数据核字(2021)第066143号

**中国特色社会主义文化自信的前提追问与基础建构研究**
——基于马克思唯物史观的理论视域

**主　　编**：于泉蛟　王书梅
**副 主 编**：王启云
**责任编辑**：黄立芹
**封面设计**：荣辉图文

**出版发行**：長春出版社　　总编室电话：0431-88563443
发行部电话：0431-88561180
**地　　址**：吉林省长春市长春大街 309 号
**邮　　编**：130041
**网　　址**：www.cccbs.net
**制　　版**：荣辉图文
**印　　刷**：三河市华东印刷有限公司

**开　　本**：710 毫米×1000 毫米　1/16
**字　　数**：280 千字
**印　　张**：14
**版　　次**：2021 年 4 月第 1 版
**印　　次**：2021 年 4 月第 1 次印刷
**定　　价**：42.00 元

# 目 录

# 引　言

自党的十八大以来，习近平总书记在多个场合对文化自信进行了深刻的阐述，这反映出习近平总书记立足于新的时代背景变化，在文化建设上所体现出来的新理念、新思想和新战略，是习近平总书记治国理政的重大战略内容和重要部署。这也意味着文化自信成为目前以及将来一个十分重大的研究课题。

文化自信是整个中国特色社会主义建设事业中一个十分重要的组成部分，甚至说，文化自信是整个中国特色社会主义事业体系中的核心和基础部分。因为文化自信可以管灵魂、抓思想、建精神、构理想、铸信念，是真正意义上人的精神家园，体现了新时代我国广大民众新的精神面貌，是中华民族历经艰难困苦，在新的历史发展阶段所呈现出来的新的奋斗力量，更是新时代赋予中国人民新的精神力量、价值信念、理想追求。很明显，一个没有文化自信的国度不能立于国际社会，一个没有文化自信的民族不能立于世界民族之林，一个没有文化自信的个人也不能立于一定的社会体系之中。所以，新时代习近平总书记强调文化自信具有十分重要的意义，不仅在理论上承前启后，在继道路、理论、制度自信之后，提出了崭新的文化自信，是一种更高层次上的理论建构；而且在实践上深度指导，在新时代中国特色社会主义伟大建设事业中，需要更加基本、更加深沉、更加持久的精神力量，即中国特色社会主义事业发展到新时代，更加需要更高层次的思想作为指导，文化自信无疑将成为一种精神以及心理上的重要支撑。

但这里不免也要提出深层次的追问，即为什么习近平总书记要提出文化自信？为什么党的十八大以来，特别是党的十九大以来，在全面建成小康社会的这一关键历史阶段提出文化自信？或者说，在当前中国社会新的发展阶段，为什么特别需要文化自信？文化自信与道路自信、理论自信、制度自信到底有何内在的关联？文化自信中的文化，到底指称什么形态的文化？这种特殊形态的文化又应该包含着哪些具体的内容？这些具体的文化内容又应该具有怎样的特征、性质和本质？文化自信到底要达到一个什么样的高度和深度，才算是真正意义上的文化自信？我们需要怎样去做，才能够真正形成最终极意义上的文化自信？而所谓的最终极意义上的文化自信，又应该怎样用变化发展的目光去审视和把握？这一系列的问题，都需要深度的理论思考和理性探究，需要理论去离析出文化自信的深层内涵，需要理论去探析出文化自信内在的机理和逻辑，需要理论去探究出文化自信形成和发展的规律，需要理论去解析出文化自信内在各要素之间的本质关联，最终需要理论为文化自信奠定一个坚实的基础。只有首先在理论认识上做出了澄清、解析、阐释，才能够最终为实践上的文化自信做好最有效的导引。

我们说，直接意义上的宣传、告知、教育广大群众形成文化自信，恐怕都是流于形式，进入不到人们内心思想的深处，也构筑不起来人们文化自信的坚实根基。所以，对这个问题的破解，一定是要诉诸理论的，或者说，一定是要靠理论的论证和阐释的。这正如马克思所言：“理论只要说服人，就能够掌握群众；而理论只要彻底，就能说服人。所谓彻底，就是抓住事物的根本。”[①] 那么，什么样的理论才能够掌握群众，才是真正的彻底，并且是能够抓住事物的根本呢？而且，这个理论不应该是随便什么形式的理论，这个理论一定要能够对应文化自信这一领域，切近文化自信的主题，能够真正阐释和说明文化自信，只有这样的理论才能够真正具有说服力和论证力。

可能有的学者会认为，那一定是文化学方面的理论，因为文化学就是研究文化的，阐释和揭示文化的内涵、生成、机理、规律、功能、作用等，是专门探讨文化这一独特对象的。不可否认，文化学方面的这种理论，对于阐释文化自信，具有十分重要的作用，是构建文化自信的重要性和基础性理论。本课题的研究，也要基于文化学的理论，要遵循文化学所揭示的文化这一独特现象变

---

①《马克思恩格斯选集》第1卷，北京：人民出版社，1995年，第9页。

化和发展的一般规律。这一点是毋庸置疑的，也是需要具体予以运用和借鉴的。但是，这里有一个辩证的思维逻辑需要我们予以特别注意的，运用形象的话语来表达，那就是“不识庐山真面目，只缘身在此山中”。运用文化学方面的理论来阐释和说明文化自信，确实非常直接，非常“接地气”，因为文化自信就是文化学研究的重要对象和领域，但也恰恰因为如此，反倒会被文化学自身的理论限域有所限制和遮蔽，不能够跳出文化学的理论视野，反倒是深深陷入了文化学自身的理论限域之内。这就会造成“不识庐山真面目，只缘身在此山中”的逻辑悖论了。因为按照唯物辩证法的逻辑，要想真正认识某一对象，单单只从这一对象内部去考察，是不能自圆其说的。而必须以此为基础，从与该对象密切相关的领域，特别是与该对象相对立，能够制约该对象得以存在和发展的领域，这样才能够反过来去真正说明该对象的实质和根本。就正如“好”永远不用“好”自身来说明自己一样，如果用“坏”来对比分析和说明，“好”这个内涵就会更加清晰和鲜明。所以，只有既以文化学的理论为基础，又跳出文化学的理论，从一个更为广延和更为深刻的视角出发，才能够真正审视和说明文化自信。

那么，什么样的理论能够更加深入地阐释文化自信呢？或者说，什么样的理论才能够构筑起人们坚实的文化自信呢？这里，既要运用文化学方面的理论，又要突破和跳出文化学理论的限域。这里内蕴的是辩证的思维逻辑，因为人们头脑中的辩证的思维逻辑本身，就是事物客观存在的辩证属性在人们头脑中的有意识的反映。辩证的思维逻辑本身所体现出来的人类认识的辩证规律，应该非常切合客观事物本身所具有的客观的辩证属性。这就犹如恩格斯所指出的那样：“我们的主观的思维和客观的世界遵循同一些规律，因而两者在其结果中最终不能互相矛盾，而必须彼此一致，这个事实绝对地支配着我们的整个理论思维。这个事实是我们的理论思维的本能和无条件的前提。”① 所以，辩证思维逻辑能够更加深刻地揭示和说明客观研究对象的矛盾辩证属性。

那么，运用辩证的思维逻辑去阐释文化自信，怎样体现出矛盾的辩证属性

①《马克思恩格斯选集》第 4 卷，北京：人民出版社，1995 年，第 364 页。

和特征呢？这就需要把文化自信放在一个更为宽广的领域中，从一个更大的范围和限域中，才能够进一步解析文化自信所内蕴的辩证属性和本质特征。很明显，文化这一现象和内容，终究是人类社会及其历史发展中的一个组成部分，是人类社会及其历史发展过程中诸多要素中的一种，文化与地理环境、人们的物质生产生活、社会的政治法律制度、风俗、习惯、传统等等，都有着紧密的关联。在这些紧密的关联中，其实就深深地体现出了矛盾的辩证属性和内在逻辑。这里所蕴含的辩证思维逻辑是：要想真正解读文化的内涵，深刻探究出文化自信的坚实根基，唯有首先把制约文化的各种要素、因素、各方面的条件、各种环境等揭示和整理出来，在对文化与诸多制约性要素的相互影响、相互制约和相互作用的分析中，才能够反过来，揭示文化何以要自信。进一步说，社会诸多要素制约着文化的存在和发展，文化反过来也影响和制约着社会的诸多要素。在文化作用于社会诸多要素的过程中，在整个人类社会及其历史发展的过程中，文化带来了十分重大的影响和作用，在这些文化所带来的重大影响和实际作用中，就能够凸显和反证出文化的重大价值和意义。而在此基础上，进而就能够深度说明人们为什么要对某一种文化形态进行自信，一旦形成这种文化自信，对于人们来说具有何等重要的价值和意义。否则，单单从文化自身的领域，从文化学的角度来阐释和说明文化自信，就会出现“深陷其中，而全然无觉”的研究缺陷。

这里，我们可以借用黑格尔对形而上学的批判逻辑，来具体说明这一点。黑格尔在他的《精神现象学》序言中，对谢林的直观哲学展开了批判。黑格尔认为谢林“不知道在看起来冲突矛盾着的形态里去认识其中相辅相成的环节”[①]，所以黑格尔认为谢林是无法认识事物的本质的。相比之下，黑格尔则认为事物的本质是对立面的统一，是“单一的东西分裂为二的过程”[②]。这个过程是一个“异化”的过程，“异化”过程需要有“中介”，这个“中介”实际就是凭据、依赖。也就是说，本来矛盾对立着的双方，反过来应该是相互依存、相互关联的。矛盾的一方需要凭据、依赖另一方才能够说明和表达自己，否则自

①黑格尔《精神现象学》(上)，北京：商务印书馆，1979 年，第 2 页。

②黑格尔《精神现象学》(上)，北京：商务印书馆，1979 年，第 11 页。

己是无法表达和言说自己的。这就正如“好”需要凭据“坏”才能表达自己，“坏”也需要凭据“好”才能表达自己一样，它们都需要以对方作为表达和阐释自己的“中介”，否则“好”本身无法说明自己的“好”，“坏”本身也无法说明自己的“坏”。所以，研究文化自信，单单从文化学的视域中去研究，必然会陷入文化学自身的理论限域中，有着自己无法厘清自己的悖论，甚至到最终会出现用某些文化因素去说明文化自信，导致自圆其说，从而陷入唯心主义用意识去阐明意识的闭环解释逻辑。所以，我们需要从文化学的限域中跳转出来，转而结合与文化紧密相关的诸多的社会要素，在这些诸多要素与文化的相互关联、相互作用、相互制约中，去有效说明文化以及文化背后的依据、基础、前提、标准等，这样才能够真正说明文化自信的根本实质和内在逻辑。

那么，从这个角度来看，什么理论能够深刻揭示文化与社会诸多要素之间的诸多关联呢？当然，社会学、历史学、政治学、民族学等都有着独特的视角，也是本课题需要予以借鉴和运用的重要理论。但从整个人类社会历史发展的角度来审视，唯有马克思的唯物史观（历史唯物主义理论）才能够最切实、最根本、最彻底、最具有说服力地阐释文化自信。马克思的唯物史观能够真正解析出文化与社会诸多要素之间的本质关联，为文化自信奠定最为坚实的社会历史基础，能够探究出制约文化自信的各种历史要素、原因、前提、基础等，能够为文化自信奠定坚实的历史本体论基础。关于唯物史观在解释社会历史中的重要地位、重要作用等，马克思主义经典作家有着十分深刻的说明。

我们首先来看恩格斯和列宁对马克思唯物史观的评价。

恩格斯指出：“在马克思使自己的名字永垂于科学史册的许多重要发现中……第一点就是他在世界史观上实现了变革。”[①] “正是马克思最先发现了重大的历史规律。”[②] “这种新的历史观，对于社会主义的观点有极其重要的意义。”[③] “由于这些发现，社会主义变成了科学。”[④] 列宁指出：“马克思的历史唯

①《马克思恩格斯选集》第 3 卷，北京：人民出版社，1995 年，第 334 页。

②《马克思恩格斯选集》第 1 卷，北京：人民出版社，1995 年，第 583 页。

③《马克思恩格斯选集》第 3 卷，北京：人民出版社，1995 年，第 336 页。

④《马克思恩格斯选集》第 3 卷，北京：人民出版社，1995 年，第 366 页。

物主义是科学思想中的最大成果。”[①] “社会学中这种唯物主义思想本身已经是天才的思想。当然，这在那时暂且还只是一个假设，但是，是一个第一次使人们有可能以严格的科学态度对待历史问题和社会问题的假设。”“这个假设第一次把社会学提高到科学的水平”，“第一次使科学的社会学的出现成为可能”，“第一次把社会学放在科学的基础之上”[②]。

从恩格斯和列宁对马克思唯物史观的论述和评价中，我们可以离析出“世界史观”“历史规律”“社会主义”“科学态度”“历史问题”“社会问题”“科学的社会学”等关键词，从中我们也可以进一步总结出：马克思的唯物史观，能够以科学的方式，总结和归纳社会历史发展的内在的客观的规律，能够深度解析社会历史问题的根本实质。唯物史观端正了我们审视人类社会及其历史发展的观点，透过唯物史观，我们就能够深入到人类社会及其历史发展的内在规律，透过人类社会发展的种种历史之谜，把握人类社会及其历史发展的真面目。那么，作为人类社会历史发展中的一个重要表现：文化领域，更是存在着诸多文化之谜，文化本身更是体现了人类社会历史的内涵性、复杂性、神秘性，更会使人难以琢磨。因为文化本身就是由人来创造的，人类在创造文化的过程中，是深深烙上人类的主观意志和理想倾向的，而人类的主观精神领域却是最容易出现各种幻觉、幻想、臆想，以及各种意向、倾向的，甚至会出现各种神秘主义、潜意识心理以及诸多难以捉摸的主观精神现象。这就会造成人们对由人自身所创造的各种文化，反而却难于认识、难于把握、难于理解的情形。比如人类早期为什么会出现各种图腾崇拜？在人类漫长的历史长河中，为什么会出现多种宗教，以及各种神秘的仪式、祭祀等？这些有关人类自身所创造的文化样式，其实后代在很长一段历史时期是无法认识和难以琢磨的，绝大多数的情况都是盲从、遵循而已，很少提出创新和变革。而能够做到巨大的创新和伟大变革的，往往都是对以往文化现象的本质，特别是其中所存在的缺陷，能够做到十分深刻认识和把握的前提下，才能够真正实现文化领域的创新

①《列宁专题文集：论马克思主义》，北京：人民出版社，2009 年，第 68 页。

②《列宁专题文集：论辩证唯物主义和历史唯物主义》，北京：人民出版社，2009 年，第 160—163 页。

和变革。所以，从这个角度来看，我们研究文化以及文化自信问题，作为人类社会发展中的一个重要领域和重大问题，马克思的唯物史观以其对人类社会及其历史发展客观规律的总结，能够科学阐释和说明文化以及文化自信形成、发展的逻辑，能够解析出制约、影响文化自信的诸多社会历史因素，最终能够建构起文化自信的各种坚实根基。

具体而言，我们运用唯物史观对文化自信进行深度阐释和理性建构，主要体现在以下几个方面：

第一，唯物史观是关于人类社会及其历史发展的科学理论，揭示了人类社会及其历史发展的不以人的主观意志为转移的客观规律。

其实，形成人类社会及其历史发展的科学理论，揭示人类社会及其历史发展的客观规律，相比较而言，要比自然科学揭示某一客观的对象，探究某一领域的客观规律，要难得多。因为，人类社会及其历史的发展，一个十分重大的特征就是：人类的思想、文化、意识、传统、习俗、习惯、经验、道德、伦理、观念等人类精神的领域十分凸显且前后传承。而且，人类的有意识的精神文化领域，是最能够凸显人与其他物种之间的区别的。这就使得以往的社会历史观，往往都是从人类的思想文化领域去阐释人类社会及其历史的发展，这就不免都陷入唯心史观的泥潭。这些唯心史观的一个通病：就是用思想去解释思想，用精神去解释精神，总是在人类自身的思想意识中“打转转”，进而无法自拔，循环说明，最后就是无法自圆其说。

马克思从以往唯心史观分析人类社会历史的逻辑中跳了出来，阐释了人类自身思想意识背后的物质动因，从社会存在、人类的物质生产活动、不同时代人们不同的物质生产方式、人们客观的社会历史实践活动中，阐释和揭示了人类思想文化的起源、动因、过程以及变化发展的内在机理，并能够做到以一个客观的自然历史过程的方式去说明。所以，对于文化自信这一人类思想精神领域的阐释和建构，最终要与社会的特定历史阶段，特定社会阶段客观的存在状况，以及特定社会历史阶段的物质生产方式，人们的经济活动，紧密联系起来。从总的社会存在与社会意识的矛盾辩证关系中，揭示出对文化自信产生的各种社会历史制约的因素，进而能够有力建构文化自信的坚实的社会历史前提与基础。所以，马克思的唯物史观能够以人类社会历史发展的客观规律，以其科学的对人类社会及其历史阐释的逻辑和方法，深度揭示文化自信的内涵和建构的基础。这是唯物史观能够特别让人们信服的重要原理和论证方法。

第二，唯物史观特别阐释了人类社会历史发展的两对矛盾：生产力和生产关系、经济基础和上层建筑这两对矛盾。在这两大矛盾的对立统一中，唯物史观揭示了人类社会历史发展的根本动力。这可以为文化自信的研究提供全方位、立体式、动态式的解释框架，也能够最终说明文化自信所依赖的各种社会要素，文化自信赖之以持续的根本动力，在文化与各种社会要素的矛盾辩证关系中，就能够真正说明文化所处的历史地位和重要作用，以及文化自信所必然要关涉到的重要社会历史因素。

关于马克思唯物史观生产力与生产关系、经济基础与上层建筑的基本解释框架，马克思在《〈政治经济学批判〉序言》中，有一段经典性的总结，他指出：

“我所得到的、并且一经得到就用于指导我们的研究工作的总的结果，可以简要地表述如下：人们在自己生活的社会生产中发生一定的、必然的、不以他们的意志为转移的关系，即同他们的物质生产力的一定发展阶段相适合的生产关系。这些生产关系的总和构成社会的经济结构，即有法律的和政治的上层建筑竖立其上并有一定的社会意识形态与之相适应的现实基础。物质生活的生产方式制约着整个社会生活、政治生活和精神生活的过程。不是人们的意识决定人们的存在，相反，是人们的社会存在决定人们的意识。社会的物质生产力发展到一定阶段，便由生产力的发展形式变成生产力的桎梏。那时社会革命的时代就到来了。随着经济基础的变更，全部庞大的上层建筑也或慢或快地发生变革。在考察这些变革时，必须时刻把下面两者区别开来：一种是生产的经济条件所发生的物质的、可以用自然科学的精确性指明的变革，一种是人们借以意识到这个冲突并力求把它克服的那些法律的、政治的、宗教的、艺术的或哲学的，简言之，意识形态的形式。我们判断一个人不能以他对自己的看法为根据，同样，我们判断这样一个变革时代也不能以它的意识为根据；相反，这个意识必须从物质生活的矛盾中，从社会生产力和生产关系之间的现存冲突中去解释。”①

---

①《马克思恩格斯选集》第2卷，北京：人民出版社，1995年，第32—33页。

从马克思这段关于唯物史观解释框架的经典论述中，我们可以十分透彻地了解到：马克思的唯物史观，从社会存在与社会意识，从生产力与生产关系、经济基础与上层建筑的矛盾关系中，揭示人类社会历史内在的矛盾辩证发展过程，深刻阐释了人类社会诸要素之间的矛盾辩证关系，以及由这些矛盾辩证关系发展而体现出来的人类社会历史发展的客观规律性。作为意识形态体系中的文化，自然也要纳入人类社会所包含的各种要素体系之中，从各种要素对文化的各种影响和制约中，来进一步阐释和支撑文化自信的要点。因为，文化不是人类社会历史发展中的单一因素，文化的产生、形成和发展，受制于社会存在的各种客观要素，特别是受制于生产力、人们物质生产的方式、各种经济因素等。而且文化反过来也会对社会诸多要素形成巨大的反作用，在文化与社会诸多要素的相互影响、相互作用、相互制约关系中，我们就可以深度阐释制约和影响文化自信的各种要素，进而总结和归纳文化自信的内在机理和客观规律。所以，唯物史观这一理论，最能够体现出研究文化自信这一主题的矛盾辩证的思维理论，能够深度解析出文化自信的深层的社会根基，特别是文化自信矛盾辩证发展的过程和客观的规律性。

第三，唯物史观强调人民群众是人类社会历史发展的主体，是真正推动人类社会历史发展的根本力量，是人类社会物质财富、精神财富、社会变革的决定力量。人民群众的各种实践活动，是人类社会及其历史发展的重要基础和根本推动力。实践决定认识，实践是认识发展的动力，实践是检验认识真理性的唯一标准，实践更是人类认识最终的目的和归宿。即人类不仅在于认识世界，而且更在于改造世界。中国特色社会主义性质和特征的文化自信，归根到底，是渊源于广大人民群众广泛而深刻的社会历史实践活动的，在广大人民群众具体的社会历史实践活动中，孕育、形成了中国特色社会主义文化，更是在广大人民群众中的社会实践活动中，构筑了对中国特色社会主义文化的自信。这正如列宁所指出的那样："无产阶级用事实表明，它是而且只有它才是现代文明的支柱，它的劳动创造了财富和豪华，它的劳动是我们全部'文化'的基石。"①

---

①《列宁全集》第 9 卷，北京：人民出版社，1987 年，第 204 页。

文化作为人在实践活动中凝结成的思想、精神、信念等意识的一个综合体，无论是内容还是形式，都深深地扎根于广大人民群众的社会历史实践活动中，是广大人民群众在具体的劳动实践中，创造、孕育、形成相应的文化。反过来，文化以及文化自信的根基，要在广大人民群众的社会历史的劳动实践中，才能够找到最初始的根源和最有力的佐证论据。所以，唯物史观从广大人民群众作为人类社会历史的主体的角度，从作为推动人类社会历史前进和发展根本力量的角度，最能够深度阐释和说明文化自信根基中的人的因素。因为文化以及文化自信最鲜明的特征是人为的，是由人来创造的，是具有人的属性、内涵和特征的。而且，文化自信就是要求人自身对某一文化形态形成自信，是专属于人的思想精神建设的范畴和领域。对于特定历史阶段特定的人群，培育其对特定文化形态的自信，最终是要进入人自身的思想认识和实践活动之中的，在实践与认识的矛盾辩证关系中，能够真正为文化自信奠定人自身的实践活动的基础。唯物史观从属于人自身的自由自觉的社会历史实践活动中，最能够真正说明具有属人、人为特征和性质的文化的实质、根源，最终能够为建构特定文化形态的自信奠定坚实的基础。

当然，唯物史观对文化自信的阐释和说明，还体现在许多方面，而且是诸多方面形成的一个整体的社会结构、社会体系，是一个完整、系统且动态变化发展的历史过程。但无论如何，都有必要以唯物史观的理论视域，去审视新时期我国所提出的中国特色社会主义文化的自信。唯物史观作为马克思一生两大重要发现之一，作为中国共产党指导革命战争和改革开放重要的思想武器，作为中华民族走到新时代最根本的意识形态，作为在整个人类思想史中崭新而深邃的世界史观，有能力同时更有责任去为我国新时代的文化建设，提供强有力的理论支撑、理论论证和理论根据。这也是马克思主义理论与中国特色社会主义社会建设进一步紧密结合的重要体现，也是马克思主义中国化进程中一个十分重要的理论成果。

基于此，本课题研究的主旨，是以马克思唯物史观的理论视域，去深度阐释和说明中国特色社会主义文化自信的内涵，为中国特色社会主义文化的自信，构筑坚实的理论依据、理论基础。最终目的，是要在中国特色社会主义事业建设的伟大历程中，在中华民族伟大复兴的征程中，为人们构筑强有力的文化上的精神动力、理想信念、价值追求。文化自信，是文化自觉、文化成熟的标志，更是文化意义上更高层次追求的精神状态。在我国由中国特色社会主义事业建设取得政治、经济、社会、生态建设等各方面显性成就的基础上，更需要人自身思想文化等内在的隐性的精神心理方面的建设，更需要人们对用自己辛勤汗水、矢志不渝、艰苦奋斗所凝聚起来的中国特色社会主义性质和特征的文化，形成高度的自觉和理性的自信。在新的伟大征程中，展现出中华民族、中国人民更富有内涵的精神面貌。

# 第一章
# 中国特色社会主义文化自信的概念基础

本课题所研究的文化自信，特指具有中国特色社会主义性质和特征的文化自信，即中国特色社会主义文化自信（以下简称文化自信）。而且是基于马克思唯物史观的理论视域去探究中国特色社会主义文化自信的内涵、特征、实质、规律、基础等。所以，本课题必然会涉及如下关键词语：文化、社会主义、中国特色社会主义、中国特色社会主义文化、自信、唯物史观等。就是说，本书所研究的文化自信，并不是研究一般意义上的文化自信，而是研究社会主义的文化自信，与资本主义的文化自信相对应，而且还不是研究普遍意义上的社会主义的文化自信，即不是研究其他社会主义国家的文化自信，而是专门研究中国特色的社会主义文化自信，是基于中国特色社会主义事业的新发展、新阶段，反映新时代中国广大民众对自身所孕育出来的中国特色社会主义文化的高度自觉、认可、坚定、信仰。所以，中国特色社会主义文化自信的研究，既具有社会主义文化自信的一般本质、属性、特征，又具有中国的特色、中华民族的独特标识，特别是反映中国社会发展到当前的新时代，中华民族、中国广大人民群众所体现出来的新的生活方式、新的价值理念、新的精神状态。而且本课题还不是仅仅探究中国特色社会主义文化自信的内涵，而是要换一个角度，从马克思唯物史观的理论视域中，挖掘、整理、探究出中国特色社会主义文化何以自信，中国特色社会主义文化自信的坚实根基、逻辑前提、必要条件到底是什么，其内在的逻辑机理到底应该怎样呈现出来，这是本课题研究的根本要义和最终目的。

但是，按照逻辑学的思维理络来分析，虽然是要基于马克思唯物史观的理论视域，探究中国特色社会主义文化何以自信，但研究的前提还是需要首先知晓什么是中国特色社会主义文化，即只有首先了解和把握了研究对象的内容、特质，然后才能够在此基础上探究研究对象何以具有自己内容、内涵的逻辑前提、条件、标准、基础等。所以，本课题的研究涉及文化、社会主义、中国特色社会主义、中国特色社会主义文化、自信、唯物史观等多个关键词。特别是文化、社会主义、中国特色社会主义、中国特色社会主义文化这几个关键词，它们之间紧密关联，有许多交差、重叠之处。但细究辨析，它们之间又有着本质性的差别，所以特别需要分别加以界定和说明。总体来看它们之间是一环套一环，呈现为一个逻辑递进，并且概念的外延不断缩小，概念的内涵越来越特定化和专门化的进路。所以，有必要从概念的外延到内涵，从大到小，展开逻辑递进式的概念分析与界定。这会为我们层层剥离中国特色社会主义文化自信的内涵，逐步深入到中国特色社会主义文化自信的深层机理，做好研究基础。

我们首先来看文化这一基础性和核心性的概念。

## 一、文化

文化是本课题研究的基础性和核心性的概念。

原因在于：关于中国特色社会主义文化自信的实质，从唯物史观的各个角度去探究中国特色社会主义文化自信的基础，都要以文化为其核心和要义，都要体现出文化自身所要体现出来的内涵、特征、价值、理念等。可以说，文化的精神和文化的理念涵盖于本课题研究的各个方面。本课题研究的各个方面都要凸显文化的精神和文化的理念，都要深深地体现出文化所具有的内涵和要求来。所以，文化是本课题研究的核心性和基础性概念。关于文化的概念和内涵，我们首先来看辞书上所给出的定义。

### （一）辞书上的广义和狭义的文化概念

目前，从《辞海》《哲学大词典》等辞书上的通常解释，主要是把文化界定为广义和狭义两个层面。

广义的文化内涵主要是指：“人类在社会实践过程中所获得的物质的、精神的生产能力和创造的物质财富、精神财富的总和，是一种历史现象。每一社会都有与其相适应的物质文化与精神文化，并随着物质生产的发展而发展。生产工具的革新，科学发展的程度，生产者的文化技术水平，以及教育、文化、艺术、科学在社会的普及状况，是衡量一定历史时期文化发展水准的重要标志。”①

从广义的文化内涵角度我们可以看出，文化主要是标识人类在社会实践过程中所获得的物质的、精神的生产能力，是人类的一种生产能力。另一方面标识的是这种生产能力所带来的结果：物质和精神方面的成果，可以统称为物质文化和精神文化。

深入探究文化的这一广义内涵，突出了文化是人类的一种生产能力。即文化体现的是人为、人造、属人的特征，即文化不仅是人类所创造的，是人类的一种生产能力，而且在人类生产、创造文化的过程中，体现出人这一特殊的物种所独有的特征和属性来。这种人所独有的特征和属性，是其他物种所不具备的，只有人才能够创造和使用文化，文化为人这一物种所独有。其他物种仅是被动地适应自然、环境，只是依据其物种遗传的属性，和大自然、环境构成天然的适应的关系，不能够形成文化关系。而人这一物种，则能够真正进行生产、创造，能够把大自然、周围的环境视为一种对象，能够形成对象性的意识，进而采取对象性的创造性活动，从而在改造大自然和周围环境的过程中，使大自然和周围对象性事物变为具有人的属性，能够切合人的需要，深深打下了人的烙印，最终形成的是人化的自然、属人的世界。这个人化的自然、属人的世界，恰恰体现了文化的特征和属性。这正如恩格斯所指出的：“动物所能做到的最多是采集，而人则从事生产，人制造最广义的生活资料，这些生活资料是自然界离开了人便不能生产出来的。”② 恩格斯这句话中的“人则从事生产”，其实就是突出了“文化是人类的一种生产能力”，体现的是文化的创造性、属人性，而且是人的这一特殊物种所独有的。所以，文化的广义内涵，突出了文化的人为、人造和属人的特征。

另外，文化的广义内涵，侧重于阐释人类创造文化的普遍性、一般性、广

---

①冯契《哲学大词典》，上海：上海辞书出版社，1992年，第269页。

②《马克思恩格斯文集》第9卷，北京：人民出版社，2009年，第548页。

延性。即文化是一个大概念，它普遍存在于人类的一切活动之中，广泛存在于人类所波及的一切领域。凡是人类有所认识、有所作用的一切对象、一切领域，都深深印上了人类文化的烙印。同时，从人类所形成的文化成果的角度来看，凡是人类所创造的一切具有属人特征的阐释，其实都是文化性的产物。无论是客观的物质成果：人们所创造的生产工具、生活用品、建筑物、工艺品等；还是主观的精神成果：文学、艺术、宗教、哲学等，都渗透了人类的文化性，都是人类有意为之、有意创造。所以，文化广泛地存在于人类的一切领域，在人类所创造的一切成果中，都蕴含着文化，都体现出文化的属性和特征来，只要印上了人类的烙印，和人类紧密相关的一切对象事物，包括人自身，其实都是一种文化现象。

文化的这种广义性内涵，本身是无可争议的，凸显了文化的普遍性、广泛性与一般性。但笔者想进一步指出的是，虽然文化的广义内涵强调了人为以及人类所创造的属性和特征，但有必要在此基础上做进一步地限定和说明，即人类所创造的一切，有些方面、特定内容，在整个人类文化发展的历史过程中，往往并不“显山露水”，或者说，对人类所带来的价值和意义，也并不是很大，甚至来说，是一种微乎其微、可有可无的，以致是可以被忽略的。笔者认为，这些方面、内容，就不应该列入文化的范畴之内。比如，一些非常普通、非常一般，没有起到重大作用，或者说习以为常的事物、意识等，它们与人类生存和发展并无紧密的关联，并不是人类特别有意为之，仅仅是人类在实践活动中的一些附属产品。笔者认为，这些创造物和意识，文化的内涵和属性就非常低，所以不应纳入文化的范畴之中。所以，文化的广义内涵，应该在广义的基础上，增加人的有意为之，而且应对人类的生存和发展带来重大的影响，以及特别具有标志性的意义，能够体现出人类在改造自然、改造社会、塑造和提升自己的主动性等方面，这样所体现出来的文化，就更具有文化的内涵与品质。

另外，对人类有意为之、有着巨大创造性特征的文化，还要对其进行具体定性。即有些人类有意为之，体现出人类巨大的创造性的产品、思想，虽然体现出了文化的人为特征，但其性质和作用是负效应的，对人类以及社会的前进和发展产生了严重的负面效果，甚至带来了巨大的灾难，在笔者看来，这些方面不应该构成文化的范畴之内。比如人类历史中所出现的一些极端的迷信、风俗等，对人类极其有害的一些创造物，严格意义上不应该算作文化领域。另外，有些创造物，在刚开始的时候，对人类和社会有着巨大的价值，但随着时间的流逝，它的价值和意义不大，甚或转向了负价值，这些方面也有待具体界定和说明。总之，文化虽然有其广义的内涵，凸显人类的创造性、主动性，但也应该具体问题具体分析，不应把所有的人类所创造的一切，都纳入广义的文化范畴之中。为此，我们有必要从狭义的角度去进一步解读文化的内涵。

在辞书中，对文化的狭义界定主要是指：

“精神生产能力和精神产品。包括一切社会意识形态：自然科学、技术科学、社会意识形态。有时又用以专指教育、科学、文学、艺术、卫生、体育等方面的知识和设施，以与世界观、政治思想、道德等意识形态相区别。作为社会观念形态的文化，是一定社会的政治和经济的反映，同时又给予一定社会的政治和经济以巨大的影响。它的发展有着历史的继承性，新文化总是吸取和利用旧文化的成果而逐渐形成。随着民族的产生和发展，文化具有民族性，通过民族形式的发展，形成民族的传统。文化在一定程度上还受着地理环境的影响，越接近原始时代，受的影响也就越大。在阶级社会中，文化具有阶级性。反映统治阶级利益的思想观念、道德准则，在精神文化中往往占据着统治地位。”①

从上面辞书中对狭义文化的界定，我们可以将其总结为以下几个方面：一是指人类的精神领域，凡属人类的思想、意识、精神方面，都可以纳入狭义的文化范畴。可以看出，这一点是有意摒弃客观的物质文化方面。这里内蕴的是，狭义的文化内容，更加体现出人类的主观、精神领域，而这个领域，能够更加凸显人类的“有意为之”。二是狭义的文化与世界观、政治思想、道德意识等其他意识形态有所区别，似乎文化并不太凸显世界观、政治倾向、道德伦理关系等方面，似乎文化更加凸显人的内心、精神世界方面，相应的不太凸显政治、意识形态指向方面。但是在笔者看来，世界观、政治思想、道德等方面，其实也是狭义的文化范畴，只不过可能是由于学科的专门化，这些方面有着十分固定的学科在持续研究，相应的文化学在这方面就很难“挤进去”。但

---

①冯契《哲学大词典》，上海：上海辞书出版社，1992 年，第 269 页。

仔细想想，其实像世界观、政治思想、道德等意识形态方面，可能更加凸显了狭义文化作为精神领域的重点。一个精神领域的文化，其中的核心，都与世界观、政治思想、道德等方面紧密关联。所以，在笔者看来，这些方面应该是纳入狭义文化范畴之内的。比如，社会主义核心价值观，一定是纳入中国特色社会主义文化范畴之内的。三是文化与政治、经济紧密相连，有着作用与反作用的机制。其实，这是我们解读狭义文化的一个重要方法和逻辑，在与文化紧密相关的领域中，可以佐证文化的重要作用，进而把握文化自身的内涵。最后，文化肯定与民族、地理环境、阶级等紧密关联，表现出不同地域、不同民族、不同阶级的特征和概况。所以，从这个角度来看，文化既有普遍性，也有特殊性，因各种特殊的因素而造就不同的文化形态和文化特征。

但是，仔细探究文化的这一狭义内涵，人类的精神生产能力和精神产品，在笔者看来，还是有些宽泛，还是有些抓不住文化内在的独有的特征和根本的属性。在人类的精神世界里，很明显，是一个非常广阔、非常复杂、非常繁多的体系和图景，但在这个非常广阔、非常复杂、非常繁多的人类精神世界中，哪些能够更具有文化的内涵和特征呢？或者反过来说，肯定是有一些不能构成文化的内涵和特征的，甚至严格意义上来说，有些就根本不能算作文化。也即虽然人类的精神世界非常能够凸显人类文化的内涵，但人类的精神世界中并不是所有的一切都能够体现出文化的内涵来。否则，文化和精神以及和诸多意识形态就成为同义语了，我们就可以用意识、精神、认识等来代替文化这一专有词汇。文化肯定是人类精神世界中非常独特的部分，而且还是特别凸显人类精神特质的部分。这种凸显人类精神特质的能够体现文化特征和内涵的思想意识，应是人类文化的实质性内涵，构成文化之为文化的根本标识。

我们不妨从马克思恩格斯对人与动物在意识方面的重大差别的论述中，来进一步理解文化的独特内涵。

马克思在《1844 年经济学哲学手稿》一文中指出：

“动物和自己的生命活动是直接同一的，动物不把自己同自己的生命活动区别开来，它就是自己的生命活动。人则使自己的生命活动本身变成自己意志和自己意识的对象，他具有有意识的生命活动，这不是人与之直接融为一体的那种规定性。有意识的生命活动把人同动物的生命活动直接区别开来。”①

就是说，人的意识属性和动物所谓的意识属性，二者之间存在着根本性的差异。动物的所谓的意识属性，仅仅是其生命的本能，而且总是意识朝外，是外界事物刺激动物的感官系统，形成简单的直接性的刺激和反应，是一种单向的、直接的意识逻辑。而人的意识不仅能对外在事物形成反映、认识，而且还能够回复过来，对人自身的意识进行意识，能够将自身的意识列为自己的意识对象，并且能够深度考察人自身意识的状况：人自身的意识从何处来？怎样形成？怎样变化和发展，以及人自身主观意识如何发挥？人类自身的意识到底能不能认识客观世界？等等。这些都标识了人类意识非常独特的反思性特性，能够反过来思考自己的意识。同时，这也体现了人类意识非常自觉、自为的特征，能够展开自我性质的觉解、认识。而人类意识的这种反思、自觉，或者说，人类开始能够进行反思、自觉自己的思想意识时，也就标识了人类文化的开端，非常鲜明地体现出人类文化的内涵来。因为，当人类进行自觉性的反思时，就深刻凸显了人类意识的能动性、创造性、思考性，这也就是人类狭义的精神性文化的独特标识。人类的狭义上的文化内涵，往往就体现在人的内在的精神世界的塑造、形成上，人类的内在的精神世界越是深刻，也就越能够凸显人类所创造的文化的独有特征和根本属性来。所以，人类自觉性、反思性的思想意识，是人类狭义文化的特有的根本性的内涵。

我们再来看看马克思在《资本论》中关于人与动物的意识差别的一段经典论述，从中我们也可以推理出人类文化的独有内涵。马克思指出：

“蜘蛛的活动与织工的活动相似，蜜蜂建筑蜂房的本领使人间的许多建筑师感到惭愧。但是，最蹩脚的建筑师从一开始就比最灵巧的蜜蜂高明的地方，是他在用蜂蜡建筑蜂房以前，已经在自己的头脑中把它建成了。劳动过程结束时得到的结果，在这个过程开始时就已经在劳动者的想象中存在着，即已经观念地存在着。”②

马克思的这段论述，就更加凸显了人类所具有的独特的文化属性，而动物

---

①《马克思恩格斯文集》第1卷，北京：人民出版社，2009年，第162页。

②《马克思恩格斯文集》第5卷，北京：人民出版社，2009年，第208页。

就不可能具有文化的属性和特征。因为动物做什么、怎么做，不是事先有意为之，而是依据其物种的属性，本能地从事活动。而人则能够超越动物的本能活动，能够有所计划、有所规划，能够对自己所从事的活动进行事先有意识的能动性的把握。这就凸显了人类的文化，因为人类文化本身，总是会彰显人类自身的主观能动性，具有鲜明的主观性色彩，能够靠着人类自身的思想意识去把握对象世界。而当人类靠着自身的思想意识去能动地把握对象世界时，其本身就体现出只有人才能创造出文化来。当人类能够观念性地把握对象世界，事先在头脑中予以观念性地把握，无论这种把握、反映到了什么程度，但这种观念性本身，就是人类所独有的，动物对此则是无能为力的。也正是因为如此，人类的文化特征才能够特别地得到凸显。

恩格斯对人与动物的这种文化性的差异，也有一段特别深刻的总结和论述，他指出：

“动物也有一部历史，即动物的起源和逐渐发展到今天这样的状态的历史。但是这部历史对它们来说是被创造出来的，如果说它们自己也参与了创造，那也是不自觉和不自愿的。相反，人离开狭义的动物越远，就越是有意识地自己创造自己的历史，未能预见的作用、未能控制的力量对这一历史的影响就越小，历史的结果和预定的目的就越加符合。”①

所以，从这个角度来看，只有人类有历史，因为人类的历史能够通过文化的形式记录下来、保存下来，延续下去，而且人类的历史越是向前进步和发展，人类文化的特征就越是凸显。或者我们可以这样来理解：人类的历史，不仅仅是人类的一部进化史、时间顺序史，而且更是一部思想观念史，即人类的文化的历史。人类的历史很大程度上，就是人类的一部文化形成、发展、提升的历史。人类也正是在自身所创造的文化发展史的过程中，实现人类以及人类社会由低级向高级不断地跃迁。相比之下，动物所谓的历史，仅仅是一部时间史，而且动物本身还不能够予以认识和把握自己的历史，即动物不能够将自身的历史予以有意识地把握，动物自身是不可能认识自己的发展历史的，对于动

---

①《马克思恩格斯文集》第 9 卷，北京：人民出版社，2009 年，第 421—422 页。

物来说，其自身发展的历史，是无法在动物的头脑中留下任何痕迹的，这也足以证明，动物是不可能有文化的，更不可能用文化的方式去记载自己的历史。文化是人类的专有、专利。所以，人类的历史不仅仅体现为纵向的时间史，乃至可以说，人类的历史不应仅仅从时间的角度去衡量，更应该从文化的角度去考察和分析，从人类文化发展史的角度去解析，才能够真正实现人类认识自我。在人类漫长历史发展的进程中，在不同的历史阶段，都体现为不同的文化特征，即标识人类历史不同阶段的典型特征，可以更加集中地体现在人类不同历史阶段的文化特征上面。正是人类不同阶段的文化特征，成为我们解析人类历史发展不同阶段的重要依据。这一点，其实与唯物史观从生产方式的角度去把握人类不同历史阶段不但是不相矛盾的，而且是紧密相关的。人类不同历史阶段不同的生产方式，一定会体现出不同的文化形态，而这一独特的文化形态，反过来又涵育不同历史阶段不同的生产方式，能够为不同历史阶段不同的生产方式做思想、文化、意识、习惯、风俗，直至信仰的支撑。所以，从文化的角度解析不同的历史阶段，是从生产方式解析不同历史阶段的一个重要延伸。

总之，狭义的文化内涵，不仅是人类的意识层面，更应该是人类意识领域中独特的层面，是最能够体现人类意识与动物意识之间的差别，最能够彰显人类意识的能动性、创造性、反思性特征，而且所创作的精神内容应该对人类有益，这样的人类意识性的内容和特征，应是文化这一概念的实质性内涵。无论对于狭义文化的内涵有怎样的分歧和争议，文化的意识性、思想性、精神性特征，是文化更为深一层的实质内涵。本课题所解析的中国特色社会主义文化，虽然应涵盖中国特色社会主义所取得的物质成果，但更应该是在这些物质成果的基础上，专门体现中国特色社会主义事业建设、发展所内蕴的思想和精神，是表征中国特色社会主义事业内在的思想灵魂，彰显具有中国特色社会主义属性和特征的精神状态的文化。所以，本课题所研究的文化内涵，主要侧重于狭义的思想精神方面。为了对文化这一根本性概念有着更为深刻的理解，同时也是奠定本课题研究的重要理论前提和基础，有必要对目前中外学者所持的文化观做一个多维度的解析。

### （二）中外学者对文化的多维度理解

关于文化的内涵，中外学者立足于不同的视角，采取不同的论据和方法，做了大量的研究和总结，可谓“百家争鸣、百花齐放”。这也意味着人类的文化内涵，一直是学术界乃至整个社会运行发展中一个十分重大和焦点的问题，人们对人类自身所创造的文化，永远都有着兴趣和好奇心，永远都想进入到文化殿堂去品味品味。这似乎也总是给我们这样的感受：由人类这一独特物种所创造的属人的文化，一方面人们很难琢磨它，人类文化中总是有着诸多谜团，并不是像自然科学那样可以实证，可以用数据来阐释和说明；但是另一方面，人们却总是乐此不疲，甚至苦苦求索，因为从人类所创造的独特文化中，似乎更能体现出人性，更是人类认识自我的重要维度和途径。所以，古今中外，许多学者对人类文化做了不同切入点、不同层面、不同深度的研究。我们以下着重列举几个典型的文化概念，以拓展和丰富我们对文化的深刻理解。

1. 文化是一幅多姿多彩和活生生的有机图景

西方著名历史学家斯宾格勒在《西方的没落》中，对文化有这样一段整体性的描述：

“我看到的是一群伟大文化组成的戏剧，其中每一种文化都以原始的力量从它的土生土壤中勃兴起来，都在它的整个生活期中坚实地和那土生土壤联系着；每一种文化都把自己的影像印在它的材料即它的人类身上；每一种文化各有自己的观念，自己的情欲，自己的生活、愿望和感情，自己的死亡。这里是丰富多彩，闪耀着光辉，充盈着运动的，但理智的眼睛至今尚未发现过它们。在这里，文化、民族、语言、真理、神祇、风光等等，有如橡树与石松、花朵、枝条与树叶，从盛开又到衰老。——但是没有衰老的‘人类’。每一种文化都有它的自我表现的新的可能，从发生到成熟，再到衰落，永不复返。世上不止有一种雕刻、一种绘画、一种数学、一种物理学，而是有多种，在其本质的最深处，它们各不相同，各有生存期限，各自独立的，正和每一种植物各有不同的花果、不同的生长与衰落方式是一样的。这种种文化是纯化了的生活精髓，它们和田野间的花儿一样无终极目的地生长着。它们和动植物一样属于歌德的活生生的自然，而不属于牛顿的死板的自然。我把世界历史看成一幅无止境地形成、无止境变化的图景，看成一幅有机形式惊人地盈亏相继的图景。”①

① 奥斯瓦尔德·斯宾格勒《西方的没落》(上卷)，北京：商务印书馆，1963 年，第 39 页。

可以首先感受到的是，斯宾格勒对文化做了一个全景式的、富有生机和活力的描述，人类的文化就像一场精彩绝伦的戏剧，美轮美奂，丰富多彩。文化深深地扎根于特定的地域的特定人群，不同的地域的人群创造了属于他们不同的文化。而且文化是生生不息、不断运动和变化着的，有其产生、发展到衰落的过程。但是文化赖以存在的人本身，却是永恒的。也即，只要有人类自身存在，人类就会永不停息地创造文化，虽然某些特定的文化形态可以消亡，可以被人们所遗忘，但人类创造文化的脚步，却从来没有停息过。人类生活的图景，实质来说，就是丰富多彩、生机勃勃的文化图景。而且这里最为核心的，就是斯宾格勒所指出的文化是一种纯化了的生活精髓，人类生活的五彩斑斓，包含方方面面，或者说，人类的生活本身就需要处理来自各个方面的问题，但是人类生活的一切，围绕的中心、精髓，则是文化。文化涵盖人类生活的方方面面，但是文化是人类生活方方面面内在的、细致的、缜密的、精致的、活生生的、有着无限活力的精髓、精华。这道出了人类生活的内在秘密，体现了人之为人的实质性内涵。直接意义上，人是靠各种生产生活资料活着，但是在间接意义上，人更是靠存在于人自身内心深处的文化活着。是人创造了文化，但文化反过来又哺育、生成了人类，使得人类能够以文化的方式、形式，存在于整个世界之中，成为人类的一种特有的存在标识。斯宾格勒为我们呈现了文化的多姿多彩和生生不息的图景，这也意味着我们所研究的中国特色社会主义文化自信中的中国特色社会主义文化，也一定是多姿多彩、生生不息的一种文化形态，如果将其固定、封闭，不能展现出其应有的活力来，那么人们肯定是不会对其予以自信的。

2. 文化是人类文明的一个总称

持这种观点的学者有许多。因为文化和文明，在许多场合可以互换使用，甚至在某种程度上，文化与文明有着共同的概念和内涵。在日常生活中，许多人也是将文化与文明作为同义语来使用的。关于文化是人类文明的总称这样的解释逻辑，我们可以列举出中外学者以下几种相近的观点：

“文化，或文明，就其广泛的民族学意义来说，是包括全部的知识、信仰、艺术、道德、法律、风俗以及作为社会成员的人所掌握和接受的任何其他的才能和习惯的复合体。”①

“文化就是生活中数不清的各方各面。大多数人类学家认为，文化包含了后天获得的，作为一个特定社会或民族所特有的一切行为、观念和态度。我们每个人诞生于某种复杂的文化之中，它将对我们往后一生的生活和行为产生巨大的影响。”②

文化包括“一个民族生活的种种方面”，其中主要包括三个层面：“（一）精神生活方面，如宗教、哲学、科学、艺术等。宗教、文艺是偏于情感的；哲学、科学是偏于理智的。（二）社会生活方面，我们对于周围的人——家族，朋友，社会，国家，世界——之间的生活方法都属于社会生活一方面，如社会组织、伦理习惯、政治制度及经济关系。（三）物质生活方面，如饮食、起居种种享用，人类对于自然界求生存的各种。”③

以上学者对文化的界定，都突出了文化的广义内涵，即包含着人类社会的诸多方面，形成一个繁杂多样的复合体。首先来说，文化作为人类实践活动的创造，作为人类生活各方面的反映，肯定是包含或者说体现在人类生产、生活的各个方面。所以，文化具有最为广义的内涵。进一步说，凡是人类所涉及的一切领域、各个方面，只要印上了人类的烙印，也就都体现出人类的文化特征。这也是以上学者持文化是人类文明总称的观点的重要依据。但是，我们也可以看到，这样来界定文化，肯定是有些宽泛了，这与我们上文所分析的广义文化内涵的缺点和不足，是有着类似之处的。也就是说，如果文化的概念内涵什么都包括，其实反而削弱了文化最为实质性的内涵，会遮蔽我们对文化的最为核心性内涵的认识，同时也会造成我们对文化的理解处于外在的表象模糊状态中，很难进入文化内在的实质内容中去。

同时，文化与文明肯定是有差异的，而有差异，也就意味着在某些方面二者是不能相提并论的，也即，不能混淆二者之间的内涵差别。具体而言：文明

---

①泰勒《原始文化——神话、哲学、宗教、语言、艺术和习俗发展之研究》，连树生译，上海：上海文艺出版社，1992年，第1页。

②C·恩伯、M·恩伯《文化的变异》，沈阳：辽宁人民出版社，1988年，第29页。

③罗荣渠《从“西化”到现代化》，北京：北京大学出版社，1990年，第55—56页。

主要是指“人类改造自然和改造社会的实践活动在物质和精神两个方面的积极成果的总和”，以及“人类开化状态和社会进步的标志”①，是指“社会进步，有文化的状态”②。这里我们可以看出，文明的概念内涵的范围要小些，是专指文化概念内涵中的积极的、良好的、向上的成分，是文化体系中的正确、正面、正能量的部分。相比之下，在文化的广义内涵中，不仅包含着积极上进的文化，而且也包含着没落、腐朽、糟粕、低俗的文化。所以，文化的概念内涵是包含文明的概念内涵的。这里有必要进一步说明，本课题的研究对象，中国特色社会主义文化及其自信，主要是指反映社会主义实质，体现我国社会主义建设发展趋势，切合广大人民群众需求的先进的文化。为此，是不包含反面、负面的文化的。不但如此，还要进一步反对、批驳落后文化的影响。但中国特色社会主义文化也不等同于中国特色社会主义文明，二者之间还是有各自侧重的。在笔者看来，中国特色社会主义文化更重要的不仅是一种静态的文化结构，而且是一种动态的文化过程，是不断被创造、被塑造，而且是不断涵育、影响、教化广大人民群众的文化。相比之下，中国特色社会主义文明，则更强调静态的意味，在某种程度上是一种静态的积极成果。所以，本课题所研究的中国特色社会主义文化，不仅是积极向上、正面的、主流的文化，而且是动态涵育教化的文化，能够起到文化的动态特征和教育意义。

3. 文化是人的第二自然

持文化是人的第二自然的观点认为，文化不同于人自身先天具有的自然属性和本能（第一自然），而是在此基础上，由人的有意为之，人的主动作为，所创造和积累起来的属于人的特有的符号、语言、文字、规范、制度等，并且靠着这些方面，人从动物界中挣脱出来，成为具有文化意义上的人。人类借助自身所创造的这个第二自然就是专门属于人的文化，而且这个文化通过漫长的积淀和完善，反而使人类自身获得了更具深远意义的发展。我们可以看出，这是我们深度理解文化内涵的一个十分重要的视角。

试想，动物在体质方面的特定化、专门化，往往是高于人类的。人类没有

---

①冯契《哲学大词典》，上海：上海辞书出版社，1992 年，第 270 页。

②《辞海》，上海：上海辞书出版社，2010 年，第 1977 页。

某些动物奔跑的速度，没有某些动物御寒的皮毛，也没有某些动物在水上、空中以及特定环境中生存的能力，人类器官的许多功能，往往是与动物无法比拟的。但是，也正是由于人的先天自然本能方面的非特定化、非专门化，即第一自然能力的先天不足，却迫使人类开发了自己的第二自然，即用人类自身的头脑、认识，去创造无法直接获得的生产生活资料，从而使人类实现更富有创造性和富有深度的发展。而这种补偿人的先天自然本能不足的创造活动，就是专属于人类的文化。显然，这个文化的发展经历了极其漫长的历史过程。原始先民几乎是和各种动物一样处于大自然的压迫之下，都面临着十分严峻的生存斗争。但是，自从类人猿转变成了人，能够不断积累生产生活中的经验，并且能够不断予以丰富和拓展，使得人类不断突破自身的生理极限，能够创造和运用各种生产工具，并且不断将自身这方面的能力、经验、成果予以保存，并且得以传承和发展，这就使得人类从动物界中脱胎出来，转变成了真正意义上的人。所以，从这个角度来看，人的第二自然——文化的产生和建构，是促使人类不断前行的重要基础和关键支撑点。

对此，德国著名哲学人类学家蓝德曼认为：

“尽管非专门化最初有消极的效果，但经过长途跋涉之后，它却具有不可估价的优点。专门化缺乏实际上相连于一高级肯定能力。因为人的器官没有被狭隘地规定在少数的生命功能上，它们可能具有多重作用。因为人没有被本能控制，人自己可以反思和创造。因此人缺少此则具有彼。人所缺少的专门化得到补偿，甚至超出了补偿。这是因为下列事实：人多种的能力和人的创造性，使人适应了变化的外在条件，而且通过创造活动和社会制度，使人更易生存。于是，人甚至远远超过了动物。尽管动物看来有更好的装备去进行生存斗争。用新的方法看，理性人类学实际上是正确的。理性实际上就是专门化的必然相关物。”①

蓝德曼的这段论述非常形象，也非常深刻。甚至我们可以用一句习语来概括，那就是：“上帝给你关闭了一扇门，那他就应该在某些方面给你打开一扇门。”人类自身体力、官能的某些局限，反而促使人类不断开发智力、发展理性，用自身的理性认识、知识智慧去理解和驾驭各种外在事物，并建构维系整

---

① 蓝德曼《哲学人类学》，北京：工人出版社，1988 年，第 211 页。

个人类共同体繁衍、生息下去的社会制度、规范、准则等。这反倒成为人类优于其他动物的地方。但这里需要我们深深理解的是，人的第二自然——文化的产生、积淀和发展，其实是一件非常困难、极其艰辛的发展过程。进一步说，如果人类不创造文化，不能够形成文化，恐怕对于人类来说，还赶不上某些动物的生存能力，甚至会导致人类自身的灭亡。所以，从这个角度来看，人类社会越是从低级向高级发展，或者说，某一社会群体要想处于更先进、更发达的状态，文化的特征和作用，就会越加凸显。没有文化的支撑，甚至某些社会群体反而会退化到原始状态。这就进一步佐证了文化对于人类社会存在和发展的重大意义。

论证到这里，我们就不难理解我国新时代所提出来的中国特色社会主义文化自信的重要价值和重要意义了。也即，中国特色社会主义事业的建设和发展，不仅仅是经济、科技等硬实力的建设，而且更体现为社会制度、管理、法律、道德等各种属于文化层面的软实力的建构，而且后者会更加支撑前者的前进和发展，是前者发展的一个重要基础。也可以得出这样一个结论，没有思想文化所支撑的硬件建设，到头来，肯定是不可持续性发展的，甚至会陷入为经济而经济的怪圈之中，进而经济也做不到可持续的发展。文化作为人的第二自然，会越发起到至关重要的作用。

4. 文化是给定的和自在的行为规范体系

这是学术界理解文化内涵的一个重要视角。文化作为人的第二自然而不断被建构、不断被完善，当达到一定的稳定状态时，文化反过来就会成为约束人、管理人、规范人的重要方面。也即，虽然文化是由人来创造的，具有鲜明的人为特征，而且文化本质上是促进人、推动人的自由和发展的，自由发展属性是文化的一个十分重要的属性。但是，文化的这种促进人、推动人的属性和作用，往往是以对人的规范、规约为前提和要件的。在某一特定的文化氛围环境中，文化会自发地规范、规约处于某一特定文化环境中的各式人群，促使他们都遵循这一文化所体现出来的规范、准则。相反，如果在某一特定文化环境中的某个个体、某个群体，不遵守相应的文化规则和规范，那就会受到这一特定文化的排斥，甚至是惩罚，进而就会导致某一个体和个别群体在这一文化环境中生存受困、生活面对各种难题。所以，许多学者据此认为文化是给定的和自在的行为规范体系，这对于理解文化的作用、功能是十分有见地的。

例如，有学者对文化的界定是这样的："我们应当期望表明它是某种规则，而这已被证明确实如此。现在，可以用如下的话语来完成我们的定义：'文化'，就是'社会成员的内在和外在的行为规则，但是剔除那些在起始时已明显地属于遗传的行为规则'。"① 从该学者的论述中，我们可以看出，文化有着对属于某一文化体系中的社会成员的规范和规约作用，成为身居于该文化体系中每一成员内在心理和外在行为的准则和规范。文化的这种规范规约作用，显然不同于人的自然生理的遗传行为，是内在于社会成员的心中并外化于社会行为之中。很明显，这是从文化的功能、作用角度来理解文化内涵的。

当文化成为给定和自在的行为规范体系时，一方面，文化的这种规范和规约作用，有着一定程度的强制性，会强制某一社会成员必须符合该社会文化的要求，遵循该社会文化所体现出来的规则规范，否则，就会遭到该文化规则规范的惩罚。这是文化对社会成员所起的作用的集中体现。我们可以举鲁迅笔下祥林嫂的例子，就非常鲜明和典型。生活在封建社会文化体系中的祥林嫂，正是由于违反封建社会的传统伦理道德规范，遭到周围所有人的排斥，与其说祥林嫂是自然死亡，不如说祥林嫂是被传统的封建礼教所扼杀而死。传统的封建礼教，作为传统封建社会文化的一个缩影，其对社会成员的影响、规范作用，是非常强大的。从我们现代人所持的现代文化的视角来审视，我们非常不理解我国传统封建社会文化所产生的三从四德、三纲五常、女子裹小脚等这样的事件，但是在传统封建社会，这些思想和行为却是非常现实的和客观的存在的，并且延续了相当长的历史时间。鲁迅先生正是生活在传统封建文化转型的时代，深深看到了传统封建文化的某些毒害，所以弃医从文，用其杂文，像一把锋利的匕首，直指封建传统文化的弊端、落后，想从人的内在思想文化的角度，启发国人，实现民族的觉醒，进而推动我国传统封建社会的近代化、现代化，真可谓用心良苦，令人十分崇敬。

但是，另一方面，如果我们从我国封建社会纵向发展的漫长角度来审视传

①C·恩伯、M·恩伯《文化的变异》，沈阳：辽宁人民出版社，1988年，第47页。

统的封建思想文化，其实，也正是由于中国传统封建思想文化的成熟、完备，才造就了中国传统封建社会的辉煌。这种传统封建思想文化，是传统农耕社会的集中反映，虽然体现了宗法、血缘、等级、专权等特征，但却在最大限度上维系了传统封建社会的超稳定状态，使中国传统封建社会达到了一个登峰造极的高度，创造了人类历史上传统思想文化的巅峰。只不过在进入到近现代工业化、资本主义商业化、市场化的潮流和趋势中，我国传统封建思想文化显然没落了。所以，文化的这种规范规约作用，有其一定的延续性、滞后性，有其弊端，但也有其长处。所以，任何一种文化形态，在体现其稳定性的同时，在发挥其长期规范规约作用的过程中，也应该随着社会的前进而发生相应的变化，而且越是进入现代社会，越是进入到快节奏的现代社会运转体系中，文化就越应该自觉地展开自我更新、自我调适和自我创新。这才是一个富有理性和富有反思性文化的重要体现，是现代文化应该具备的一个重要特征。

5. 文化是一种自觉的精神和价值观念体系

文化的这一界定，凸显了文化的主观性，而且还是一个较为高级的主观性。即文化应着重体现为人类主观思想之中的精神意识和价值观念。虽然文化也体现在人类所创造的各种客观事物上，文化具有客观性，但文化的最集中体现，则是存在于人类的主观思想之中，是属于人的主观思想范畴之内的。或者说，文化本身应该最根本地体现在它是一种精神状态、一种价值取向，深深体现了人自身的精神追求。对此，有学者对文化的理解是这样的：

"'文化'一词，在不同的学科中和不同的背景下，自然有着多重的含义。它常常用来指一个社会的知识、音乐、艺术和文学作品，即社会的'高文化'。有些人类学家，尤其是克利福德·格尔茨，强调文化具有'深厚意蕴'，用它来指一个社会的全部生活方式，包括它的价值观、习俗、象征、体制及人际关系等等。然而，在本书中，我们关心的是文化如何影响社会发展；文化若是无所不包，就什么也说明不了。因此，我们是从纯主观的角度界定文化的含义，指一个社会中的价值观、态度、信念、取向以及人们普遍持有的见解。"①

---

①塞缪尔·亨廷顿、劳伦斯·哈里森《文化的重要作用》，北京：新华出版社，2002年，第3页。

文化是一种自觉的精神和价值观念，体现为人们的思想、心理、态度、信念、取向、见解等主观性意识，其实，在笔者看来，这是对文化概念较为深刻的一种认识。因为，无论如何，虽然文化有着客观性的一面，而且也很大程度上体现为客观的存在事物，比如历史遗留下来的各种文物，人类所创造的各种客观实体，但文化不只是停留在这些客观的实体之上，而是这些客观实体所折射出来的人的思想、理念、愿望、精神指向等。所以，文化更为集中地体现在人的主观思想之中。如果我们从不同民族、不同国家、不同地域的文化差别的角度来看，虽然我们可以从各自之间的经济、政治、军事等方面做出区分，但所有的这一切，往往更加集中体现在他们之间所形成的思想、观点、愿望、倾向等主观性的文化差异上。这些属于主观性的文化差异，虽然受制于客观的经济、地理、科技等方面的影响和制约，但更有其相对的独立性，更成为标识某一国家、社会、民族十分特质的方面。比如宗教国家和非宗教国家，文化上的差异是十分巨大的。所以，文化的主观性特征，不同于一般社会意识的主观性，一般社会意识的主观性，比如政治法律思想、道德行为准则等，往往与社会的客观存在更加紧密关联，更加直接性地受制于社会的客观存在要素，而文化的主观性，往往其独立性能则更加凸显，具有非常大的稳定性、长期性、普遍性，甚至具有漫长的惯常性、习俗性，成为某一特定文化群体特定的显著标识。

比如，中西文化之间的差异，肯定体现在经济、科技、军事等社会客观存在的要素上，这是显性的差异，但更集中地体现在中西之间风俗、习惯、理念、思维、价值取向等方面的差异。这就会导致往往对待同一问题、共同对象，则体现出十分不同的文化观点来。比如，中国人喜欢含蓄、内敛，而西方人则往往十分开放、张扬，西方人十分不理解中国的“筷子文化”，而中国人对西方的分餐制则觉得不够人情味。中国文化对老人是十分孝道的，而“孝”字本身在英文中则没有相应的词汇来表达，仅仅体现在“care”“love”等表示关心、爱护等方面的词义，远远没有对老人的那种孝顺、恭敬、谦卑等方面的内涵。所以，文化的概念内涵，更加集中体现在某一国家、社会、民族所特有的主观思想上的内涵。文化的主观性特征是十分鲜明和显著的。

6. 文化是人的生活样法或生存方式

文化的内涵十分丰富，包含多个方面，但无论是客观的还是主观的，最终都要体现在人的以文化的形式、方式、样态的生活方式、生存方式，即人的文化性质的现实存在状态。人们怎样表现自己的生活，人们的文化就是怎样的，在人们的具体的、现实的、活生生的生产生活实践中，最能够体现出人们的文化样式来。反过来说，人们的文化的生活样式、生存方式，则会更加凸显出某一特定人群具体而现实的生产生活方式。所以，文化可以综合体现在人的生活样法和生存方式上。持有此类观点的学者不占少数，比如：

胡适先生从区分文化与文明的角度指出："第一，文明（Civilization）是一个民族应付他的环境的总称。第二，文化（Culture）是一种文明所形成的生活方式。"[①] 梁漱溟先生也是在区分文明与文化的意义上指出："文化并非别的，乃是人类生活的样法。……文化与文明有别。所谓文明是我们在生活中的成绩品，——譬如中国所制造的器皿和中国的政治制度等都是中国文明的一部分，生活中真实的制作品，算是文明，生活上抽象的样法是文化。"[②] 美国著名文化人类学家本尼迪克特从文化模式的角度指出："文化行为同样也是趋于整合的。一种文化就如一个人，是一种或多或少一贯的思想和行动的模式。"[③] 也即文化模式构成了某一特定人群的十分固定性的生活样式，这种特定的生活样式、样态、模式，反而形成了特定的文化内涵。

文化是人的生活样法、生存方式的观点，可谓见解深刻、角度独到。只不过一般人无法理解这种文化概念界定的依据，或者说，很难有切身性的体验。因为，一般人绝大多数情况下都是具体生活在某一特定区域内的，乃至一生都不会发生改变，尽管有某些外出旅游，但也仅仅是地理景观式的游览，很难做到文化意义上的深入了解。所以，在绝大多数场合下，特定人群总是生活在特定文化区域内的，相应地也就会形成特定区域内特定人群的独特的文化样式、文化面貌。也就是说，只有人们经历大范围的迁徙，经历从原来文化生活的样式到去另一种文化样式中生活，才能切身感受到由文化样式不同所带来的具体生活方式的不同。比如持东方文化的民族迁移到西方文化圈之中，就会在具体

---

①胡适《胡适选集》，天津：天津人民出版社，1991 年，第 188 页。

②罗荣渠《从"西化"到现代化》，北京：北京大学出版社，1991 年，第 58—59 年。

③本尼迪克特《文化模式》，杭州：浙江人民出版社，1987 年，第 45 页。

的饮食、风俗、习惯、礼仪、信仰、价值取向等方方面面，感受到巨大的差异。人最初作为婴儿时，是没有什么先天的文化属性的，仅是自然生理性的存在。但是一旦加入某一家庭，成为某一特定区域文化体系中的一员，在其后天逐步成长的过程中，就会慢慢积累、形成、养成特定的文化性的生活方式。这一点，笔者有切身的感触，比如在笔者个人所从事的马克思主义理论教学的过程中，对于某些来自新疆地区的有宗教信仰的学生，在笔者讲授马克思主义无神论、唯物主义世界观的过程中，就可以鲜明体现出内地学生和新疆学生二者之间有着巨大的差异。在单独与新疆学生交流有神论、无神论的观点时，他们说出了一个非常形象的人生成长的历程，这或许是理解文化作为人的一种独特的生活样态的最好的一种诠释。即这些新疆籍的学生纷纷指出：在他们很小的时候，他们就是在家长宗教信仰、宗教礼仪、宗教生活的氛围中长大的，父母们相信，自然也会导致他们相信。至于说为什么相信，需要什么佐证，拿出什么根据来，这些问题从来都没有思考过。所以，这就鲜明地体现出某一特定区域文化模式所涵育的不同的生活方式。特定文化氛围再结合特定生活方式，久而久之，就会造就特定地区、特定人群独特的文化意义上的生活样态。

在另一方面，体会文化作为人的生活方式、生存方式，也可以从历史纵向发展的角度去解读，特别是在历史发展过程中所体现出来的重大的文化转折阶段，会出现不同的文化特点和不同的生活方式。比如中国近代历史的新文化运动，在中国传统文化和近代西方文化交流、碰撞、融合的过程中，清朝的遗老遗少，肯定是封建传统文化的保守者，对西方文化则是嗤之以鼻，坚决予以排斥。而在西方文化影响下的先进知识分子，在穿着、打扮、是否留辫子、讲白话文等，以及内在的思想取向、政治倾向、社会理想等方面，就会出现截然不同的生活样式。所以，在当时中西文化碰撞的环境氛围中，就出现了出生在传统封建家庭的少男少女，被迫离家出走，追求独自个性生活方式的众多例子，也出现了当年北大在蔡元培先生的主持下，各色文化特征的不同教师，其授课风格的鲜明不同。

所以，在历史纵向文化转折的阶段，人们也会深深感受到由文化不同所带来的具体生活方式的不同。如今，随着全球化、一带一路，中国对外开放的广度、深度在不断加大，世界各民族的文化都会在中国社会文化氛围中上演，中国的文化也会远播到世界各地，在文化的大交流、大碰撞、大融合的世界潮流中，我们会更能体验到文化的差异，从而对不同文化影响下的人们的不同生活方式，也会持尊重、礼待的态度。这里内在的启示在于：我们所要建构的是新时代的中国特色社会主义文化，而且要建构坚实自信的依据、基础，所以，一方面是要吸收外来文化的精华，但最终目的是建构属于新时代中国人自己的，体现中国人精神风貌的，尤其是显现于中国人日常具体生活方式、生存方式之中的文化样态，即融合在中国人怎样活法之中的文化样态。这样才是真正接地气，反映广大人民群众心声的文化内涵。这样的文化才能够真正令广大人民群众予以自信。①

7. 文化是一种历史地凝结成的生存方式

其实，文化是一种历史地凝结成的生存方式，是上一文化概念：文化是人的生活样法或生存方式的进一步深化。当我们从文化作为人的生活样法和生存方式去解读文化的内涵时，自然要考虑到历史的因素，从历史纵向积淀的角度，人们要想形成某一特定的文化特征的生活方式、生存方式，肯定是需要漫长历史时间的累积、涵育、塑造。所以，文化就构成了一种历史凝结成的生存方式。这样来界定文化，更加具有历史感，同时，也会使人们深深感受到，文化的内涵，网罗万千，且持续久长。而且漫长的历史积淀过程，似乎成为人们一种不自觉、不易为人们所察觉到的内在的无形的东西。

比如，有学者就这样来概括和总结："概括起来说，与通常我们所说的各门学科所研究的对象相比，文化的特性表现在，它不是与经济、政治、科技、自然活动领域或其他具体对象相并列的一个具体的对象，而是内在于人的一切活动之中，影响人、制约人、左右人的行为方式的深层的、机理性的东西。因此，文化虽然无所不在，但又是无形的、难以直接把握的东西。"② 基于此，该学者对文化做了这样的界定："文化大体上属于人类超越自然的创造物，是历史地积淀的类本质对象化。……具体说来，文化是历史地凝结成的稳定的生存方式，其核心是人不自觉地建构起来的人之形象。在这种意义上，文化并不简

---

①衣俊卿《文化哲学十五讲》，北京：北京大学出版社，2015 年，第 5—11 页。

②衣俊卿《文化哲学十五讲》，北京：北京大学出版社，2015 年，第 14 页。

单地是意识观念和思想方法问题，它像血脉一样，熔铸在总体性文明的各个层面，以及人的内在规定性之中，自发地左右着人的各种生存活动。文化所代表的生存方式总是特定时代、特定民族、特定地域中占主导地位的生存模式，它通常或以自发的文化模式或以自觉的文化精神的方式存在。”① 所以，“对于人的生活和人的世界而言，文化的确是最深层的东西，它是人的活动及其文明成果在历史长河中自觉或不自觉地积淀或凝结的结果。稳定的生存方式的文化一旦形成，它一方面对于置身于这一文化之中的个体的生存具有决定性的制约作用，像血脉一样构成人的存在的灵魂；另一方面，它构成了社会运行的内在机理，从深层制约着社会的经济、政治和其他领域的发展。正因为如此，文化的变迁或转型总是人的世界的最深刻变革，因为它代表着人的根本生存方式的转变。在这种意义上，我们研究文化实际上是在研究人本身。”②

可以非常肯定地指出，该学者对文化的界定和解读，观点是十分独到和十分深刻的。文化确实是像血脉一样，在漫长的历史积淀中，构筑了人自身最本质性的生活方式、生产方式。与其说我们在研究文化，不如说我们是要透过文化，来研究人自身，把握人自身最内在、最深层的本质属性，以及最根本的存在方式、生活方式，是具有本体论意义上的哲学研究。所以，研究文化实际上是在研究人本身。

其实，人作为万物体系中一个非常独到性的存在物，既有与万事万物，尤其与动物有着共同的属性和特征，但又有着自身非常独特、独到的内涵和性质。从古至今，对“人是什么”这样的古老命题，众多历史学家、哲学家、思想家都做了多维度的解读，观点可谓各具独到性，有从人的劳动属性、会制造工具的属性、人的意识性、语言能力、群体分工，以及人所创造的制度、规范等方面，来表示人所具有的独特属性。综合来看，从文化的角度去解读，不失为一种非常有效的方式和途径。因为，文化肯定是人自身所独有的，而且文化又是使人之成为人的重要因素和重要支撑。不仅在于人创造了文化，而且更在于文化又重新塑造了人，而且文化对人应该所具有的人性塑造方面，是最具有

---

①衣俊卿《文化哲学十五讲》,北京:北京大学出版社,2015 年,第 17 页。

②衣俊卿《文化哲学十五讲》,北京:北京大学出版社,2015 年,第 18 页。

深刻性、影响性和长期性的。所以，从文化的角度去理解人自身，进而把握人性深处的内涵，是一个非常具有价值和意义的途径。从中，我们也可以深刻地理解到，文化作为历史的凝结成的人的生存方式的内涵这一理解，是非常深刻的。既然，文化构成了人们的历史凝结成的生存方式、生活方式，反过来，透过人的文化的生产方式、生活方式，也就可以更加理解人自身。因为，任何人，必然要体现为一定的生存方式、生活方式。人的生存方式、生活方式本身，其实就是人的本质属性最真实的写照。

### （三）词源学意义上文化的概念与启示

在了解以上中西学者对文化概念理解的基础上，也有必要从词源学的角度，去解析文化的内涵。不管怎样，人们既然在用“文化”“culture”这样的词汇来表示文化，就会内在地体现出人们有意识地用这样的词汇来解读人类自身的文化，也可以进一步揭示出，在人类漫长的历史发展中，人们不断地，而且是更加自觉性地、有意性地去认识并了解由人类所创造的文化。无论如何，从目前学术界发展的态势和研究的旨趣来看，文化问题，日益成为各国学者所关注的热点问题。所谓的文化热，也绝不是简简单单的一时所兴。从文化的角度去解读各种社会问题，以及从文化的角度去破解各种社会问题，必将成为各国社会发展一个十分重要的角度和一条重要的途径。所以，我们有必要从中西方词源学的角度，去解读文化的概念，从中会给我们许多有益的启示。

“文化”一词，在中国语言系统中，早已有之，只不过最初的使用并不是合并在一起的，而是分开来各自独用。

“文”主要是指各色交错的纹理。《易·系辞下》中有：“物相杂，故曰文。”《礼记·月记》中有：“五色成文而不乱。”《说文解字》中的解释是：“文，错画也，象交文。”在纹理的最初含义上，“文”逐渐演化出了多重引申含义，比如：包括语言文字在内的各种语言象征符号，进而具体化为文物典籍、礼乐制度。由伦理之说导出的彩画、装饰，以及人为的修养等。最后演化出美、善、德行等含义。① 从中我们可以大致地推演出：“文”字由最初的代表客观事

①张岱年、方克立《中国文化概论》，北京：北京师范大学出版社，2004 年，第 1 页。

物的纹理，进而演化为属于人或人群的好的道理、好的规范、好的修养，是人自身为了更好地生存、生活，在人群共同体中所要形成的一些有意为之的准则、规范。这里应是一个对照性的延伸，即客观事物有其客观的纹理，比如树木有内在的纹理，那么，人也该有人的道理，或者说，人也应该具备属于人的一些客观规律性的规范、准则等。所以，从这个角度来看，文虽然是由人来有意为之、有意创造的，但也体现出人之为人，应该遵循的一些客观性的道理、规律、规范、准则等。比如，作为人，应该具有相应的修养、素质、道德、善意、美的追求等，虽然人人在这些方面都有差异，但这些要素却是使人成为人，且能够促使人群共同体更好地和谐、和睦，整体性地存在发展下去的重要的客观因素。所以，“文”虽然体现出鲜明的人的有意为之的主观性，但这里却内含着为人的一些客观道理。

我们再来看“化”字。“化”的本义就是改易、生成、造化。比如《庄子·逍遥游》中就有：“化而为鸟，其名曰鹏。”《易·系辞下》中有：“男女构精，万物化生。”《黄帝内经·素问》中有：“化不可代，时不可违。”《礼记·中庸》中有：“可以赞天地之化育。”① 综合来看，“化”主要是指变化、生成、产生、孕育、涵养、促使等，可以引申为教化、改变、提升、拔高等。比如“春风化雨”“万物造化”等词语。其实，这里内蕴着“化”是一种运动，且并不是非常急遽性的运动变化，而是一点一滴、逐渐累积、水到渠成性的运动和变化。而且，通过“化”字的含义，这里的运动、变化，还往往指向富有生命、富有生机勃勃和生机盎然之趋向，并不是向恶劣性质、负面不好的方向运动变化。如果从教育学的角度来审视，教育，一个十分重要的内容、指向，就是教化，而这种教化不仅仅是客观知识的传授，而且还是一种使人从原初的较低级状态，上升到一种较高级的状态，是一种提升和拔高的进程。所以，“化”字有着引申性的教育、教化的含义。

“文”与“化”二字合用，构成“文化”，这个词语较早出现于战国末年儒生编辑的《易·贲卦·彖传》中：“刚柔交错，天文也。文明以止，人文也。

---

①张岱年、方克立《中国文化概论》，北京：北京师范大学出版社，2004 年，第 1 页。

关乎天文，以察时变；关乎人文，以化成天下。”这主要是指治国者须观察天文，以明了时序之变化，又须观察人文，使天下均能遵从文明礼仪，行为止其所当止。西汉以后，“文”与“化”方合成一词，如“文化不改，然后加诛”（《说苑·指武》），“设神理以景俗，敷文化以柔远”（《三月三日曲水诗序》），“文以内辑，武功外悠”（《文选·补之诗》）。这里的文化，或与天造地设的“自然”对举，或与无教化的“质朴”“野蛮”对举。①

从“文”与“化”合成为“文化”的词义角度来分析，一方面，文化继续表征着人文、道理，另一方面体现着以文化人，具有影响、教化、改变之意。同时也体现了与“文化”相对应的是自然、客观、规律、武力，相应地，“文化”更体现在内化、涵育、融合、亲近，而且特别注重人的内心世界，是属于人的心悦诚服、心灵体验，反映人的精神理念、心理感受。所以，“文化”更加具有长期性、稳定性，同时也更具有感染力、亲和力，能够走进人的心灵世界，能够达于更高的精神水准。所以，从我国作为历史悠久的文明古国的角度来看，各代王朝历来都强调以德治国，彰显礼仪之邦，形成和积淀了文化的深度和厚度。这也是中华民族能够绵延不断，在整个世界历史上，虽然遭遇过重重磨难，但中华文化始终没有断流，也没有被完全他化，而且不仅如此，还形成了中华文化远播重洋，在世界其他民族中享有盛誉，形成了东方儒家文化圈等大的空间范围。所以，从我国历史发展进程的角度对“文化”一词的剖析中，我们会更加坚定、坚信“文化”所具有的深厚的精神、教育内涵。

从词源学上来看，在西方语言中文化对应的词是Culture。拉丁文Culture，原形为动词，含有耕种、居住、练习、注意等多重意义。与拉丁语同属印欧语系的英文、法文，也用Culture来表示，原意为栽培、种植之意，后引申为对人的性情的陶冶、品德的教养等思想内涵。② 我们首先从西文的Culture的原意出发，即这种代表耕种、居住、练习、注意、栽培、种植等思想内容，有一个十分重要的共同点，即都是表征人类自身的行为、活动、劳动等，是人类自身为了生存、生活而展开的必要性的活动，具有鲜明的人为的特征。而且，这种

---

①张岱年、方克立《中国文化概论》，北京：北京师范大学出版社，2004年，第2页。
②同①。

特征的目的，是为了增强人自身，无论是人类学会耕种、栽培、种植，还是人类所进行的练习、注意等行为，都是积极促进人类生存和生活的，即都是有利于人类自身的。所以，西文中的文化，从一开始也表示着对人类有益这样的指向。随着人类社会的发展，这种有益于人类生存生活的活动、指向，日益地需要教育、培育，特别是人自身性情的陶冶、道德的教养等，所以，西文的文化就越发转变成对人的教育、教化之意。而且，这种教育、教化还特别关注人自身的性格、属性、思想内涵、道德素质等方面，不仅仅是指知识方面的传授，更侧重于人文方面的教育。所以，西文的文化，从整个西方文化发展的角度来看，对人自身的建设和发展，日益地凸显人文的属性和特征来。

在整个世界文化体系之中，中西方文化是整个世界文化的两大区域。东方文化形成独具礼仪、人际、伦理、道德等特征，西方文化从一开始，就具有理性、超验、信仰、规范、契约等特征，形成了直至目前，还存在着中西方文化之间巨大差异的文化格局。笔者在这里进一步的沉思是，虽然东西方文化有着巨大的差异，但各自都历经几千年的演化、发展，都成为东西方各个国家、民族十分重要的精神心理支撑，即这里没有各自文化的长时间积淀、涵育、支撑，就不可能带来各自的绵延不断。而且，不容置疑的是，西方文化的发展，在文艺复兴之后，在资本主义大工业发展的基础上，伴随着西方资产阶级对外殖民，使整个世界趋于全球化、国际化，直至最后的西方化，西方中心主义的文化地位和权威日益形成。对我国乃至整个东方文化，肯定是巨大的冲击和挑战。

这里想引申出的道理在于：一方面，既然西方文化有其独到之处，那我们就应该向其学习。不正视西方文化的优长之处，不注意吸取西方文化的合理之处，那就等于漠视进步，进而一定会封闭和堵塞自己，这一点已为历史所证明。但是另一方面，我们也要深知，为了延续中华民族的未来发展，为了使整个中国社会更加稳定和繁荣，特别是为了实现中华民族伟大复兴，我们自身文化的建设和发展，虽然无法直接去感知，但却是我国社会发展的重中之重。所谓的某些方面所取得的重要的经济成就，实体性的某些重要的技术发明，都会随着社会的进一步发展，很有可能会变成落后的因素，不具有历史的长期性。相比之下，唯有文化的建设和发展，进入人的内心世界的精神思想的建构，则是长远和根本之大计。因为，文化软实力是硬实力的重要精神支撑，而且是如何建构硬实力的认识论和价值论前提。没有高瞻远瞩的文化理念，是不可能真正带来硬实力的前进和发展的。所以，我们在总结西方文化概念时，最终的落脚点，则是要看到我们自身文化上的不足，进而发掘自身文化的优长之处，而且最终的目的，则是要实现我国文化建设和发展的繁荣。这里，就涉及如何正确理解中国特色社会主义文化这一新时代的特定形态的文化概念。

## 二、中国特色社会主义文化

本课题所研究的是中国特色社会主义文化自信，是专门研究对中国特色社会主义文化这一特定文化的自信，而不是研究其他样态文化的自信。所以，要想最终形成对中国特色社会主义文化的自信，前提是需要了解什么是中国特色社会主义文化。很明显，这种文化形态是中国特色社会主义性质、特征的，而不是泛泛的文化大概念的自信。所以，又有必要了解什么是中国特色社会主义。而中国特色社会主义又需要了解社会主义和中国特色社会主义。只有逐层剥离，了解社会主义、中国特色社会主义，才能够最终理解什么是中国特色社会主义文化。基于此，我们首先来看什么是社会主义。

### （一）何谓社会主义

1. 社会主义一词的历史渊源

社会主义的最初形态是空想社会主义，早在 16 世纪初，即 1516 年，英国著名空想社会主义者托马斯·莫尔撰写的《乌托邦》一书出版，标志着空想社会主义的诞生。托马斯·莫尔在该书中描绘了一个美好的社会图景：在那里，没有私有财产和剥削现象，人们有计划地从事生产，城乡之间没有对立，不需要商品、货币、市场，所有的社会产品实行按需分配。由此，托马斯·莫尔成了空想社会主义的鼻祖。受托马斯·莫尔《乌托邦》一书的影响，意大利的卡帕内拉于 1602 年写了《太阳城》一书，书中也描绘了一个没有剥削压迫、财产共有，人们共同劳动和人人平等的理想社会。随后到了 18 世纪，法国的摩莱里和马布利在《自然法典》和《论法制或法律的原则》中，进一步论述了从私有制过渡到公有制的必然性，并以法律条文的形式阐述了理想社会的纲领和原则。到了 19 世纪上半叶，空想社会主义发展到了顶峰，代表人物有法国的圣西门、傅立叶和英国的欧文。圣西门提出“实业制度”的新社会，在这种实业制度中，不存在一部分人统治和压迫另一部分人的现象，有能力的企业家和学者应是“天然领袖”。圣西门强调“天然领袖”的领导并不意味着一部分人为自己的利益在政治上压迫另一部分人，而是意味着要对物、对生产过程的科学管理。傅立叶认为资本主义是一种“每个人对全体和全体对每个人的战争”的制度，资本主义的文明就是奴隶制的复活，从资本主义生产的无政府状态中可以推论出资本主义危机的不可避免性。傅立叶设计和畅想了“法郎吉”的“和谐制度”，即一种工农结合的社会基层组织。“法郎吉”通常由大约 1 600 人组成，在“法郎吉”内，人人劳动，男女平等，免费教育，工农结合，没有城乡差别，没有脑力劳动和体力劳动的差别。傅立叶还为“法郎吉”绘制了一套建筑蓝图，叫作“法伦斯泰尔”，中心区是食堂、商场、俱乐部、图书馆等。建筑中心的一侧是工厂区，另一侧是生活住宅区。傅立叶想通过这种组织形式和分配方案来调和资本与劳动之间的矛盾，从而达到人人幸福和社会的和谐。欧文是最早将空想社会主义想法付诸实践的，他曾经在自己建立的苏格兰新拉纳克大棉纺厂进行过慈善实验，他缩短工时，改善工人劳动条件，为雇员提供厂内膳食，设立按成本向雇员出售生活必需品的模式。同时，欧文又设立托儿所、幼儿园和学校，把一个愚昧黑暗的新拉纳克变成了完善的模范移民社区。1824年，欧文在美国印第安纳州买下了 1 214 公顷土地，开始共产主义实验，建立“新和谐公社”，实行财产公有，成年人享有平等的权利。欧文在历史上第一次揭示了无产阶级贫困的原因，并从生产力的角度提出公有制与大生产的紧密联系。欧文的实验最终都以失败告终，他也因此变得一贫如洗，但并没有因为贫困改变了欧文的坚定信念。

以上是空想社会主义对社会主义的一些畅想、设计，很明显，具有鲜明的空想性质，也即具有不切实际的色彩，失败和落后就成为必然的结局。在这些空想社会主义家的思想和实践中，描绘了对未来美好社会的憧憬，使人非常向往，但最终因为不切实际而不可能真正得以实现，所以也遭到了许多的批评，甚至认为空想社会主义者十分幼稚。在笔者看来，这是对空想社会主义者不公平、不公正的评论。

首先来说，空想社会主义者“是同不成熟的资本主义生产状况、不成熟的阶级状况相适应的"[①]。所以，当资本主义社会内在的矛盾还不足以充分显现的时候，这些空想社会主义者是很难提出切实可行的解决办法的。这就是历史和时代的局限性，很难超越那个时代而提出具有远见卓识的思想。所以，"解决社会问题的办法还隐藏在不发达的经济关系中，所以只有从头脑中产生出来"[②]。这种不发达的资本主义经济关系，注定了空想社会主义者会从头脑中产生对美好社会前景的憧憬。"于是，就需要发明一套新的更完善的社会制度，并且通过宣传，可能时通过典型示范，从外面强加于社会。这种新的社会制度一开始就注定要成为空想的，它越是制定得详尽周密，就越是要陷入纯粹的幻想。"[③] 这是历史的局限性所造成的。其次，空想社会主义者虽然陷于空想，但毕竟他们发现了资本主义社会存在的诸多问题，看到了资本对广大无产阶级的剥削和压迫，预示了这种社会制度发展的终极状态一定是会趋于灭亡的。所以，空想社会主义者虽然没有提出科学有效的解决措施，但是他们最先看到了资本主义社会内在的症结、问题。这是十分难能可贵的。我们说"发现问题甚至比解决问题更重要"，空想社会主义者对资本主义社会种种问题的挖掘，为马克思恩格斯提出科学社会主义理论奠定了坚实的基础。"这些社会主义和共产主义的著作也含有批判的成分。这些著作抨击现存社会的全部基础。因此，它们提供了启发工人觉悟的极为宝贵的材料。"[④] 最后，空想社会主义者对未来社会的某些畅想，也为马克思恩格斯的科学社会主义理论提供了重要的参考。"例如消灭城乡对立、消灭家庭、消灭私人营利、消灭雇佣劳动、提倡社会和谐、把国家变成纯粹的生产管理机构"[⑤] 等，都不同程度地影响了马克思恩格斯对科学社会主义的理论建构。人类社会的未来，始终是充满期待但又充满诸多不确定性、充满坎坷和崎岖的。但这并不妨碍人类对未来美好社会的诉求。空想社会主义者虽然有空想的性质，但其对未来美好社会的向往，为人类的面

---

①《马克思恩格斯文集》第 3 卷，北京：人民出版社，2009 年，第 528 页。

②同①。

③《马克思恩格斯文集》第 3 卷，北京：人民出版社，2009 年，第 529 页。

④《马克思恩格斯文集》第 2 卷，北京：人民出版社，2009 年，第 63 页。

⑤《马克思恩格斯文集》第 2 卷，北京：人民出版社，2009 年，第 64—65 页。

向未来的前行提供了精神动力。所以，“虽然这三个人（圣西门、傅立叶、欧文）的学说含有十分虚幻和空想的性质，但他们终究是属于一切时代最伟大的智士之列的，他们天才地预示了我们现在已经科学地证明了其正确性的无数真理。”①

马克思恩格斯依据空想社会主义学说所开创的基础，在新的历史条件下创立了唯物史观和剩余价值学说。唯物史观深刻揭示了人类社会历史发展的一般规律，从生产力与生产关系、经济基础与上层建筑两对矛盾运行的规律，揭示了人民群众在社会历史中的主体地位，揭示了阶级斗争在实现从资本主义向社会主义转变过程中的重要作用。剩余价值学说则深刻揭示了资本主义剥削雇佣工人的秘密，深度阐释了无产阶级与资产阶级的对立，明确了无产阶级肩负推翻资本主义社会，建立社会主义新世界的历史使命。可以说，马克思恩格斯开创了科学社会主义理论，马克思恩格斯的政治经济学为科学社会主义提供了坚实佐证，马克思主义哲学为科学社会主义提供了科学的论证方法。整个马克思主义理论的主题，或者说奋斗目标，都是围绕怎样推翻资本主义，最终如何实现社会主义、共产主义的。马克思恩格斯为此奋斗了一生，赢得了全世界范围内无产阶级、广大劳动人民群众的认可，成为无产阶级反对资产阶级斗争的革命导师。

笔者在这里想通过另外一个角度去阐释空想社会主义、马克思恩格斯的科学社会主义，即它们都是社会理想。人类所有的理想、信念、指向、追求，有个人的、集体的、社会的，有直接的、间接的，有经济的、政治的、文化的，等等，方方面面，但最终都离不开社会理想，或者说，最终都要上升到社会理性的高度和层次。人是社会当中的人，各个阶层、阶级也是社会体系中的一部分，人类的社会历史，虽然内在包含着种种矛盾，乃至残酷的斗争，但最终都要诉诸社会历史的前进和发展。那些只为某个人、某个特定阶级而奋斗的价值取向，终究是拗不过整个人类社会历史发展的大趋势的，而且终究会被整个社会历史发展的大趋势所淹没。人类社会历史就像滚滚洪流，必将大浪淘沙，会

①《马克思恩格斯文集》第 2 卷，北京：人民出版社，2009 年，第 218 页。

把那些真正反映前进和发展趋势的畅想、理想、信念沉淀下来，相反，会把那些不合时宜、不符合社会历史发展趋势的观点淹没在历史洪流之中。空想社会主义、科学社会主义之所以延续了下来，之所以还具有顽强的生命力，就在于它是伟大的、崇高的、正确的、科学的社会理想。这一点是需要我们着重予以思考和论证的。这也启示着我们，要想建构中国特色社会主义的文化自信，这种特定形态的文化自信，一定是诉诸我国乃至整个世界的历史发展大趋势的，是代表未来，具有强大生命力，能够指引前进方向的文化形态。这样的文化形态，就会深度使人们对其充满自信。

2. 社会主义从理论向实践的转变

以上的空想社会主义、马克思恩格斯的科学社会主义，虽然空想社会主义者和马克思恩格斯都进行了一定程度的向实践转变，但在他们的有生之年，都没有成功。真正将社会主义付诸实践并取得大范围成功的是列宁。列宁所领导的 1917 年十月社会主义革命，建立了世界上第一个社会主义国家——苏联。开启了社会主义实践探索的历程。无论是在战争环境下，列宁采取了多种措施保证社会主义苏联不被推翻，还是在建设时期，提出一些创新性的措施去支撑苏联迅速恢复和发展，列宁对社会主义的思考，给我们留下了宝贵的理论和实践经验的财富。

具体而言，可以总结如下："一是把建设社会主义作为一个长期探索、不断实践的过程。"① 这意味社会主义的建设、建成，绝不是一朝一夕之功，任何急躁冒进建设，跑步进入共产主义社会的实践行为，都注定会失败。所以，应该用过程的思想去理解社会主义。社会主义不应是一个静态的社会状态，而应该是一个不断前进和发展的过程。这也意味着中国特色社会主义文化自信中的中国特色社会主义文化，也不是一种静态的文化形态，而是一个不断发展、不断完善、不断提升的文化建设过程。"二是把大力发展生产力、提高劳动生产率放在首要地位。"② 也即社会主义应该建立在强大的物质财富基础之上，没有强大的经济实力做后盾的社会主义，终究是要灭亡的。后来的苏联解体、东欧

①《马克思主义基本原理概论》，北京：高等教育出版社，2018 年，第 263 页。

②同①。

剧变，虽然导致这一悲惨局面的因素有很多，尤其是西方的和平演变、意识形态渗透，但毕竟与当时苏联经济基础的薄弱，有着十分紧密的关联。这也意味着我们所要自信的中国特色社会主义文化，一定是建立在强大雄厚的经济基础之上的，没有强大经济基础做支撑的中国特色社会主义文化，无论怎样倡导、怎样宣传，时间长了，是不可能得到广大人民群众认可和相信的。“三是在多种经济成分并存的条件下，利用商品、货币和市场发展经济。”① 这体现了列宁对马克思恩格斯某些科学社会主义原则的创新，结合当时苏联具体的社会国情，做出的切合实际的政策变动。这是非常聪明和非常具有创新意义的措施。这也意味着中国特色社会主义文化建设，也是需要创新，不能抱残守缺，更不能受制于一些特定的规范和条款，要结合实际的变化而有所变化。“最后是利用资本主义建设社会主义。”② 可以看出，列宁对社会主义的理解，并没有偏颇，而是正视资本主义国家发达的现实，既然西方资本主义国家发达，就有其发达和过人之处，而社会主义作为刚刚建立的社会形态，应该着重吸取资本主义发达和有益的方面。这一点，无论是苏联后期的僵化体制、保守固化，还是我国的闭关锁国，关起门来搞建设，历史的沉重事实，验证了社会主义是要吸取一切有利于社会主义建设的因素。即便是资本主义性质和特征的，也要看到资本主义的长处。这也意味着中国特色社会主义文化自信，要正确和理性看待资本主义所呈现出的文化的优秀方面。不但要正视，而且要虚心学习，为我所有。这样开放包容的中国特色社会主义文化，才能够最终赢得自信。

列宁晚年也对社会主义建设进行了思考，主要包括：“用合作社的形式将农民引向社会主义道路；发展大工业，实现工业化和电气化；学习和利用资本主义一切有价值的东西；进行文化革命，大力发展文化教育事业；进行党和国家机构的改革，努力提高干部的素质和能力；必须反对官僚主义，健全社会主义民主和法制；维护党的团结，特别是党中央领导核心的团结等。”③ 列宁的这

---

①《马克思主义基本原理概论》，北京：高等教育出版社，2018 年，第 263 页。

②同①。

③《马克思主义基本原理概论》，北京：高等教育出版社，2018 年，第 263—264 页。

些晚年思考也构成我们理解社会主义内涵的重要视角。列宁用其一生，思考了社会主义如何由理论形态变为现实形态，又思考了如何建设社会主义这一根本主题。尤其是在内部有诸多矛盾，处于资本主义发展最薄弱的环节，即当时苏联国内各方面的发展并不良好；外部面临着各种反动势力的围剿，社会主义新生政权随时有可能被推翻。在这样内忧外患的形势下，列宁开辟了崭新的社会主义道路，建立了世界上最强大的社会主义国家。我们暂且不论后来苏联如何解体这一悲惨结局，单就列宁所开创的崭新的社会主义这一不同于资本主义的社会形态来说，列宁对社会主义的理解是非常值得我们思考、吸收和借鉴的。往往在开创者的思考中，有着最初始的基因，虽然有许多不足的地方，但就其把握对象性事物的本质来说，绝对有其合理之处。我国学术界近些年来对列宁思考如何建设社会主义，对列宁晚年的思考，进行了大量的挖掘，用意就在于如何更加深刻和更加科学的理解社会主义的内涵，并以此对我国中国特色社会主义的建设提供强有力的理论支撑。特别值得一提的是，列宁晚年提到了进行文化革命和大力发展教育事业，即要用文化革命的方式，运用教育的途径，去提升广大人民群众、广大领导干部的思想文化素质。这方面，蕴含了对社会主义内涵更加深刻的理解。社会主义绝不单单是经济、政治、军事等方面的建设，文化、教育更是社会主义鲜明的特征。可惜，由于当时苏联所处的国内外棘手的环境，列宁的这些设想并未真正得到落实。

之后，斯大林、赫鲁晓夫、勃列日涅夫、戈尔巴乔夫也都对社会主义进行了思考和建设，但很明显，囿于二战、美苏争霸等因素，苏联的社会主义建设一步步走向死胡同，对社会主义的理解也一步步偏狭、极端，进入高度集中的经济、政治、军事等僵化体制。直至在美国为首的西方资本主义阵营不断的和平演变、意识形态渗透、冷战中，一个巨大的社会主义强国，一个横跨欧亚大陆的社会主义阵营，轰然倒塌，留给了人们无限的遗憾和悲凉的惋惜。当然，促使苏联解体、东欧剧变的原因有很多，我们也需要从多方面去总结其经验教训，而且这不仅是一个历史问题，还是一个现实和未来的问题。对于到底怎样理解社会主义的内涵，其实是一个永恒的主题。

就目前来看，在我国出版的高校经典马克思主义教科书中，对苏联解体、东欧剧变的原因是这样总结的，我们不妨从这些较为主流和根本性的总结中，去进一步理解社会主义的内涵。具体的总结是："放弃了社会主义道路，放弃了无产阶级专政，放弃了共产党的领导地位，放弃了马克思列宁主义，把社会主义建设和党的建设中的失误归咎于领袖个人，把纠正领袖的错误发展成全盘否定苏共的奋斗历史，直到丑化和歪曲历史，从根本上动摇了原来的理想信念，结果使得已经相当严重的经济、政治、社会、民族矛盾进一步激化，最终酿成了制度巨变、国家解体的历史悲剧。"① 从这段总结中，我们可以非常深刻地理解社会主义内涵的关键点：道路、无产阶级专政、共产党的领导、马克思列宁主义、理想信念。这些方面无疑构成了社会主义非常关键的要点。社会主义首先应该是一种道路，即到底走什么路，这事关发展的方向。一旦道路走错，后果不堪设想。而对道路的选择，则是需要高度的理性认识的。社会主义的内核则是无产阶级专政、共产党的领导，即到底由谁来掌握政权，这不仅关乎社会主义的属性，而且决定了社会主义最终是否存在，这是社会主义的一个大前提。如果政权的性质都改变了，那就不是社会主义，一定会变成资本主义。马克思列宁主义、理想信念，这是社会主义的大脑，是社会主义的灵魂，是社会主义的精神思想，更是社会主义的终极追求。如果这方面彻底绝望了，或者说彻底改变了，甚至比政权改变更加可怕。因为这是内在思想、心理、灵魂的改变，而这方面的改变，会导致脱胎换骨式的改变。西方资本主义国家也正是从这个角度，不断地进行意识形态渗透，不断地进行和平演变，而且"不战而屈人之兵"，获得了一些胜利。所以，指导思想、理想信念是社会主义极端重要的特征和内涵，任何时候都不可忽略指导思想、理想信念的建设。从中我们也可以总结，社会主义的内涵不仅要有硬实力，而且更要有软实力，指导思想、理想信念是社会主义的应有之义。

### （二）何谓中国特色社会主义

中国走社会主义道路，直至中国建构有中国特色的社会主义，也经历了一个非常漫长的历史过程。中国特色社会主义并不是一开始就有的，是历史的、社会的、人民的选择。中国特色社会主义是伴随中国近现代历史的巨变，在不

①《马克思主义基本原理概论》，北京：高等教育出版社，2018 年，第 266 页。

断筛选，不断对比后，最终中国人民走出了一条属于自己的正确道路。

中国近代社会，自鸦片战争以来，由传统的封建社会，逐步沦为半殖民地半封建社会，一步步陷入灾难、痛苦的深渊，在世界范围内落后于世界近代化的历史潮流和趋势，古老的中国逐步陷入坍塌，直至逼近亡国灭种的边缘。中国人也不是没有头脑，也不是不想挽救这种危局，无论是对于封建统治者，还是农民阶级，以及新兴的民族资产阶级，社会各个阶级、阶层、先进知识分子，都在苦苦寻找救国救民的出路。

封建统治者不甘心就这样退出历史舞台，对革命阶级进行疯狂的镇压，对于外国侵略者不是不反抗，而是真的打不过，无奈之下委曲求全，充当外国侵略者的代理人。而且封建统治阶级内部，产生了一些开眼看世界，主张救亡图存，采取西方先进技术和装备的先进知识分子以及力主改革的洋务派、维新派。他们喊出了向西方学习，主张中学为体，西学为用，在具体的体制、武器、自然科学、社会科学等方面做出了巨大的改变。最终的目的还是要想维护封建统治，相信传统封建制度是一种最适合中国社会的制度。例如，曾国藩作为洋务派体系中的一个重要代表人物，在消灭太平天国之后，直至晚年，奋斗了一辈子，才最终认识到封建制度确实要寿终正寝，无奈含恨离开了人世。曾国藩作为一代大儒，并不是没有思想，也并不是不开眼看世界，而是就在封建制度体系之内，没有真正看清中国封建社会制度的实质。这种建立在自给自足、小农经济基础之上的专权、集中、家天下的封建制度，怎能对抗以自由竞争、商品经济、雇佣劳动为基础的西方资本主义生产方式呢？所以，封建统治阶级从骨子里是不可能抛弃封建制度的，仅仅是要在皮毛上做一些改革，所以，封建统治阶级所采取的一些所谓的改革措施，最终的失败是必然的。所以，封建主义道路在中国虽然有着广泛的社会基础，但毕竟落后于整个世界近代化的历史潮流。世界历史的大趋势决定了封建主义道路最终将走入死胡同。

传统农民起义，主要针对的革命对象是封建统治。作为传统农民起义的最高峰——太平天国运动，动摇封建统治的基础，沉重打击了清王朝的封建统治。这是历史的进步性。但是，从太平天国的指导思想：拜上帝教，阶级构成：农民阶级，政治取向：建立封建王朝，等等，可以看出，还是没有跳出传统封建农民起义的窠臼，根本上摆脱不了封建制度的束缚。这一切仍然源于农民阶级的落后性。农民阶级本身，最终的夙愿，还是向往土地，还是要以传统农耕的方式展现自己的生活、生存样态。而这种传统农业、小农手工的生产方式，在整个世界范围内，是落后的、有局限的，这注定了走传统农民起义的道路，也不可能根本改变中国社会的危局，落后、失败也必然是最终的结局。同时，太平天国领导人对列强认识不清，不能将其列入主要的革命对象，看不到各列强来中国的实质目的：侵略、掠夺中国。虽然晚期太平天国做出了一定的调整，出台了“资政新篇”，这里有发展资本主义的一些畅想，但仅仅是畅想，并没有付诸实施。所以一切努力、奋争，加之太平天国统治集团内部的分裂，严重暴露了这是一个非常落后的农民阶级起义，不可能挽救中华民族的危亡。之后的义和团运动，在传统封建思想的指导下，有某些神秘主义，虽然明确提出反对外国侵略者的口号，但对封建统治者却心存幻想，只能是昙花一现，也不可能真正挽救民族的颓势。总之，传统农民起义受制于农民阶级保守、狭隘、封闭、涣散等局限，这个阶级是不可能承担起中国社会未来发展的重任的。

在半殖民地半封建的夹缝中，产生了中国最初的民族资产阶级。他们一方面想通过大力发展资本主义工商业，增强自身的经济实力，进而改变中国社会落后的面貌。另一方面又因为先天不足，资本积累缓慢，和封建统治者有着千丝万缕的联系，即还需要依靠封建统治者，同时也想依靠外国侵略者，在二者的夹缝中，获得了一定程度的发展。中国民主革命的先行者，孙中山先生就是典型的代表，并付诸了一辈子的革命努力，成功推翻了封建统治，但革命的胜利果实却被窃取，历史结局证明：“革命尚未成功，同志仍需努力”，民族资产阶级革命道路也是走不通。但需要肯定的是，民族资产阶级力主学习西方，走西方资本主义道路，把西方资本主义社会的民主、政治、文化，特别是资产阶级所倡导的自由、平等、博爱等思想观念输入了中国，强烈撼动了传统封建思想一统天下的格局。中西思想碰撞，一直伴随着中国近代民主革命的历程，不断刷新着中国民众的思想观念。中国民众获得了前所未有的思想解放。在笔者看来，这方面是非常重要的，甚至比实业兴国的举动具有更为深远的意义。广大民众的思想解放，是文化意义上的根本变革，是更为深层的社会革命。这恐怕是中国民族资产阶级最伟大的历史作用。但是非常无奈，受制于中国民族资产阶级的软弱性，在封建主义和外国列强的双重挤压下，中国民族资产阶级所倡导的走西方资本主义道路，历史证明，仍然不成功，失败也是必然的结局。究其根本原因，就在于民族资产阶级并没有在中国社会取得根本的独立地位，其经济基础还十分薄弱，不能占据生存方式的主导地位。同时，西方的资本主义的生产方式、道路、模式等，将其直接拿来使用，生搬硬套给中国社会，事实证明，是不符合中国近代国情的。所以，民族资产阶级也不能挽救中国社会的危局。

中国共产党是无产阶级的先锋队，诞生于中国社会极度危难，中国社会各种反动势力非常强大，中国社会陷入民族危亡的时刻。中国工人阶级也不是十分强大，其产生主要是民族资产阶级的工厂，外国资本主义在华工厂，其来源主要是广大破产的农民群众。但是，由于无产阶级与当时先进的工业相联系，是现代工业体系中的先进阶级，同时受到俄国十月社会主义革命的积极影响，加之中国共产党的有力宣传，中国无产阶级登上了历史舞台，中国革命面貌焕然一新。正如毛泽东同志对《中国社会各阶级的分析》一文中所指出的那样："无产阶级人数虽不多，却是中国新的生产力的代表，是近代中国最进步的阶级，做了革命运动的领导力量。"① 所以，在半殖民地半封建社会的中国，无产阶级承担起了挽救民族危亡的大任。无产阶级，广大民众，在中国共产党的领导下，深入分析了中国的近代国情，明确了革命对象、革命任务、革命动力，最终走出了一条新民主主义革命道路。这条革命道路是正确的，带来了近代中国社会革命的胜利。而且我们更要看到，这条革命道路的形成，中国共产党付出了艰辛的探索和努力，是在一种左奔右突，不断碰壁的过程中，走出的一条适合中国近代社会的革命道路。无论如何，这条革命道路实现了中华民族的独立、解放，从 1840 年鸦片战争，到 1949 年新中国成立，百余年的屈辱史画上了句号。新中国的成立，使中华民族真正地站了起来，实现了独立和解放。这是伟大的创举，凝结了中华民族生生不息、矢志不渝的奋斗历程。

就是说，我们要想真正理解什么是中国特色社会主义，必然要了解中国特

①《毛泽东选集》第 1 卷，北京：人民出版社，1991 年，第 8 页。

色社会主义的前身，是在中国近代社会非常艰辛、非常痛苦的历史进程中，不断奋争、不断前行而带来的。并不是一蹴而就，立竿见影的。同时，我们从新民主主义革命道路的选择上，还可以深深感受这条革命道路的选择，带有创新意义。解决的是资产阶级革命的任务，但却是无产阶级的领导，为中国走社会主义道路奠定了坚实的基础。新中国成立之后，中国人民在中国共产党的领导下，展开了社会主义建设。众所周知的原因，我国在由新民主主义社会过渡到社会主义社会，在进行社会主义建设的过程中，效仿了苏联，照抄照搬了苏联模式，而且在西方资本主义国家的封锁中，我国对社会主要矛盾，对阶级斗争等问题做出了错误的决策，导致中国社会走过了极其艰难曲折的一段历程。随着苏联解体，东欧剧变，以及中国社会内部种种十分严峻的问题，中国共产党人做了十分深入的思考，并做出了深刻的调整。1978 年党的十一届三中全会召开，果断抛弃了以阶级斗争为纲的方针，国家的重心转移到经济建设上来，做出了对内改革，对外开放的伟大举措，在党的正确方针政策的指引下，在全体中国人民的共同努力下，改革开放四十年来，中国社会取得了举世瞩目的伟大成就。

可以十分肯定的是，作为改革开放的总设计师邓小平，深度思考了到底什么是社会主义，怎样建设社会主义这个根本主题，对社会主义的本质进行了科学界定，可谓力挽狂澜，扭转局势，开启了中国社会正确的发展方向。也正是在邓小平理论指导下，中国社会形成了中国特色社会主义这一鲜明的称谓。习近平总书记指出："邓小平同志留给我们的最重要的思想和政治遗产，就是他带领党和人民开创的中国特色社会主义，就是他创立的邓小平理论。"① 以邓小平同志为核心的党中央领导集体，开创了中国特色社会主义建设的伟大事业，奠定了中国社会正确的发展方向。其实，这是一个非常不容易做出的伟大选择，受到了来自各个方面的压力和非议。邓小平同志顶住各方面的压力和挑战，在不断改革的进程中，逐步形成了对社会主义本质的深刻认识。邓小平当时十分中肯地说道："我们冷静地分析了中国的现实，总结了经验，肯定了从

①习近平《在纪念邓小平同志诞辰 110 周年座谈会上的讲话》，北京：人民出版社，2014 年，第 21 页。

建国到一九七八年三十年的成绩很大，但做的事情不能说都是成功的。我们建立的社会主义制度是个好制度，必须坚持。我们马克思主义者过去闹革命，就是为社会主义、共产主义崇高理想而奋斗。现在我们搞经济改革，仍然要坚持社会主义道路，坚持共产主义的远大理想，年轻一代尤其要懂得这一点。但问题是什么是社会主义，如何建设社会主义。我们的经验教训有许多条，但最重要的一条，就是要搞清楚这个问题。”① 邓小平同志在1992年南方谈话时对社会主义的本质进行了经典的概括和说明，他指出：“社会主义的本质，是解放生产力，发展生产力，消灭剥削，消除两极分化，最终达到共同富裕。”② 社会主义本质的问题，框定了社会主义整个大厦的框架，指明了社会主义这艘大航船的航向，明确了我国社会究竟向何处去的大的历史方位。

回顾邓小平同志引领中国社会改革开放的这段历史，邓小平同志做了许多创举。比如对姓资姓社的破解，对计划和市场的正确看法，对社会主义市场经济的界定，对社会主义初级阶段的描述，形成党的基本路线，社会主义现代化分三步走，家庭联产承包责任制，“一国两制”，等等，邓小平同志都做出了超人的研判和正确的举措。奠定了人们对中国特色社会主义的深刻认识。邓小平在党的十二大开幕词中明确指出：“把马克思主义的普遍真理同我国的具体实际结合起来，走自己的道路，建设有中国特色的社会主义，就是我们总结长期历史经验得出的基本结论。”③

在沿着中国特色社会主义道路方向前进的过程，江泽民同志提出的“三个代表”重要思想，胡锦涛同志提出的“科学发展观”，都对中国特色社会主义理论进行了丰富和完善，形成了中国特色社会主义理论丰富的体系，在相应的中国特色社会主义建设的不同阶段，破解了相应的主题、问题。习近平新时代中国特色社会主义思想是中国特色社会主义理论发展到目前最崭新的思想，是马克思主义中国化的最新理论成果。在党的十九大报告中，开篇部分就十分明确地指出十九大的主题是：“不忘初心、牢记使命，高举中国特色社会主义伟

①《邓小平文选》第3卷，北京：人民出版社，1993年，第115—116页。

②《邓小平文选》第3卷，北京：人民出版社，1993年，第373页。

③《邓小平文选》第3卷，北京：人民出版社，1993年，第3页。

大旗帜，决胜全面建成小康社会，夺取新时代中国特色社会主义伟大胜利，为实现中华民族伟大复兴的中国梦而不懈奋斗。”① 这不仅再一次明确了中国走中国特色社会主义道路的坚定决心，而且更加深入地界定了中国特色社会主义进入到一个崭新的新时代。习近平总书记做出了这样的总结：“改革开放之初，我们党发出了走自己的路、建设中国特色社会主义的伟大号召……经过长期努力，中国特色社会主义进入了新时代，这是我国发展新的历史方位……这个新时代，是承前启后、继往开来、在新的历史条件下继续夺取中国特色社会主义伟大胜利的时代，是决胜全面建成小康社会、进而全面建设社会主义现代化强国的时代，是全国各族人民团结奋斗、不断创造美好生活、逐步实现全体人民共同富裕的时代，是全体中华儿女勠力同心、奋力实现中华民族伟大复兴中国梦的时代，是我国日益走近世界舞台中央、不断为人类作出更大贡献的时代。”② 可以看出，新时代，以习近平同志为核心的党中央，对中国特色社会主义进行了更加全方位、更为深刻的解读和谋划。中国特色社会主义的内涵更加深刻和全面。人们对中国特色社会主义的道路、理论、制度，以及文化，都形成了相当程度的自信。本课题研究的主题：中国特色社会主义文化自信，也正是对中国特色社会主义进入到新时代，改革开放四十余年，建国七十余年，所取得的伟大成就的肯定。中国特色社会主义文化自信正是对我们这个新时代，对社会主义更加深刻的反映，即走到目前，中国特色社会主义理论自信，不仅是道路自信、理论自信、制度自信，而且应该是从心往外，从我们思想心里深处，在文化的意义上，对中国特色社会主义进行自信。

综合总结来看，中国特色社会主义的内涵是科学的、正确的、丰富的，是在中国社会深深扎根，得到普遍认可，同时又在世界范围内获得广泛赞誉，成为中国模式、中国道路、中国智慧的集中体现。笔者也想借此谈谈个人的想法，从中国特色社会主义文化自信的角度，应该怎样理解中国特色社会主义。

---

①习近平《决胜全面建成小康社会，夺取新时代中国特色社会主义伟大胜利》，北京：人民出版社，2017 年，第 1 页。

②习近平《决胜全面建成小康社会，夺取新时代中国特色社会主义伟大胜利》，北京：人民出版社，2017 年，第 11 页。

中国特色社会主义，首先来说，它是中国人自己在左奔右突，在反复检验，在横向对比的基础上，历经诸多磨难，真止走出了一条属于自己的道路来。就是说，中国特色社会主义，是真正切合中国国情，体现中国社会实际，能够真正在中国大地上扎根，能够真正引领中国社会前进和发展的正确道路。曾几何时，中国的民族资产阶级效仿西方资产阶级的革命道路，中国新民主主义革命、社会主义建设也模仿过苏联模式，这些都失败了，都付出了惨痛的历史代价。历史和现实证明，只有中国特色社会主义才能真正引领中国社会的前进和发展。其次，中国特色社会主义既有中国特色，又体现出人类社会发展的一般规律，同时又能够改革开放，是一种兼容并蓄的发展道路。在反复经历闭关锁国，关起门来搞建设的失误之后，如今的中国特色社会主义，并不是保守和封闭，而是更加地包容世界，更加地对外开放。既保留了我国社会独有的特征，又兼容并蓄了来自各个国家的优秀之处。这样的社会主义一定是一个富有生机和活力的社会制度。可以预见的是，中国特色社会主义还会以更快的速度，更高的质量，引领世界发展的未来。我们对中国特色社会主义的发展前景是充满信心的。最后，中国特色社会主义越来越丰富、越来越细化、越来越务实，不仅更加强调大局，而且更加注重细节，即中国特色社会主义会以更加人性化、更加和谐化、更加富有文化的吸引力来彰显自身的优势。中国特色社会主义不仅以经济、科技、国防的硬实力奠定坚实的基础，而且还会以文明、习惯、风俗、艺术、观念、生活方式、工作方式、思维方式等软性柔和的方面，给人以更加强烈的吸引力和亲和力。这也是本课题所研究的中国特色社会主义文化自信的重要原因所在。中国特色社会主义不仅要在道路、理论、制度等集中和硬性的要点方面让人自信，还要在文化、无形的生活体验方面，给人以更加深深的美好体验。这样的社会主义才是真正具有魅力，富有吸引力的社会主义。中国特色社会主义会日益走向完满，会日益凸显文化的深度和幸福体验。

### （三）何谓中国特色社会主义文化

文化既是一种历史范畴，也是一种现代范畴，既有其历史渊源，也有其现实特征。但文化作为一个特定形态而言，它总是特定社会历史条件下的产物，不同的历史阶段，不同的社会性质，必然会形成不同形态的文化。中国目前社会肯定是社会主义性质，且正处于社会主义初级阶段，同时又强调具有中国特色，切合中国实际，反映中国国情，所以，在中国特色社会主义社会这一特定社会历史时期，必须要形成反映这一特定社会历史时期特定的文化形态。这种文化形态我们就称之为中国特色社会主义文化，具有鲜明的时代特征。这里内蕴了这样一种逻辑，即在中国特色社会主义社会这一历史阶段，必然要产生一种文化形态与之相适应，任何一种社会都会必然和强制性地体现为一种文化，这是社会整体存在和发展的必然逻辑。另一方面，作为一个自觉的社会形态结构，应该积极主动和有所作为地提出一种文化形态，建构一个特定的文化形态，能够集中反映这种特定的社会形态结构，从而有利于这种特定的社会形态结构稳定、和谐、富有朝气和活力。所以，中国特色社会主义文化与中国特色社会主义目前所处的历史阶段是融为一体的，是相互支撑、相互作用的。

中国特色社会主义进入到一个新时代，这个新时代“国内外形势变化和我国各项事业发展都给我们提出了一个重大的时代课题，这就是必须从理论和实践结合上系统回答新时代坚持和发展什么样的中国特色社会主义、怎样坚持和发展中国特色社会主义”①。围绕这一重大的时代课题，以习近平同志为核心的党中央，提出了中国特色社会主义的总目标、总任务、总体布局、战略布局、发展方向、发展动力、战略步骤等各个方面，其中就包含文化建设，并对文化的重要性做出了更为深刻的界定：“文化是一个国家、一个民族的灵魂。文化兴国运兴，文化强民族强。没有高度的文化自信，没有文化的繁荣兴盛，就没有中华民族伟大复兴。”② 这意味着新时代中国特色社会主义建设，文化是应有之义。而且，文化所扮演的重要性越来越重要。中国特色社会主义建设是一个大的系统，涉及方方面面，不仅是硬性的经济、科技、国防等有形方面，而且是软性的、柔性的思想文化方面。而且，思想文化方面是蕴含于各方面建设之中的。如果说得更为形象一下，那就是各方面建设都要凸显文化的性质和特征

① 习近平《决胜全面建成小康社会，夺取新时代中国特色社会主义伟大胜利》，北京：人民出版社，2017 年，第 18 页。

② 习近平《决胜全面建成小康社会，夺取新时代中国特色社会主义伟大胜利》，北京：人民出版社，2017 年，第 41 页。

来，中国特色社会主义文化是贯穿其中，并日益得到凸显和共识，日益成为人们深深相信和认可的思想理念。没有文化支撑的建设，肯定是苍白无力的，甚至是负面和短暂的。而有文化支撑的建设，则是内涵深刻，富有远见，能够可持续发展的。中国特色社会主义文化的发展战略，日益成为整个中国特色社会主义建设体系之中的重中之重。

关于中国特色社会主义文化的内涵，习近平总书记在十九大报告中，在以往历代领导人对中国特色社会主义文化建构的基础之上，做出了更为全面、深刻和具有创新意义的界定："中国特色社会主义文化，源自中华民族五千多年文明历史所孕育的中华优秀传统文化，熔铸于党领导人民在革命、建设、改革中创造的革命文化和社会主义先进文化，植根于中国特色社会主义伟大实践。发展中国特色社会主义文化，就是以马克思主义为指导，坚守中华文化立场，立足当代中国现实，结合当今时代条件，发展面向现代化、面向世界、面向未来的，民族的科学的大众的社会主义文化，推动社会主义精神文明和物质文明协调发展。要坚持为人民服务、为社会主义服务，坚持百花齐放、百家争鸣，坚持创造性转化、创新性发展，不断铸就中华文化新辉煌。"[①] 从习近平总书记的这段论述中，我们可以细分如下，以便分别加以理解：

首先，中国特色社会主义文化源自"中华民族五千多年文明历史所孕育的中华优秀传统文化"。这里，从时间纵向脉络的角度来看，中国特色社会主义文化起始于中华民族五千多年文明历史所孕育的中华优秀传统文化，而且时间延续，没有中断。虽然饱受磨难，艰难曲折，但始终没有断流。而且从时间纵向角度来看，中国特色社会主义文化的历史渊源是十分厚重的，拥有着漫长时间所积累的文化资源。从前提和基础的角度来看，中国特色社会主义文化并不是无源之水、无本之木，它拥有着厚重的历史基础，那就是五千多年所积淀的中华优秀传统文化。这个文化基础是无与伦比的，是世界上独一无二的。中华民族在漫长的五千多年发展历史进程中，创造了辉煌灿烂的中华文明，这不仅是中国成为世界文明古国的重要依据，而且是目前中国特色社会主义文化得以

① 习近平《决胜全面建成小康社会，夺取新时代中国特色社会主义伟大胜利》，北京：人民出版社，2017 年，第 41 页。

凸显的重要历史基础。一句话，建构在中华民族五千多年文明所孕育的中华优秀传统文化基础上的中国特色社会主义文化，理应自信。

其次，中国特色社会主义文化“熔铸于党领导人民在革命、建设、改革中创造的革命文化和社会主义先进文化”。这里有很多细节和要点，需要深度把握。

第一，中国特色社会主义文化是中国共产党领导的文化。没有中国共产党，就没有中国特色社会主义文化。在中国共产党成立之前，是没有中国特色社会主义文化这一特定称谓的。而且中国特色社会主义文化这一特定称谓，还是在邓小平同志提出建设中国特色社会主义这一重要战略基础上，在江泽民同志主政时期，才真正提出中国特色社会主义文化这一特定称谓的。就是说，中国特色社会主义文化，是中国共产党成立以来，在艰苦革命斗争的环境中，在国家建设和发展的过程中，才逐步形成和发展起来的。牵头人、设计者、规划者，是中国共产党。也即中国特色社会主义文化要体现党的性质、宗旨，符合中国共产党的奋斗目标。

第二，中国特色社会主义文化熔铸于中国人民在革命斗争中所形成的革命文化。这里突出了革命文化，是中国共产党领导中国人民，在近现代中国社会的历史背景中，面对各种革命对象，提出各种革命任务，在不断斗争，不断胜利的过程中，所形成的革命文化。这个革命文化，既包括新民主主义革命文化，也包括社会主义革命文化，是中国社会由半殖民地半封建社会向新民主主义社会转变、向社会主义社会过渡的过程中，所形成的文化形态。为什么要特别突出革命性质的文化呢？因为这是中国社会进入到半殖民地半封建社会，长期受到三座大山的剥削和压迫，中国人民在百余年的奋斗过程中，终于实现了胜利，实现了民族的独立和解放，这是中国社会百余年来最艰难、最不容易的一件大事。这个革命要是不成功，中国社会就会毁灭，中华民族甚至就会灭种，所以，关涉生死存亡、救亡图存。我们从习近平总书记所用的“熔铸”这一词语就可以鲜明地体会到，这个革命文化是在极其艰难、艰辛、困苦、挣扎的环境中形成的，像在熔炉里百般熔炼之后，所最后铸成的一样。绝不是顺风顺水、水到渠成。所以，革命文化是中国特色社会主义文化的重要组成部分，而且是十分重要的前提和基础，是中国人民在中国共产党领导下，用鲜血和牺牲换来的。

第三，中国特色社会主义文化还包括在社会主义建设、改革过程中所形成的先进文化，或者说是植根于中国特色社会主义伟大实践的文化。当然，社会主义建设起始于 1956 年底我国社会三大改造之后，即形成社会主义制度之后，我国人民对社会主义社会的建设。之后，以 1978 年改革开放为分水岭，可称之为社会主义建设的前后三十年，或者说是改革开放前后三十年。改革开放之后我们一般称之为中国特色社会主义建设。无论如何，这都是我国社会主义建设的历史进程。很明显，在 1956 年之后，我国社会建设虽然取得了很大的成就，但众所周知，也出现了许多曲折，尤其是十年"文革"，给社会主义建设带来了巨大的冲击。我们党的历史文献中，也是对"文革"等社会主义建设进程中所出现的曲折，进行了非常深刻的反思和总结，认为这是党的错误领导所致。这一方面可以看到中国共产党的坦率、诚恳，并没有掩盖自己的失误。另一方面，在笔者看来，在这么大的失误中，中国共产党能够自我革命、自我调整，从危局中进一步转变、革新，并没有像苏联共产党那样最终解散，足以证明中国共产党强大的生命力。就是无论在怎样的艰难困苦中，中国共产党的方针政策，总的奋斗宗旨，始终都没有改变，都是要为中国人民而服务和奋斗的。所以，中国共产党是具有顽强生命力的政党，而这个顽强生命力，就源于广大人民，是在社会主义建设伟大实践中逐渐塑造和形成的。尤其是在改革开放以来，中国特色社会主义伟大实践中，在党的正确的路线方针政策指导下，中国社会在短短的四十年里，取得了举世瞩目的伟大成就，综合国力得到了巨大提升。所有这一切，都是干出来的，拼出来的，是在中国特色社会主义伟大实践中奋斗出来的。所以，中国特色社会主义文化更加凸显地体现在中国特色社会主义伟大实践中，是这个伟大实践塑造了中国特色社会主义文化，更是这个伟大实践使中国特色社会主义文化更加辉煌。时至今日，中国共产党提出了中国特色社会主义文化自信，最根本的就是建立在中国特色社会主义伟大实践所取得的各方面伟大成果基础之上。

第四，中国特色社会主义文化，是以马克思主义为指导。直接意义上来说，这是中国特色社会主义文化内涵的一个鲜明特征，一定是在马克思主义指导之下，以马克思主义理论为基础，体现马克思主义理想信念的文化形态。从更为间接和更为实质的角度来看，中国特色社会主义文化的内核，或者说所体现出来的意识形态，那就是马克思主义。任何一种文化形态、文化体系，虽然包含着丰富的内容，涉及的范围也非常广泛，但总有一个内核，即一定要贯彻和落实一定的意识形态。文化内涵的意识形态性，具有如下特征：一是非常集中，任何文化形态、文化体系，都要集中反映到一定的意识形态上，意识形态统摄、管理、规范着一定文化体系的方方面面。二是鲜明的指向，即任何文化形态、文化体系，最根本、最实质、最明确的指向，一定是体现到一定的意识形态上，不能违背意识形态鲜明的指向。很明显，中国特色社会主义文化的内涵，一定要贯彻和落实马克思主义理论所体现的价值取向，即一定是为人民服务的，不能为某个特定阶级，尤其是马克思主义理论所反对的统治阶级服务。在中国，中国特色社会主义文化一定是属于广大人民群众，体现鲜明无产阶级特征的文化形态。

第五，中国特色社会主义文化，坚守中华文化立场、立足当代中国现实，结合当今时代条件。其实这是非常重要的根基所在。立场问题，规范了中国特色社会主义文化的出发点和落脚点，不能任由各方面条件因素的左右而发生改变。我们知道，文化是受制于社会历史的各方面条件制约的，任何一方面的变化，乃至风吹草动，都会带来文化的变化。这里深深地透露出，中国特色社会主义文化的内涵，一定是反映中华文化这一大的限域，一定是立足于中国社会的当代现实，虽然结合当今时代的条件，即要反映整个全球的变化，但出发点和落脚点，一定是中国社会。就是说，中国特色社会主义文化的内涵，一定是中国的，而非其他国家的，一定是具有中国特色的，而不是泛化的。一种文化形态有没有被同化、被淹没、被取缔，消失在人类社会的历史洪流之中，其实是非常多见的。但试想，一旦在文化的意义上被同化、淹没、取缔，那就意味着持这种文化形态的民族、国家、社会消失了，或者是被同化了，永远是附属，乃至消亡。我们所谓的要对中国特色社会主义文化进行自信，其实最根本的就是建设属于中华民族、中国社会独有的、独自的、特殊的文化形态。那这里是否意味着中国特色社会主义文化要关起门来搞建设，是否要封闭保守？其实恰恰相反，而是在目前全球化的背景和潮流中，在你中有我，我中有你的格局中，特别是在我国目前加大对外开放力度的情势下，在各种西方文化大量传入中国社会的实际情况中，创造属于中国社会、中华民族独有的文化形态。很明显，在当今世界文化格局中，以欧美等发达国家所建构起来的西方文化，在很大程度上是主导性质的文化，甚至是文化霸权、文化殖民，而越是在这样的文化格局中，我们不仅要对外开放，兼容并蓄，而且要最终建构与之相媲美，乃至更为深厚、更为科学、更为先进的文化形态。中国人要是没有了属于自己的文化形态，未来的发展将会更加艰难。

第六，中国特色社会主义文化是面向现代化、面向世界、面向未来的，民族的科学的大众的社会主义文化。这些论述，早在毛泽东同志在对新民主主义文化的论述中，以及江泽民同志对中国特色社会主义文化的界定中，就有着十分明确的表述。从中我们可以看出，中国特色社会主义文化是不断积累前人成果，又不断予以丰富的结果。而且能够更为深刻地看出，中国特色社会主义文化建构是持之以恒、始终如一的。面向现代化，这是中国特色社会主义建设的重要奋斗目标，时至今日，现代化建设仍然是我国社会奋斗的重要主题。在党的十九大报告中，明确指出要决胜全面建成小康社会，开启全面建设社会主义现代化国家的新征程。“改革开放之后，我们党对我国社会主义现代化建设作出战略安排，提出‘三步走’战略目标。解决人民温饱问题、人民生活总体上达到小康水平这两个目标已提前实现。在这个基础上，我们党提出，到建党一百年时建成经济更加发展、民主更加健全、科教更加进步、文化更加繁荣、社会更加和谐、人民生活更加殷实的小康社会，然后再奋斗三十年，到新中国成立一百年时，基本实现现代化，把我国建成社会主义现代化国家。”① 这里，不仅意味着文化繁荣是现代化的一个重要方面，而且意味着文化的现代化，是整个我国社会现代化一个更为突出的标志。其实，现代化不仅是经济、科技等方面的现代化，而且更应该是蕴藏于人们思想中，体现于人们行为实践中的文化的现代化。而文化的现代化则是更为实质意义上的现代化。我国历经改革开放四十余年的建设，在具体硬实力上取得了巨大的成绩，但人们的思想观念、价值取向、行为模式、生活方式、心理结构等文化层面，显然还是没有跟上的，或

① 习近平《决胜全面建成小康社会，夺取新时代中国特色社会主义伟大胜利》，北京：人民出版社，2017 年，第 27 页。

者说，还是处于一个不发达状态的。人们的各种非理性，各种精神丑陋，各种行为不当，等等，都暴露出国民在文化的现代化上还要有一段相当长的路要走。

中国特色社会主义文化要面向世界，这是不言而喻的。在中国近现代历史的征程中，文化保守、封闭，已被实践证明是愚蠢的、错误的。其实，这里包含着一个悖论，就是当一种文化形态发展到一定程度，在一定范围内，就会呈现一个高度稳定的状态。即这种文化所包含的各种要素非常固定，且已然成熟。但越是相对固定、较为成熟的文化结构，就会越对其他文化形态形成对比，而在对比的过程中，一旦发现自身的文化内涵非常深刻，有比较优势，就会出现排斥其他文化形态的状况。比如，中国传统封建文化，在历经几千年发展沉淀的过程中，就形成对周边文化形态的比较优势，进而就会出现总是把自身的文化称之为主导性的文化，把其他文化形态称之为边缘性的文化。其实，中国、中原，其中的“中”，就意味着以我为中心，以我为主，而其他文化则被称为蛮族、蛮夷的文化。“师夷长技以制夷”，直到西方国家在很多方面优于中国社会时，我国社会当时的封建统治者仍然习惯将自身列为中心，将其他国家列为蛮夷。但是，反过来说，一旦某些文化形态确实发生了反转，比原先发达形态的文化更为先进，甚至形成合围态势时，如果再抱残守缺，再封闭保守，那就会导致文化意义上的落后，成为一种顽固不化的文化形态。所以，真正成熟、发达的文化形态，就有属于自身独特的内涵、典型的特征，同时又是“开眼看世界”，放眼全球的，是对其他国家、社会、民族文化能够包涵、包容，且能够吸收、借鉴、为我所用的。这一点，习近平总书记看得非常深刻，他在构建人类命运共同体这一世界发展战略时指出：“人类文明多样性赋予这个世界姹紫嫣红的色彩，多样带来交流，交流孕育融合，融合产生进步。文明相处需要和而不同的精神。只有在多样中相互尊重、彼此借鉴、和谐共存，这个世界才能丰富多彩、欣欣向荣。不同文明凝聚着不同民族的智慧和贡献，没有高低之别，更无优劣之分。文明之间要对话，不要排斥；要交流，不要取代。人类历史就是一幅不同文明相互交流、互鉴、融合的宏伟画卷。我们要尊重各种文明，平等相待，互学互鉴，兼收并蓄，推动人类文明实现创造性发展。”① 所

① 习近平《习近平谈治国理政》第 2 卷，北京：外文出版社，2017 年，第 524—525 页。

以，中国特色社会主义文化一定是面向世界的，只有在世界文明交流互鉴中发展自己，在整个世界文明结构中凸显自己，才能够真正值得人们对其自信。

中国特色社会主义文化是面向未来的，这一点是非常重要的。未来与复古是相对立的，或者说取向未来与取向历史是两个互相对立的思维方式。中国特色社会主义文化着重突出其是面向未来，正好是与中国人自觉和不自觉地趋向复古的思维是对立的。因为，中国文化在极其漫长的历史时期，创造了无与伦比的古代文明，这在世界历史上都是少有的，进而是非常值得夸耀的。无论是从显性的时间、空间、具体所创造的文化典籍、制度、礼仪、规范、文字等，中国古代社会创造了文化意义上的辉煌，还是从内在的语言习惯、思维方式、生活方式、价值取向、心理结构等方面，都形成了较为成熟的文化内涵。但是，也正因如此，使得中国人不自觉地就会趋古，总是把自己的思维方式和价值取向返回到原来已有的文化模式中。这就使得中国社会虽然经历多次的社会变革、文化激荡，到头来还是非常难以被改变。这里也不是说中国文化没有优长之处，这里的优长之处就是中国文化始终没有断流，始终哺育着中国人一代又一代的后继者。但也正因为如此，使得中国文化在很大程度上非常固执，在某种场合上愿意“唯我独尊”，乐于停留于古代非常繁荣的历史时期。但是，历史的长河永远是向前奔流不息的，时间永远是纵向向前的。中华文化的魅力不仅在于拥有繁荣灿烂的古代文明，而且更在于能够开拓创新，创造更加辉煌灿烂的未来的文化。所以，中国特色社会主义文化是面向未来的这一价值取向，给予我们非常深刻的思考：面向未来就是不断地去创造，不断地去突破和创新，虽然有种种偶然性、不可预测性，但也正因为如此，凸显了重视现在，重视我们这一代的行为主体，只要我们足够努力，就能够创造更为辉煌的文化。所以，中国特色社会主义文化面向未来的价值取向，启发着活在当前的每一个中国人的积极性、奋斗性，历史永远应该是向前开拓，而不应该总是停留于以往历史的某一个特定辉煌阶段，历史应该是不断被书写，乃至不断被新写的历程。

中国特色社会主义文化是民族的、科学的、大众的文化，这些要点也是不可忽略的关键点。所谓民族的，那一定是中华民族的，只有是民族的才是世界的。这一要点的原理性依据就是文化一定首先是由特定的民族所创造出来的，要体现这个民族独特的内涵和风貌。比如中华民族所创造的汉字、风俗、习惯等文化方面，就是中华民族所独有的，它成为一个民族独特的标志，也是一个民族自立于世界民族之林的重要根基。创造属于民族自身的文化，就犹如血液一般融入人的机体中一样，唯有浸润到民族机体细胞中的民族文化，才能够真正支撑起这个民族的生存、繁衍。中国特色社会主义文化是兼容并蓄、海纳百川，但最终是立足于中华民族自身的存在和发展的。不能因为文化的交流、互鉴而失去民族特色。中国特色社会主义文化带有中华民族的基因。

中国特色社会主义文化是科学的，这是与近现代，尤其是当今时代突出客观、真理、理性密切相关的。即中国特色社会主义文化一定是反映我国社会根本、实质、规律性的文化。而不是非科学、错误、迷信性质的文化。这种文化应该给人带来真理，带来相信和信仰。反过来说，如果中国特色社会主义文化夹杂着众多的模糊、含糊，以及具有某些迷信、错误，那长时间必然会造成离心离德，人们对其是不可能相信，也不可能对其自信的。因为，中国传统封建文化，在漫长的历史时期，受制于封建农耕和自然科学的不发达，就有许多欺骗、迷信、非科学的色彩。比如一些礼仪、祭祀、生活习惯、鬼神等，事实证明，都是不科学的，但却萦绕了中国人漫长的生活，给中国古人带来了长时间的心理创伤。所以，突出中国特色社会主义文化是科学的，就是要让广大民众知晓，这种文化是实事求是，给人以正确、真理的。

中国特色社会主义文化是大众的文化，相比之下，就不是少数文化精英的文化，更不是专属于某个特定阶级、阶层的文化，而是应该普遍存在于广大民众之中的文化。我们在了解中国古代文化的过程中，会发现，只有精通古汉语，掌握古代典籍，了解古人的生活习惯，才能够予以了解和把握。但透过其中，我们还会发现，就是在中国古代社会，这些属于文化性质的读书、写字、创作，是专属于古代文人的，或者古代文人和政治政权紧密结合在一起，是专属于统治阶级的。相比之下，广大的普通民众，是很难进入文化圈的，进而就会造成中国古代文化和广大底层民众二者之间产生一道巨大的鸿沟。那么，新时期，我们所要建构的中国特色社会主义文化，是涵盖每一个国人，是普遍存在于社会各个角落，存在于各种媒体媒介之中的。党中央对中国特色社会主义文化的宣传，从来都是公开、透明的，而且不但如此，还希望得到每一个国人的了解、认识、把握和认可。中国特色社会主义文化不仅来源于广大民众，而且为广大民众所共享。习近平总书记在《文化工作座谈会上的讲话》中指出："人民既是历史的创作者，也是历史的见证者，既是历史的'局中人'，也是历史的'剧作者'。文艺要反映好人民心声，就要坚持为人民服务、为社会主义服务这个根本方向。这是党对文艺战线提出的一项基本要求，也是决定我国文艺事业前途命运的关键。只有牢固树立马克思主义文艺观，真正做到了以人民为中心，文艺才能发挥最大正能量。以人民为中心，就是要把满足人民精神文化需求作为文艺和文艺工作的出发点和落脚点，把人民作为文艺表现的主体，把人民作为文艺审美的鉴赏家和评判者，把为人民服务作为文艺工作者的天职。"① 所以，中国特色社会主义文化的大众性质，深深体现了以人民为中心的价值取向。以人民为中心，奠定了中国特色社会主义文化深深的群众基础，是使中国特色社会主义文化富有长久生命的源泉。

以上我们从多重角度去厘清中国特色社会主义文化的内涵。从文化的概念，到社会主义、中国特色社会主义、中国特色社会主义文化，可以看出，中国特色社会主义文化是以文化为核心概念基础，以社会主义、中国特色社会主义为内涵、性质、特征和框架体系的。而这些方面的厘清和界定，为我们有效把握中国特色社会主义文化的内涵，进而为构筑中国特色社会主义文化自信的前提和基础提供了充分条件。即每一个制约、规范、影响中国特色社会主义文化的要素、条件、方面，都是需要我们深挖的重要原因。只有把每一个制约、规范、影响中国特色社会主义文化的要素阐释清楚，进而再将其整合建构成一个有机的整体，我们才能真正奠定中国特色社会主义文化自信的本体论基础。下面，我们将要专门阐释一下到底什么是自信？自信应该立足那些方面？这也是我们把握中国特色社会主义文化自信所必不可少的重要概念基础。

## 三、自信

自信一词，从直接意义上可分为两个部分，一是特定的主体，即自己、自

①《十八大以来重要文献选编》，北京：中央文献出版社，2016年，第127页。

身，而不是他者，它标志着自己对自己的一种觉醒，即能够把自己列为一个独立的主体，从而和其他主体相区别。二是一种认识、态度和行为，即相信、认可、肯定，或者再拔高一些，就是坚定的意志、信念、信仰，能够做到言行一致、矢志不渝。通常来说，自信就是自己相信自己，是自己对自己在自我充分认识的基础上，形成对自己的高度认可、相信，直至信仰。但这里潜在的问题也来了，就是自己凭什么相信自己。其实人作为一个主体，往往在很多方面、很多场合，甚至在许多问题上，都大量表现出认识不清、了解较少，从而不自信，甚至在了解到一定程度上，也不一定就敢说对自我形成自信。所以，自信在一个人的思想和行为中，并不总是占据主导，往往不自信、盲目、徘徊、犹豫却是人的思想和行为的一个常态。甚至人们还存在大量不自信的思想和行为，进而造成他信，即对其他人、对其他事物相信和认可的情况，进而严重忽略了自己的主体地位。所以，自信是一个行为主体素质体系中的一个十分重要的素质，是一个主体对自己的深刻把握，充分有理由、有依据、有基础地相信自己能够达到一定的程度，一定的高度，能够对某一个观念，某一个行为充分地予以认识，进而形成高度的相信、认可。这就是自信的完满状态。

如果从大的人类历史发展的角度来看，从远古时期人们相信原始宗教、巫术、祭祀、迷信等，表现出大量的不自信。很明显，就是因为原始社会生产力、科技水平十分低下，在大自然强大的自然力作用下，人们只能去相信这些十分简陋、十分低俗、十分不科学的思想观念。这在现代人看来是十分可笑的、愚昧的。但是如果深入思考，原始人既然从动物界中脱胎出来，成为一个具有人的主体性的行为主体，虽然其相信的是不科学的，但已然表现出对某一方面的相信、认可，直至形成信仰。这里想要说明的是，人作为一个高级的行为主体，他是需要相信某一事物、某一信念，以及最终要形成一定的信仰的。虽然原始人所相信的对象是不科学的，但也正因为有了这种相信、信念和信仰，他获得了解释自身以及大自然各种自然现象的依据，从而增强了他自身在大自然界生存下去的信心，获得了心灵的安慰，有了精神上的抚慰，更有了思想心理上的准备。所以，原始人通过原始信仰的方式获得了在自然界中生存下去的自信。所以，人从诞生之日起，其实就是需要自信的，只不过这种自信是通过他信表现出来的，人们在他信的过程中，获得自己的自信，虽然这种自信是以一种自我毫无意识，自我完全匍匐在所信仰的对象的脚下的形式来表现的，但终究人之为人，是需要自我相信的。

人类在漫长的历史长河中，在原始社会、奴隶社会、封建社会，受制于生产方式的低下，主要是农业、畜牧、采集，需要大量的人力、手工劳动，这就促成人与人之间的相互依赖关系，或者说单个的个体一定要依赖于一定的群体、特定的族群，直至具有集权色彩的国家、政权。很明显，原始社会的单个人要依赖于特定的氏族、胞族、公社，没有大家集体的劳作，就不可能带来个体的存活。所以原始个体必须要对自己所依赖的族群充分相信。在奴隶社会、封建社会，在私有制的作用下，那些控制农业、畜牧业，特别是控制土地这一根本生产资料的统治集团，在社会体系中拥有绝对的权力和地位，形成了对全体社会成员的超强大的国家政权。很明显，生活在这样国家和社会体系中的每个社会成员，也是没有独立性的，他们必须要依赖于这样超强大的统治集团，才能够获得生存下去的机会。马克思恩格斯在《德意志意识形态》一文中指出："统治阶级的思想在每一时代都是占统治地位的思想。这就是说，一个阶级是社会上占统治地位的物质力量，同时也是社会上占统治地位的精神力量。支配着物质生产资料的阶级，同时也支配着精神生产资料，因此，那些没有精神生产资料的人的思想，一般地是隶属于这个阶级的。"① 所以，生活在奴隶社会和封建社会体系中的个体，自然也会有对这些超强大的统治集团的相信，通过这种依附性的相信，获得自己存活下去的依据。这就是马克思所总结的在前资本主义社会，人与人之间的关系主要是人的依赖关系占据主导，主要是通过血缘、宗法、家族，以及伦理宗法等人际关系纽带，使得生活在这个群体里的人们，要对这个超强大的人际关系共同体形成相信。反过来说，如果不遵守这样的共同体的规则，单个的个体将是无法生存下去的。鲁迅先生笔下的祥林嫂，由于违反了封建社会的传统道德，就遭到了周围人的排斥，最终死于非命。鲁迅先生对封建社会吃人的人际关系，做了十分深刻的刻画，深刻体现出封建社会中广大民众的无知、愚昧，在强大的封建政权、伦理纲常中，无法自

①《马克思恩格斯文集》第1卷，北京：人民出版社，2009年，第550页。

信，进而泯灭了自我。

到了资本主义社会，在商品、货币、市场交换的作用下，在整个世界形成大市场的格局中，人与人之间的关系更多的不是靠人际关系，而主要是靠物，是在物的依赖的基础上，人自身获得了独立性。只要拥有具有可以和其他一切商品相交换功能的货币，只要能够拥有价值增值的魔力，即获得更多货币的资本，人们在获得资本无限增值的逻辑基础上，在控制了资本这一魔力源的基础上，就可以摆脱人与人之间的依赖关系，转而依赖货币、资本等这些物的要素。这正如马克思恩格斯在《共产党宣言》中所指出的那样："资产阶级在它已经取得了统治的地方把一切封建的、宗法的和田园般的关系都破坏了。它无情地斩断了把人们束缚于天然尊长的形形色色的封建羁绊，它使人和人之间除了赤裸裸的利害关系，除了冷酷无情的'现金交易'，就再也没有任何别的联系了。它把宗教虔诚、骑士热忱、小市民伤感这些情感的神圣发作，淹没在利己主义打算的冰水之中。它把人的尊严变成了交换价值，用一种没有良心的贸易自由代替了无数特许的和自力挣得的自由。总而言之，它用公开的、无耻的、直接的、露骨的剥削代替了由宗教幻想和政治幻想掩盖着的剥削。资产阶级抹去了一切向来受人尊崇和令人敬畏的职业的神圣光环。它把医生、律师、教士、诗人和学者变成了它出钱招雇的雇佣劳动者。资产阶级撕下了罩在家庭关系上的温情脉脉的面纱，把这种关系变成了纯粹的金钱关系。"① 从马克思恩格斯的这段论述中，我们可以看出，在资本主义社会，人与人之间的关系金钱货币化了，人们对金钱形成了极度的渴望，并且相信金钱的力量，形成了商品货币拜物教。资产阶级正是占有了货币、资本等物的要素，实现了他们在社会体系中的独立性，他们才具有了充分的自信。相比较而言，广大的雇佣劳动者，因为没有实现自身独立性的货币、资本等物的要素，只能出卖自己的劳动力，而一旦将自己的劳动力出卖给资本家，他们就失去了自我的独立性，所以就无法获得自己的自由，也就无法谈及对自己的自信。在商品经济社会，在以资本、货币为物质基础的社会体系中，人们自信的基础源于物，对传统社会的

①《马克思恩格斯文集》第1卷，北京：人民出版社，1995年，第274—275页。

人际依赖关系形成了颠覆性变革。

但是，资本主义社会毕竟有其无法克服的内在矛盾，如果任由这种人们对物的崇拜达到极致，对物的自信极度扭曲，那么整个社会体系必然会坍塌，必然会陷入自我毁灭。马克思恩格斯所畅想的未来的共产主义社会（社会主义社会是其初级阶段），则是要摆脱人们对物的依赖性，使人与人之间回归到自由、平等，使人们充分地相信自己，每一个人都能获得自由而全面的发展，人们不再是相信人的依赖关系，也不再是依赖于物，而是真正建立在个性充分展现，人对自身的原本的高度自由自觉的本质的充分占有的基础上，人自身获得了高度对自我的自信。马克思恩格斯在《共产党宣言》里所揭示的未来共产主义社会："代替那存在着阶级和阶级对立的资产阶级旧社会的，将是这样一个联合体，在那里，每个人的自由发展是一切人的自由发展的条件。"① 即在未来共产主义社会里，也即马克思称之为人的发展的第三个阶段："建立在个人全面发展和他们共同的社会生产能力成为他们的社会财富这一基础上的自由个性。"② 在这样的社会体系中，人们将获得自我的充分自信。或者说，是人的一种彻底的解放，无论如何，彻底解放的一个重要内容，不仅是打破以往各种因素对人的束缚，而且还是达到人的一种自我自信的一个高度，没有这个自信，是不可能实现人的彻底解放的。

纵观人类自我发展的历史进程，人自身的解放、发展，自信的从无到有，从有到达到一定的高度，即自信的历史发展，也是人类历史发展的一个重要侧面。在漫长的人类历史发展长河中，许多社会的个体，广大的民众，都往往被隔离在自信之外，就是统治阶级，他们也是在追求着属于他们在社会体系中的自信。只不过统治阶级的自信，是建立在对广大民众原本的自信权利的剥夺，以一种扭曲的状态，实现了统治阶级在一定阶级社会中的自信。无产阶级是一个崭新的阶级，它就是要消灭阶级，消灭历史上的统治阶级，实现全人类的解放，使自信回归到广大民众之中。中国共产党是"中国工人阶级的先锋队，同时是中国人民和中华民族的先锋队，是中国特色社会主义事业的领导核心，代

①《马克思恩格斯文集》第2卷，北京：人民出版社，2009年，第53页。

②《马克思恩格斯全集》第46卷上，北京：人民出版社，2009年，第104页。

表中国先进生产力的发展要求，代表中国先进文化的前进方向，代表中国最广大人民的根本利益。党的最高理想和最终目标是实现共产主义"①。所以无产阶级，中国共产党是代表广大民众最根本利益的，最终也是要使广大民众充分自信，是自信波及全体社会成员，真正成为民众意义上的自信。中国特色社会主义文化自信，就是具有鲜明的民众性质的自信。

## 四、唯物史观

本课题是在唯物史观的视域下去审视、考察中国特色社会主义文化自信，即是基于唯物史观的理论基础、理论原理、理论视角去把握中国特色社会主义文化自信，透过唯物史观去深挖中国特色社会主义文化自信的基础。所以，有必要对唯物史观做一要点式阐释和说明。

唯物史观又称为历史唯物主义，是马克思恩格斯主要创立的，是马克思一生两大重大发现之一，除了剩余价值学说，就是唯物史观。唯物史观的创立，结束了人类社会漫长的唯心史观，使得人们能够更为科学、有效地把握人类社会及其历史发展的过程。在人类所关注的任何领域中，其实人类社会自身，人自身，是最难把握的对象。自古以来，就有"认识你自己"的格言，这也意味着人类认识自己，是一个极其艰难的事情。为什么人类需要认识自我？又为什么人类认识自我是一件极其困难的事情？这个问题困扰了古今中外许多的思想家。其实，人作为一个主体，在认识外在对象的过程中，其实是一个非常直接性的逻辑顺延，因为人们愿意把自己所接触到的一切对象列为自己的对象性事物，所谓眼睛朝外，总是看到外面的事物，就是这个道理。但也正因为如此，人们就很难回过来认识自我，自我已经消融在，甚至迷失在对象性事物之中。这或许是许多人一生的常态，人们或者迷恋权力，或者迷恋金钱，或者迷恋人脉，等等，把自己所有的一切都压在对象性事物之中，而一旦对象性事物消失了，也就意味着自己消亡了。其实这是许多人一生悲惨的结局。

但是认识自我，"我已经寻找过我自己"，"我是谁"，"人是什么"，却是一

①《中国共产党章程》，北京：人民出版社，2017 年，第 1 页。

个十分难解的问题。正是因为人具有主观能动性，反倒在自己的主观思维、思想、认识中会迷失自己。古往今来，许多的思想家、哲学家、历史学家，往往都是愿意从人类的思想意识中去考察自我。实在地说，从人类自我意识的角度去把握人类自身，无疑是一个十分重要的角度，甚至来说，是一个非常实质的角度。因为人类突出的特点，就是拥有自我意识，"人是世界上唯一具有认识自我本性、唯一能够认识自我的存在物。""认识自我是人的自我意识的集中表现，并突出地表明人是一种自觉自为的存在物。"[①] 但也正是从人的自我意识的角度，去考察人自身，去审视人类社会，形成了诸多的唯心史观、唯心主义哲学家。我们可以大致地去判断，人类社会从古至今，绝大多数的思想家、哲学家、社会历史学家，往往都是唯心主义者。即从人类意识的角度去阐释、解释、探究人类及人类社会。虽然创造了无数令人钦佩的思想、理论，但也带来了无数的迷惑、种种社会历史之谜。马克思的唯物史观正是建立在以往各种唯心史观的基础上，深刻剖析了唯心史观审视人类社会历史的种种缺陷、不足，从人类思想意识背后的物质动因、社会存在的角度，真正阐释了人类思想意识的社会渊源，进而把握了人类社会内在的本质。这就是马克思恩格斯所创立的唯物史观的伟大之处，能够使人们透过各种社会意识，在诸多社会历史之谜中，拨云见日，把握了人类社会的不以人的意志为转移的客观实质和规律。这是非常难得的，也正是基于此，马克思恩格斯的唯物史观实现了对以往各种唯心史观的革命性颠覆。我们可以从马克思恩格斯的一些经典表述中，去进一步把握到底什么是唯物史观。

马克思恩格斯在《德意志意识形态》一文中有这样一段经典表述：

"由此可见，这种历史观就在于从直接生活的物质生产出发阐述现实的生产过程，把同这种生产方式相联系的、它所产生的交往形式即各个不同阶段上的市民社会理解为整个历史的基础，从市民社会作为国家的活动描述市民社会，同时从市民社会出发阐明意识的所有各种不同的理论产物和形式，如宗教、哲学、道德等等，而且追溯它们产生的过程。这样做当然就能够完整地描

---

① 夏甄陶《人：关系、活动、发展》，《哲学研究》，1997 年第 10 期。

述事物了（因而也能够描述事物的这些不同方面之间的相互作用）。这种历史观和唯心主义历史观不同，它不是在每个时代中寻找某种范畴，而是始终站在现实历史的基础上，不是从观念出发来解释实践，而是从物质实践出发来解释各种观念形态，由此也就得出下述结论：意识的一切形式和产物不是可以通过精神的批判来消灭的，不是可以通过把它们消融在‘自我意识’中或化为‘怪影’‘幽灵’‘怪想’等来消灭的，而只有通过实际地推翻这一切唯心主义谬论所由产生的现实的社会关系，才能把它们消灭；历史的动力以及宗教、哲学和任何其他理论的动力是革命，而不是批判。”①

这是一段非常经典的对唯物史观基本原理，特别是对社会存在决定社会意识这一根本性原理的深刻阐释。即唯物史观比唯心史观更进一步，并不是总停留在“自我意识”之中，也不是总从宗教、哲学、道德等视角去把握人类社会，更不是在“自我意识”所造成的“怪影”“幽灵”“怪想”中打转转，进而迷失自我。历来的各种唯心史观，往往都是沉浸在人类的自我意识之中而无法自拔，不能够彻底说明人类社会所积累的各种意识之谜。唯物史观则是跳出来，从决定、影响、制约人类的各种意识背后的物质动因，从人们现实的物质生产生活出发，人们怎样表现自己的生活，人们就是什么样的，人们在具体的物质生产生活中，就会形成相应的思想观念。特定的物质生产生活方式，就是产生特定的思想观念。人们广阔的社会生活，决定了人们具有相应的社会意识形态。很难想象远古自然经济生活中的人们，会有现代社会人们的开阔、开放、自由的思想意识，也很难想象一个封建社会中的人们会有现代社会中的法制、民主、契约等精神。所以，是特定的物质生产生活方式，造就了人们特定的精神心理结构。这是唯物史观最基本的一个原理。社会存在和社会意识的辩证关系原理，是划分唯物史观和唯心史观的基本分水岭。

马克思在《〈政治经济学批判〉序言》一文中，对唯物史观中所包含的生产力和生产关系、经济基础和上层建筑的辩证关系原理，做了非常精要的总结：

---

①《马克思恩格斯文集》第1卷，北京：人民出版社，2009年，第544页。

“我所得到的，并且一经得到就用于指导我的研究工作的总的结果，可以简要地表述如下：人们在自己生活的社会生产中发生一定的、必然的、不以他们的意志为转移的关系，即同他们的物质生产力的一定发展阶段相适合的生产关系。这些生产关系的总和构成社会的经济结构，即有法律的和政治的上层建筑竖立其上并有一定的社会意识形态与之相适应的现实基础。物质生活的生产方式制约着整个社会生活、政治生活和精神生活的过程。不是人们的意识决定人们的存在，相反，是人们的社会存在决定人们的意识。社会的物质生产力发展到一定阶段，便同他们一直在其中运动的现存生产关系或财产关系（这只是生产关系的法律用语）发生矛盾。于是这些关系便由生产力的发展形式变成生产力的桎梏。那时社会革命的时代就到来了。随着经济基础的变更，全部庞大的上层建筑也或慢或快地发生变革。”①

这是从动态变化的角度，或者说从人类社会历史发展动力的角度，去阐释人类社会历史的变化。人类社会历史运动，最直接是体现在人类思想意识的变化上，人们观念变化的速度是非常令人惊讶的。但这并不是人类社会运动变化的最根本性动力，虽然社会意识对社会存在具有巨大的反作用，但最终推动人类社会历史运动变化的，是存在于人类社会历史内部的各种矛盾。矛盾的对立统一推动事物的发展，这是辩证唯物主义的一条基本原理。影射到人类社会历史领域中，也是人类社会历史的内在矛盾推动着人类社会历史的发展。马克思在这段经典论述中，将人类社会历史的内在矛盾，归结为生产力和生产关系、经济基础和上层建筑这两对基本矛盾，并深刻剖析了由生产力的发展，导致生产关系的变革，由经济基础的变化，导致整个社会上层建筑的变革，直至社会意识层面的各种意识形态，都最终受制于生产力、经济基础的变化。我们可以列举改革开放前和改革开放后，我国社会巨大的变化的例子。在改革开放之前，人们在传统计划经济体制范围内，社会流动性较差，整个社会经济生活不活跃，人们的思想观念停留在传统经济生活范围之内，表现出朴实、传统、停滞等。但在改革开放之后，随着市场经济价值规律的推动，随着对外开放日益扩大，内部商品经济流通日益活跃，人、财、物等各种市场要素充分涌动，这也带

①《马克思恩格斯文集》第2卷，北京：人民出版社，2009年，第591—592页。

来我国整个社会结构的深刻变化，人们的思想观念更是受到了巨大的冲击。虽然有着大量的负面表现，但积极向上、改革创新，追求梦想，成为当今人们思想心理的重要表现。所以，是社会深层的生产力、生产关系、经济基础的深刻变化，带来了我国社会结构的巨大调整，人们的思想观念也发生着巨大的变化。

恩格斯对唯物史观也有一段经典的表述，他在马克思创立唯物史观的基础上，在运用唯物史观去分析各种社会历史问题，以及反对各种论敌时，对唯物史观做了更加深刻的总结和归纳。恩格斯在《反杜林论》一文中指出：

"唯物主义历史观从下述原理出发：生产以及随生产而来的产品交换是一切社会制度的基础；在每个历史地出现的社会中，产品分配以及和它相伴随的社会划分为阶级还是等级，是由生产什么、怎样生产以及怎样交换产品来决定的。所以，一切社会变迁和政治变革的终极原因，不应当到人们的头脑中，到人们对永恒的真理和正义的日益增进的认识中去寻找，而应当到生产方式和交换方式的变更中去寻找；不应当到有关时代的哲学中去寻找，而应当到有关时代的经济中去寻找。对现存社会制度的不合理性和不公平、对'理性化为无稽，幸福变成痛苦'的日益觉醒的认识，只是一种征兆，表示在生产方法和交换形式中已经不知不觉地发生了变化，适合于早先的经济条件的社会制度已经不再同这些变化相适应了。同时这还说明，用来消除已经发现的弊病的手段，也必然以或多或少发展了的形式存在于已经发生变化的生产关系本身中。这些手段不应当从头脑中发明出来，而应当通过头脑从生产的现成物质事实中发现出来。"①

恩格斯在这段论述中，更进一步阐释了唯物史观审视人类社会所依据的出发点，所依据的原理，即要从生产、产品交换、生产方式、交换方式、阶级等角度去阐释，而不应当到所谓的存在于人们头脑中的真理、正义、哲学等思想意识中去探索。而且，在恩格斯的这段论述中，人类社会的变化还表现为物质生产已经发生变化了，但人们的思想意识很可能是落后的、不自觉的，还停留在原初的思想观点上，应该根据社会物质生产的变化而相应地变化。而推翻或者变革社会历史，最应该从人们现实的物质生产方式、物质生产条件出发，人

①《马克思恩格斯文集》第9卷，北京：人民出版社，2009年，第283—284页。

们的头脑中是不可能直接产生变革、变化的思想观念的。所以，真正决定人类社会历史的前进、变革、发展的因素，应最终到人们现实的物质生产生活中去寻找。恩格斯在这里突出了人类的经济生活，在整个社会历史变迁中的决定作用。

综合来看，唯物史观作为马克思一生的两大重大发现，确实给我们提供了十分精髓的思想观点。这种思想观点打破了人们惯常从思想意识的角度去把握人自身以及人类社会本身，既没有忽略人类思想意识的重要作用，也没有停留于此，而是深深探究了具有客观性、根源性、基础性的决定人类社会历史变迁的根本原因。这一点是十分伟大的，也是十分艰辛的。人自身之所以难以认识自己，往往就在于人们总是停留于自我的意识之中。虽然这种自我意识是人的独特性，甚至是人的优秀之处，但也正因为如此，导致人对人自身认识的迷惑、不清晰、不深刻。马克思的唯物史观为我们提供了崭新的思路、角度、方法，虽然在马克思恩格斯等马克思主义经典作家中，很少有对文化的直接性论述，但是唯物史观的基本原理，为我们解析文化，特别是解析狭义性质的思想意识特征的文化，提供了坚实的社会历史基础。这也是本课题力争有所突破的要点，以及所要采用的重要取向。相信通过唯物史观的基本原理，可以为中国特色社会主义文化自信奠定坚实的社会历史基础。这就是本课题研究的根本目的。

# 第二章
# 中国特色社会主义文化自信的自然地理基础

任何一种文化形态，都是建立在一定的自然地理环境之中的，自然地理环境是孕育一定的人，进而形成一定的文化的最初始意义的前提。所谓“以一方水土养一方人”，不同的地域形成不同的文化形态，就是这个道理。所以，自然地理环境无疑是构成一定文化形态的一个重要前提和基础。但是，这里也存在着一个悖论，就是由人所创造的文化，会日益脱离一定地域的限制，甚至会更加突破和超拔出一定的地域，成为日益远离一定地域的文化形态，成为纯粹的属于人的精神世界的文化形态。即文化又不完全依赖于一定的自然地理环境。那么，我们到底如何理解自然地理环境对一定文化形态的制约呢？中国特色社会主义文化到底需要不需要建立在一定的自然地理环境基础之上呢？我们从马克思恩格斯唯物史观的角度，去做一个历史顺序的梳理。马克思恩格斯非常深刻地论述了自然地理环境对人类社会的影响，虽然并不是直接谈及自然地理环境和文化之间的辩证关系，但从马克思恩格斯这些唯物史观的基本原理中，我们可以探究出自然地理环境和文化之间的辩证关系，以及二者之间未来的发展趋向。以下，我们从遵循马克思恩格斯唯物史观对人类社会历史发展顺序的基本线索出发，将人类社会划分为五种社会形态，以及总体上区分为前资本主义社会、资本主义社会、未来社会主义共产主义社会三种形态的划分，做一个历史顺序的探究。

## 一、前资本主义社会自然地理环境对文化的影响

前资本主义社会主要包括原始社会、奴隶社会、封建社会这三种社会形

态。很明显，这是人类社会由原始状态向文明状态的过渡，这个过渡经历了极其漫长的历史时期。就是说，人类社会从人、猿相揖别，向着更高的文化形态迈进，其实是经历了极其漫长的历史过程的。人类社会并不是一下子就进入当今比较发达的时代，人类的文化也并不是一下子就进入发达的形态。而在这一历史过程中，由人所创造的文化与自然地理环境之间，有着非常紧密的关联，甚至来说，一定的自然地理环境，尤其是一定自然地理环境的实际状况，直接构成了某一特定文化形态的重要基础，成为形成、制约一定文化形态的重要因素。

在人类社会的早期，原始社会时期，按照我们对文化的狭义界定：人类精神世界的创造，会以各种图腾、迷信、宗教、祭祀、禁忌等形式体现出来，虽然极其不科学，但却体现了人类早期的文化样态，体现了人之为人，必然需要一定的文化作为精神世界的支撑。所以，原始人也是需要文化的，这里内蕴着原始人对文化的创造，以及这一创造背后所依赖的自然地理基础。

我们首先来看马克思在分析古代亚细亚所有制形式时有这样几段经典的论述：

“在这种土地所有制的第一种形式中，第一个前提首先是自然形成的共同体：家庭或扩大为部落的家庭，或通过家庭之间互相通婚（而组成的部落），或部落的联合。因为我们可以设想，游牧，总而言之流动，是生存方式的最初的形式，部落不是定居在一个固定的地方，而是在哪里找到草场就在哪里放牧（人类不是天生定居的；只有在特别富饶的自然环境里，人才有可能像猿猴那样栖息在某一棵树上，否则总是像野兽那样到处游荡），所以，部落共同体，即天然的共同体，并不是共同占有（暂时的）和利用土地的结果，而是其前提。

“一旦人类定居下来，这种原始共同体就将依种种外界的（气候的、地理的、物理的等等）条件，以及他们的特殊的自然习性（他们的部落性质）等等，而或多或少地发生变化。自然形成的部落共同体（血缘、语言、习惯等等的共同性），或者也可以说群体，是人类占有他们生活的客观条件和占有再生产这种生活自身并使之物化的活动（牧人、猎人、农人等的活动）的客观条件的第一个前提。

…………

“土地是一个大试验场，是一个武库，既提供劳动资料，又提供劳动材料，还提供共同体居住的地方，即共同体的基础。”①

在马克思的这几段论述中，原始社会，由人以及由单个人所构成的人群共同体，不是占有和利用土地的结果，而是其前提即人自身是占有和利用土体的前提。这里就突出了人自身之所以成为人，他是具有主体性的，而且具有主体选择性、分辨性，是作为积极主动的人而存在的，只有人这一特殊的物种，才能够去有意识地选择某一地域，尤其是选择有利于自己生存的自然地理环境。从这一角度来看，作为属人特征的文化，一定是由人来创造的，仅有自然地理环境，是不可能产生属人特征的文化的。人是文化创造的主体。“文化世界是人类进行活动的产物。在这个意义上说，人类世界就是文化世界。只有在有了人之后，纯粹的自然世界的自在秩序才被人‘文’上了人的活动的‘记号’，从而，它的‘自然而然’的自在面貌和自在秩序，遭到了人的‘破坏’。”② 所以，人自身是文化得以成立的首要前提和重要基础，马克思是能够深深看到这一点的。

但是，马克思是既看到了人是占有和利用土地的前提，但又充分肯定了在人类社会的早期，自然地理环境，尤其是能够生产各种生活资料的土地，是构成人以及原始人类共同体的重要基础。从马克思的论述中，我们可以鲜明地看到，原始人类一旦定居下来，气候的、地理的、物理的自然条件，尤其是土地的自然禀赋，就会直接决定着人们劳动的资料、劳动的材料以及人们的自然习性、生活习惯等。从这个角度来看，自然地理环境又是文化产生和创造的重要基础。任何文化形态的最初产生，必然是在一定的自然地理环境之中的。“在最初的、也是在最基本的意义上，人虽然在自己与自然世界之间作了区分，但人与自然世界的关系，人对自然世界之所指和所及，是以自然世界本身为‘主体’的，人最初的文化意识是：人是自然世界的一部分，是自然世界的附属者，自然世界的‘意志’是强大的，人对它必须尊敬和畏惧。只有尊天、敬天、顺乎天道，人才能生存；而违天、逆天，就等于自取灭亡。在人的这样一

①《马克思恩格斯全集》第46卷上，北京：人民出版社，2009年，第472—473页。

②李鹏程《当代文化哲学的沉思》，北京：人民出版社，2008年，第14页。

个意识阶段，人的文化世界是自然世界的一个微小的组成部分。但是在人的意识上，这时的自然世界是一个不以人为主体的（非人的）‘虚有的’文化世界。”① 所以，自然地理环境又是人类创造文化不可忽略的重要前提和基础。而且，越是在人类的早期，自然地理环境对人类文化的形成，越是起着至关重要的作用，或者说制约性非常大。

马克思在《资本论》中，从社会分工和产品交换的角度，解析了原始社会文化形成的渊源。他指出：“产品交换是在不同的家庭、氏族、公社互相接触的地方产生的，因为在文化的初期，以独立资格互相接触的不是个人，而是家庭、氏族等等。不同的公社，在各自的自然坏境中，找到不同的生产资料和不同的生活资料。因此，他们的生产方式、生活方式和产品，也就各不相同。”② 这就是说，不同的原始部落，由于在不同的自然地理环境中，或者说依赖于不同自然地理环境所提供的不同的生产生活资料，进而就会带来他们不同的生产方式、生活方式，直至形成不同的文化形态。这一点，我们就可以联想到中国古代，中原以农耕为主的农业民族，和北方以游牧为主的游牧民族，他们的文化差异是十分鲜明的。这与他们所依赖的自然地理环境有着紧密的关联。放眼整个世界，俄罗斯之所以被称为战斗民族，寒冷的自然条件是一个十分重要的因素。日本人所信奉的大和民族的文化，以及日本人所呈现出来的精简、节约等文化习俗，这也与日本所处的岛屿，以及自然禀赋有着一定程度的内在关联。所以，在人类文化的初期，人类的文化形态直接受制于不同的自然地理环境。也正是在这一角度上，恩格斯在《家庭、私有制和国家的起源》一书中，在分析原始野蛮时代的低级阶段时指出：

“在此以前，我们可以把发展过程看作是一般的，适用于一定时期的一切民族，不管他们所生活的地域如何。但是，随着野蛮时代的到来，我们到了这样一个阶段，这时两大陆的自然条件上的差异，就有了意义。野蛮时代的特有的标志，是动物的驯养、繁殖和植物的种植。东大陆，即所谓旧大陆，差不多有着一切适于驯养的动物和除一种以外一切适于种植的谷物；而西大陆，即美

---

①李鹏程《当代文化哲学的沉思》，北京：人民出版社，2008 年，第 13 页。

②《马克思恩格斯全集》第 23 卷，北京：人民出版社，2009 年，第 390 页。

洲，在一切适于驯养的哺乳动物中，只有羊驼一种，并且只是在南部某些地方才有；而在一切可种植的谷物中，也只有一种，但却是最好的一种，即玉蜀黍。由于自然条件的这种差异，两个半球上的居民，从此以后，便各自循着自己独特的道路发展，而表示各个阶段的界标在两个半球也就各不相同了。”①

可以十分鲜明地看出，正是由于各自自然条件的差异，这两个大陆的人们，所采取的生产生活方式不一样，进而形成各自的发展道路也不一样。很明显，在这一过程中，二者所形成的文化样貌也肯定不一样，造就出各自独特的文化风格来。

在所有的自然地理环境要素中，无疑，土地是最为重要的生产生活资料，不仅构成人们居住的场所，而且构成人们具体而现实的生产生活资料的主要来源。也正是基于人们对土地的占有和利用，在这一最为根基的意义上，制约着人类所创造的文化形态。马克思有这样一段描述：“土地本身，无论它的耕作、它的实际占有会有多大障碍，也并不妨碍把它当作活的个体的无机自然，当作他的工作场所，当作主体的劳动资料、劳动对象和生活资料。”② 这里的内在逻辑非常清晰，人们只有居住在一定的土地之上，把土地作为自己的劳动对象，并当作人的劳动资料，并从土地中获得人的生活资料，即人们的吃喝住穿，首先是依赖于一定的以土地为基础的自然地理环境之中的。而只有人们满足了最初始的基本的生产生活之后，人们才能够在此基础上形成和创造文化。所谓“仓廪实而知礼节”，即是这个道理。所以，一定的地域，特别是土地的物产，人们围绕土地而展开的物质生产生活，是人类文化产生的重要根源。所以马克思这样总结道：

“换句话说：生产的原始条件表现为自然前提，即生产者生存的自然条件，正如他的活的躯体一样，尽管他再生产并发展这种躯体，但最初不是由他本身创造的，而是他本身的前提；他本身的存在（肉体存在），是一种并非由他创造的自然前提。被他当作属于他所有的无机体来看待的这些生存的自然条件，本身具有双重的性质：(1) 是主体的自然，(2) 是客体的自然。生产者作为家

---

①《马克思恩格斯文集》第4卷，北京：人民出版社，2009年，第34—35页。

②《马克思恩格斯全集》第46卷上，北京：人民出版社，2009年，第475页。

庭、部落、特里布斯等（它们后来和别的家庭、部落、特里布斯等相混合、相对立，而在历史上采取各种不同的形态）的一个成员而存在，并且作为这样一个成员，他把一定的自然（这里说的还是土地）看作是自身的无机存在，看作是自身的生产和再生产的条件。”①

马克思的这段经典总结，不仅深深道出了生产的原始条件表现为自然的前提，即自然，尤其是土地必然构成人们一切的生产生活的最原始的条件。这一点是毋庸置疑的。同时，在这种原始条件中，人自身也把自己视为无机的自然，是一种先天的自然，自己自然生理的、躯体的、肉体的存在，也是人们再生产的前提条件。即只有具备了最原初的自然条件和人自身自然生理的存在，人们才能展开生存、生活，进而才能创造出文化。虽然文化具有超自然的特征，具有专属于人的属人特征，但它的形成是依赖于自然的条件的。没有大自然，没有了人自身，就不能谈及文化。而且，在人类依赖一定的自然条件的基础上，在形成文化的过程中，这个过程本身是极其漫长而艰辛的。虽然学界非常强调文化的属人特征，是人超拔于自然地理环境，形成的专门属于人的文化，而且还特别体现了文化和自然条件之间的差异，似乎只有和自然条件形成鲜明的差异，才能够特别凸显文化的属人特征。人类文化发展的逻辑进程及其发展趋势，确实是这样的。但在笔者看来，人类文化如何发达，以及将来发达到更为高级的层次，它的大背景、大前提、大基础，也肯定会受制于一定的自然地理环境的。这是一个巨大的背景条件，无时无刻不制约着文化的创造和发展。所以，我们更应该遵循人类历史发展的逻辑，以历史的眼光去看待人类文化形成和发展的历程。

那么，在原始社会，人类文化的初始阶段，是直接依赖于一定的自然地理环境的。而进入了文明时代，在漫长的奴隶社会、封建社会，虽然人类的文化、文明日益发展，甚至达到了很繁荣的境地，但仍然受制于强大的自然地理环境。马克思恩格斯对此看得是十分深刻的，并从欧洲大陆的发展和亚洲地区的发展做了分别的论述。

---

①《马克思恩格斯全集》第46卷上，北京：人民出版社，2009年，第488—499页。

在欧洲方面，恩格斯在《奥地利末日的开端》一文中指出：

“早在中世纪的后半期，意大利、法国、英国、比利时以及德国的北部和西部都已纷纷摆脱了封建的野蛮状态，那里的工业已经发展起来了，商业扩大了，城市兴起了，市民取得了政治权力，在这样的时候，德国的一部分却落后于西欧的发展水平。资产阶级文明沿着海岸、顺着江河传播开来。内地，特别是贫瘠而交通阻塞的山区就成了野蛮和封建的避难所。这种野蛮特别集中于远离海洋的南部德意志和南部斯拉夫区域。这些远离海洋的地方因阿尔卑斯山脉而跟意大利的文明隔绝，因波希米亚山脉和莫拉维亚山脉而跟北德意志的文明隔绝，同时碰巧又都位于欧洲唯一反动的河流的流域之内。多瑙河非但没有为它们开辟通向文明的道路，反而将它们和更加粗野的地区连接了起来。

…………

“多瑙河、阿尔卑斯山脉、波希米亚的悬崖峭壁，这就是奥地利的野蛮和奥地利君主国赖以存在的基础。

…………

“可见，奥地利王室一开始就是欧洲的野蛮、保守和反动的代表。因山区交通堵塞而更加巩固的宗法关系产生愚昧，野蛮又造成冥顽鄙野，而奥地利王室的权力正是以此为基础的。风俗习惯、性格、制度决然不同于一打民族由于对文明有着共同的反感而团结起来了。”①

从恩格斯的这段论述中，我们可以看到，在中世纪后半期，在意大利、法国、英国、比利时资本主义生产，以及相应的资本主义文明日益发展起来，但受制于远离海洋，受到多瑙河、阿尔卑斯山脉、波希米亚山脉和莫拉维亚山脉的阻隔，反而造成了奥地利王室的野蛮、保守和反动。特别是奥地利这一国家所呈现出来的宗法关系、风俗习惯、性格、制度等等，这些本来非常具有文化特征的方面，相比之下，远远落后于欧洲其他国家。是独特的较为封闭的自然地理环境，造就了奥地利独特的文化形态，使其显著落后于欧洲其他国家的发展。

我们在考察欧洲资本主义发展的过程中，也可以看到，正是这些地中海沿

---

①《马克思恩格斯全集》第 4 卷，北京：人民出版社，2009 年，第 517—518 页。

岸的意大利、西班牙、葡萄牙，以及航海条件特别良好的英国，最先发展的对外贸易，由此开拓的广阔的世界市场，又反过来推动了这些国家资本主义生产关系的迅速发展。在这样资本主义如火如荼发展的过程中，也就造就了这些国家文化的开放、开拓、进取，形成了典型的资本主义精神。马克斯·韦伯在《新教伦理与资本主义精神》一书中，从宗教伦理变迁的角度，详细阐述了欧洲资本主义精神、文化形成和发展的历程，是西方资本主义文化发展的一个重要缩影。无疑，独特的自然地理环境是造就欧洲资本主义文化的一个重要先决条件。

马克思在《不列颠在印度的统治》一文中，则描述了亚洲地区独特的文化对河流的依赖，分析得十分深刻，也是我们理解中国传统封建文化特征的一个重要视角。马克思指出：

“在亚洲，从很古的时候起一般说来只有三个政府部门：财政部门，或对内进行掠夺的部门；军事部门，或对外进行掠夺的部门；最后是公共工程部门。气候和土地条件，特别是从撒哈拉经过阿拉伯、波斯、印度和鞑靼区直至最高的亚洲高原的一片广大的沙漠地带，使利用渠道和水利工程的人工灌溉设施成了东方农业的基础。无论在埃及和印度，或是在美索不达米亚和波斯以及其他国家，都是利用河水的泛滥来肥田，利用河流的涨水来充注灌溉渠。节省用水和共同用水是基本的要求，这种要求，在西方，例如在弗兰德斯和意大利，曾使私人企业家结成自愿的联合；但是在东方，由于文明程度太低，幅员太大，不能产生自愿的联合，所以就迫切需要中央集权的政府来干预。因此亚洲的一切政府都不能不执行一种经济职能，即举办公共工程的职能。这种用人工方法提高土地肥沃程度的设施靠中央政府办理，中央政府如果忽略灌溉或排水，这种设施立刻就荒废下去，这就可以说明一件否则无法解释的事实，即大片先前耕种得很好的地区现在都荒芜不毛，例如巴尔米拉、皮特拉、也门废墟以及埃及、波斯和印度斯坦的广大地区就是这样。同时也可以说明为什么一次毁灭性的战争，就能使一个国家在几百年内人烟萧条，并且使它失去自己的全部文明。”①

①《马克思恩格斯全集》第9卷上，北京：人民出版社，2009年，第145—146页。

可以看出，在亚洲幅员辽阔的土地上，在以土地耕种为最基本的生产方式下，河流、灌溉就显得特别的重要。没有水的滋养，一切的土地、农业都将荒废。为此，亚洲国家的政府就必须专门执行公共的水利工程建设和管理。这一方面是由于文明程度太低，但另一方面，不仅亚洲政府的职能，包括亚洲地区国家、民族的文化、文明，都在很大程度上受制于对河流的管理。甚至学术界也经常愿意用尼罗河文明、恒河文明、黄河文明等称谓来代表这些地域的文化形态，这深深道出了河流对这一地域文化的影响。河流不仅影响农业，而且影响围绕着河流这一地域所形成的政治上层建筑，以及这一地域人们的诸多的生产生活方式。所以，学术界愿意从这些自然地理环境因素中的最为重要的方面——河流，去命名这一地域的文化形态。而且犹如马克思所指出的，一旦河流遭到了破坏，就会带来几百年的人烟萧条，毁灭全部的已创造出来的文明。可见，在人们的生产生活特别受制于自然条件的历史时期，自然地理环境中的某一方面，就会直接决定一定的文明形态。

关于自然地理环境对文化的重大影响，张岱年和方克立先生在《中国文化概论》一书中，详细阐述了中国独特的自然地理环境对中国文化形成的重大影响，非常深刻，从中我们也可以看到在研究中国特色社会主义文化的基础时，不可忽略自然地理环境的重大作用。

关于中国的自然地理环境对中国文化的重大影响，张岱年和方克立先生从三个方面做了详细的解读：

首先，中国的地理环境对中国文化形成和延续的影响。他们指出："中国不但疆域辽阔，而且地理位置比较优越。中国的大部分处于中纬度，气候温和，又位于全球最大的陆地——亚欧大陆的东部和全球最大的海洋——太平洋的西岸，西南距印度洋也不远，季风气候发达。大部分地区雨热同季，温度和水分条件配合良好，为发展农业提供了适宜的条件。""在中国占主导地位的传统文化，无论是物质的，还是精神的，都是建立在农业产生的基础上的。""由于中国疆域辽阔、跨纬度大，所以气候的波动一般只影响农业区的南北界、而不会减少它的面积，这就为中国文化的延续提供了稳定的物质基础。"① 从这段

①张岱年、方克立《中国文化概论》，北京：北京师范大学出版社，2004年，第20—22页。

论述中，我们可以看到，是中国独特的自然地理环境，造就了中国的农业，即建立在农业基础上的农耕文明，是和中国独特的自然地理环境紧密相关的。只要进入到中国这一独特的自然地理环境之中，必然要受到在这地理环境之中孕育形成的文化。即便是外来势力非常强大，但在文化的交融上，到最终还是会被中国文化所影响。这一点在中国古代各少数民族入主中原的过程中，虽然军事和政治势力占据了主导，但在文化上却慢慢被中原地区的农耕文化所同化，足以可见中国广阔的独特的自然地理环境所孕育的庞大而厚重的文化，具有极强的感染力和延续力。

其次，中国地理环境对中国文化多样性的影响。他们指出："不同的地理环境与物质条件，使人们形成了不同的生活方式与思想观念。在衣食住行方面，中国各地历来就存在很大的差别，久而久之就形成不同的风俗习惯。农业民族对农业的重视和对土地的依赖，发展成重农和安土重迁的观念。但生活在海滨的人们却把海洋视为生活的必需和财富的来源，不但把渔业、盐业作为主要产业，还致力于海上交通与海外的联系。西域绿洲小国本身土地有限，又没有开发的余地，但却位于东西交通的必经之地，所以在丝绸之路开通之后，就以商业发达著称于世。北方游牧民族的生存条件比农业民族更为严酷，只能以迁徙和战斗来对付自然环境和异族的压力。尽管他们早就接触到汉族文化，但在物质文明方面也没有全盘接受。正因为如此，即使是在儒家思想占统治地位以后，不同的汉族地区在接受程度和表现形式方面也是有很大差异的，非汉族地区就更无一致可言。总之，强烈的地域特点使中国文化的多样性非常明显。"① 可以看出，在中国辽阔的土地上，受制于各地域不同的自然地理环境，便造成了不同地域文化的鲜明差异。这种差异即便到了现代，在我国人员流动非常快速的今天，也仍然表现出鲜明的差异来。比如南方和北方的语言、生活习惯、性格特征等，乃至深层的价值取向，都存在着非常明显的差异。目前中国西部和东南沿海，受制于自然地理环境的差异，以及在此基础上的经济发展程度的差异，更是存在着地域文明的不同。所有这些，都体现为自然地理环境

---

①张岱年、方克立《中国文化概论》，北京：北京师范大学出版社，2004 年，第 23—24 页。

对文化形态的深刻影响。

最后，中国地理环境对中国文化的开放与封闭产生了非常重大的影响。他们指出："中国历史上确实长期缺乏开放的动力，但从某种意义上说，根本的原因并不是地理障碍的阻隔，而是中国的地理条件过于优越。为什么中亚、阿拉伯的商人可以不畏艰险，不远万里来到中国，而往来于丝绸之路的中原人却少得可怜呢？为什么当西方人千方百计在寻找通往中国的航路时，中国的统治者却要禁止海上交通，连早已开辟的航路也不加利用呢？这些固然有儒家思想的消极影响，但根本的原因还是中国所处的地位优越。因为在西方近代文明兴起之前，中国的确是东亚乃至当时全世界最强大、最富足的国家，完全可以做到自给自足，无求于人。尽管当时中国人的优越感和自我陶醉也是一种保守的表现，但与近代中国已经处于落后地位时一些人的夜郎自大还是有本质区别的。所以我们应当看到，与地中海文明相比较，中国历史地理环境给文化交流带来的障碍也是不容忽视的。"①

## 二、资本主义社会自然地理环境对文化的影响

人类社会从前资本主义社会中的自然经济状态中，历经极其漫长的历史时期，终于在14、15世纪萌芽的基础上，从16世纪开始，逐渐成为整个世界范围内的一个崭新的社会形态。而且，资本主义在它发展的几百年里，比以往任何世代所创造的生产力的总和还要大，似乎用法术从地底下把物质财富一下子创造了出来，它使以往任何一个时代都比资本主义时代稍逊一筹。资本主义社会，以资本无限增值的逻辑，采用大机器、大工业、大航海、大商业等的形式，使得人类社会发生了从来没有的巨大变化。而且这种巨大变化并不是一时的，而是连续性的，使一切的生产要素，包括人自身，都发生了巨大的改变。很明显，在资本主义内在机制的作用下，人类社会的文化结构也发生了相应的巨大改变。马克思恩格斯在《共产党宣言》中，不仅对资本主义社会进行了深度的批判，而且对资本主义社会的历史进步性，也做了深刻的总结。其中，关

---

①张岱年、方克立《中国文化概论》，北京：北京师范大学出版社，2004年，第24—25页。

于资本主义所带来的文化意义上的变革，我们从以下几段中可以管中窥豹：

首先，“资产阶级在它已经取得了统治的地方把一切封建的、宗法的和田园般的关系都破坏了”[①]。即资产阶级采用的一种自由、平等、博爱，以及法制、权利、义务、契约等资本主义精神，代替了传统社会的封建、宗法、礼仪等思想文化，形成了崭新的资本主义文化。可以肯定的是，没有哪种生产方式像资本主义生产方式这样，对人类文化的改变如此之大，不仅形成了积极进步的文化，也形成了腐朽、剥削、压迫，以及人性异化的文化。总之，资本主义所带来的文化巨变是有目共睹的。

其次，“资产阶级，由于开拓了世界市场，使一切国家的生产和消费都成为世界性的了。使反动派大为惋惜的是，资产阶级挖掉了工业脚下的民族基础。古老的民族工业被消灭了，并且每天都还在消灭。它们被新的工业排挤掉了，新的工业的建立已经成为一切文明民族的生命攸关的问题；这些工业所加工的，已经不是本地的原料，而是来自极其遥远的地区的原料；它们的产品不仅供本国消费，而且同时供世界各地消费。旧的、靠本国产品来满足的需要，被新的、要靠极其遥远的国家和地带的产品来满足的需要所代替了。过去那种地方的和民族的自给自足和闭关自守状态，被各民族的各方面的互相往来和各方面的互相依赖所代替了。物质的生产是如此，精神的生产也是如此。各民族的精神产品成了公共的财产。民族的片面性和局限性日益成为不可能，于是由许多种民族的和地方的文学形成了一种世界的文学”[②]。可以看出，是资本主义的生产方式，内在的资本增值的逻辑，迫使一切守着原来文明、文化形态的民族，不得不接受资本主义的生产方式，进而不得不改变自己原有的文明、文化形态。其实，我们一般总是看到文化对某一个异质地区、异质民族的影响，甚至同化，但这本身是一个极其复杂且极其艰难的历程。人之为人，要想对已经有着内在文化心理的主体的人进行文化，并不是一件十分容易的事情。比如，近代西方资本主义对我国的入侵，并没有从根本上改变我国原有的文化结构，虽然带来了巨大的冲击。但是，我们也要看到，西方资本主义的生产方式、资

①《马克思恩格斯文集》第2卷，北京：人民出版社，2009年，第33—34页。

②《马克思恩格斯文集》第2卷，北京：人民出版社，2009年，第35页。

本逻辑，确实给整个世界带来了巨大的改变，正如上文马克思恩格斯所指出的，它使许多民族和地方的文学形成了一种世界的文学。注意，马克思恩格斯这里所指的文学，可以看作是一个文化的内涵，即德文中的 Literatur，是泛指科学、艺术、哲学、政治等方面的著作。从中我们就可以推导出资本主义对世界范围内文化格局的巨大冲击和改变。无论如何，从世界近代以来，直至目前，整个世界范围内的文化中心，毋庸置疑，欧美社会占据了主导。这也意味着在这样的世界文化格局中，我们要建构中国特色社会主义文化的自信，既要维护我国文化形态的独立性，又要面临西方资本主义物质的、精神的双重挤压，注定我国文化自信建构的历程，是一个非常艰巨的事业。

最后，"资产阶级，由于一切生产工具的迅速改进，由于交通的极其便利，把一切民族甚至最野蛮的民族都卷到文明中来了。它的商品的低廉价格，是它用来摧毁一切万里长城、征服野蛮人最顽强的仇外心理的重炮。它迫使一切民族——如果它们不想灭亡的话——采用资产阶级的生产方式；它迫使它们在自己那里推行所谓的文明，即变成资产者。一句话，它按照自己的面貌为自己创造出一个世界。资产阶级使农村屈服于城市的统治。它创立了巨大的城市，使城市人口比农村人口大大增加起来，因而使很大一部分居民脱离了农村生活的愚昧状态。正像它使农村从属于城市一样，它使未开化和半开化的国家从属于文明的国家，使农民的民族从属于资产阶级的民族，使东方从属于西方"①。可以看出，资本主义在全世界范围内推行自己的所谓的文明，要按照自己的文明形式塑造一个新的世界，使农村从属于城市，使未开化和半开化的国家从属于资产阶级所建构的所谓的文明国家，使从事农业的民族从属于资产阶级的民族，最终使东方从属于西方。在整个世界近代历史发展的进程中，以上马克思恩格斯的论述确实是历史的事实。资产阶级以其强大的改变能力，塑造了一个全新的世界样态，使所有的一切都从属于资本主义的内在逻辑，很明显，这里也包含着文化，使未开化和半开化的国家，使农业民族的封建文化，最终从属于资本主义的文化逻辑。但是，我们也要看到，我国屹立在世界的东方，而且确实在农业生产方式上历经了极其漫长的封建年代，直到现在，我国也不能完

①《马克思恩格斯文集》第 2 卷，北京：人民出版社，2009 年，第 35—36 页。

全界定进入了现代化，工业化、现代化的进程正在建构之中。那么，在这样的历史情势中，在目前我国社会发展的实际环境中，我们所要建构的中国特色社会主义文化自信，就是要在西方资本主义文化占据主导地位的格局中，如何实现“弯道超车”，如何创新式转变和发展，如何以更厚重的文化底蕴实现现代性的转变。这注定了中国特色社会主义文化自信建构的艰难性，但也同时指明了未来发展的方向。即无论如何，我们都要建构属于自己的文化自信，自信本身是最应该强调的，否则就会被同化，就会被淹没在西方资本主义文化的浪涛之中。

以上仅是论述了人类进入到资本主义社会，资本的力量对人类文化的巨大改变，但此处是要论证既然资本主义对人类文化起着十分重大的改变，那么，是否意味着自然地理环境在资本主义生产方式中，对人类文化的影响就或有或无了呢？或者说干脆就予以忽视了呢？这是不应该的，如果我们研读马克思恩格斯的相关论述，从中我们还是可以看出，马克思恩格斯是以非常全面的观点去审视这一问题的。

马克思恩格斯并没有忽略在资本主义体系中，自然地理环境就失去了对人类文化的重大影响，资本主义再发达，也不能用法术直接将自然资源变成物质财富，它的大的前提，仍然依靠一定自然地理环境所形成的物质生产资料。“没有自然界，没有感性的外部世界，工人什么也不能创造。自然界是工人的劳动得以实现、工人的劳动在其中活动、工人的劳动从中生产出和借以生产出自己的产品的材料。但是，自然界一方面在这样的意义上给劳动提供生活资料，即没有劳动加工的对象，劳动就不能存在，另一方面，也在更狭隘的意义上提供生活资料，即维持工人本身的肉体生存的手段。”① 从中我们可以看出，资本主义生产方式虽然极大地进行财富的增长，但增长的前提仍然是自然界，不依靠自然界所提供的物质生产资料，工人的劳动就无从谈起，自然界是物质生产生活资料最初始的源泉。所以，“资本主义生产一旦成为前提，在其他条件不变并且工作日保持一定长度的情况下，剩余劳动量随劳动的自然条件，特

①《马克思恩格斯文集》第1卷，北京：人民出版社，2009年，第158页。

别是随土壤的肥力而变化”①。就是说，资本主义的生产方式，仍然是建立在一定的自然地理环境之中的，也要以自然界的物质生产状况为基础。没有了大自然所提供的各种生产生活资料，资本主义也是不能运行的。那么，依照逻辑，资本主义所带来的文化，大的前提也是依据一定的自然地理环境，没有广义的自然地理环境，也不会产生资本主义文化。

其实，这里是一个十分重要的研究视角，为什么西方资本主义萌芽最早产生在地中海沿岸，为什么发达在航海业十分先进的这些沿海国家。同样，中国在明朝中后期也产生了资本主义萌芽，但是为什么资本主义没有迅速地发展起来。当然，这里的因素有很多，与社会的政治、文化传统、社会生活习惯、宗教信仰、思想解放等因素密切相关。但是也不得不说各自的自然地理环境，对各自资本主义的形成，进而对各自文化形态的塑造，也是起着十分重大的作用的。我们在上文分析了自然地理环境对前资本主义社会文化形态的影响，其实，这些自然地理环境因素的影响，仍然延续到了资本主义社会，同样对资本主义社会文化形态的影响起着十分重大的作用。这就是一个大的前提，人类的思想文化无论发展到什么形态，都是受制于一定的自然地理环境的，都要存在于一定的自然地理环境之中。这就是所谓的“根”，一定的文化形态，追根溯源，应建立在一定的自然地理环境之中的。

但是，我们也要辩证地予以看待，特别是要对资本主义这一生产方式对人类文化形态的重大影响，即资本主义生产方式越来越摆脱一定的自然地理环境的影响，成为一种非常独特的，且具有一种非常野蛮的顽强的生命力的一种社会发展组织形式。我们在上文引用的马克思在《资本论》中的“资本主义一旦成为前提，在其他条件不变并且工作日保持一定长度的情况下，剩余劳动量随劳动的自然条件，特别是随土壤的肥力而变化”之后，马克思紧接着指出：“但绝不能反过来说，最肥沃的土壤最适于资本主义生产方式的生长。资本主义生产方式以人对自然的支配为前提。过于富饶的自然‘使人离不开自然的手，就像小孩子离不开引带一样’。它不能使人自身的发展成为一种自然必然

①《马克思恩格斯全集》第 23 卷，北京：人民出版社，2009 年，第 562 页。

性。资本的祖国不是草木繁茂的热带，而是温带。不是土壤的绝对肥力，而是它的差异性和它的自然产品的多样性，形成社会分工的自然基础，并且通过人所处的自然环境的变化，促使他们自己的需要、能力、劳动资料和劳动方式趋于多样化。"①

就是说，资本主义生产方式并不是像以往社会形态那样极其强烈地受制于自然地理环境，以往的社会形态是自然地理环境是前提，是基础，自然地理环境支配着以往的社会历史形态。但是到了资本主义社会，则是"以人对自然的支配为前提"，人自身成为主导、基本和根本。所以打破了自然地理环境的限制，以资本无限增值的逻辑，以产品的差异化、社会分工以及广泛的商品贸易，带来了人类历史社会形态的巨大改变。如果我们从当今世界格局的角度来审视，日本和韩国是典型的国土资源狭小，自然资源禀赋并不是非常占优势，尤其是日本，自然资源不仅非常稀少，而且还多地震等自然灾害。但是，不可置疑的是，日本的国民经济却是世界体系中的强国行列，而且一度成为世界经济总量第二的强国。这足以证明资本主义生产方式日益会摆脱自然地理环境的限制，从人对自然的支配性越来越强的逻辑，来进一步形成属于资本主义自身的思想文化状况。

其实，我们应该从历史的角度去审视自然地理环境对人类文化的影响。在人类社会的早期，一直到资本主义社会之前，人类改造自然的能力是非常有限的，即人类从大自然中获取生产生活资料的数量是不多的，这就决定了人们必须要依赖于一定的自然地理环境，自然地理环境构成了人类生产生活的先决条件。也正是在这一历史时期，人类的文化非常鲜明地受制于自然地理环境。但是，随着人类主体性的增强，特别是随着科学、知识、技术的进步，人类改造自然的能力越来越强，以及在资本主义剩余价值机制的作用下，人类改造自然的能力获得了极大的提高。这不仅意味着人类可以从大自然中获取更多的生产生活资料，而且在此基础上，自然就会有更多的人专门从事人类的思想文化创造。同时，在这一历史过程中，意味着人自身在自然界面前，日益成为首要

①《马克思恩格斯全集》第 23 卷，北京：人民出版社，2009 年，第 562 页。

的、起着主导作用的因素。而作为属人的文化，由人所创造的文化，在人自身改造自然能力获得极大提升的情况下，自然就会带来人类思想文化的巨大发展。所以，我们从历史发展的角度来审视人类文化同自然地理环境的关系，就会一目了然。也是据此，马克思在《资本论》中有这样一段总结：

"撇开社会生产的不同发展程度不说，劳动生产率是同自然条件相联系的。这些自然条件都可以归结为人本身的自然（如人种等等）和人的周围的自然。外界自然条件在经济上可以分为两大类：生活资料的自然富源，例如土壤的肥力，渔产丰富的水，等等。劳动资料的自然富源，如奔腾的瀑布、可以航行的河流、森林、金属、煤炭等等。在文化初期，第一类自然富源具有决定性的意义；在较高的发展阶段，第二类自然富源具有决定性的意义。例如，可以用英国同印度比较，或者在古代，用雅典、科林斯同黑海沿岸的地方比较。"①

可以看出，在人类文化的初期，生活资料的富源对人类文化起着决定性的作用。在较高的发展阶段，即资本主义社会，劳动资料的自然富源，对人类文化起着决定性的作用。而这些劳动资料的富源，很明显，是在资本主义生产方式的作用下，即采用了资本雇佣劳动的机制，形成对剩余价值的无限增值，进而带来了资本主义文化对以往文化的巨大改变和超越。资本主义社会，人类文化仍然受制于一定的自然地理环境，但又极大地超越了一定自然条件的限制。

## 三、中国特色社会主义文化自信的自然地理环境基础

中国特色社会主义文化是不是也需要建立在一定的自然地理环境基础之上呢？如果是，那么中国特色社会主义文化是不是非常受制于一定的自然地理环境的影响呢？归根结底，我们如何去看待中国特色社会主义文化自信，是否能在自然地理环境的角度找到自信的根据？

从我们上文前资本主义社会文化、资本主义社会文化在自然地理环境中的形成、发展、内在机制的论述中，我们可以得出如下的矛盾辩证关系：大的前提，人类的文化一定是建立在一定的自然地理环境基础之上的，没有任何一种

①《马克思恩格斯全集》第 23 卷，北京：人民出版社，2009 年，第 560 页。

文化形态能够脱离一定的自然地理环境而单独存在，自然地理环境就犹如一个大的场域，无时无刻不影响着一定文化形态的形成和发展。即从绝对意义上来看，自然地理环境对人类文化的影响是始终在场的，无时不在、无处不有。但是从纵向的历史角度来看，人类文化日益会脱离自然地理环境的影响，日益会摆脱自然地理环境因素的限制，即作为属人的文化，会日益凸显人的主体性，人自身的因素会日益占据主导，相比较而言，自然地理环境因素的影响就会减弱。但这是相比较而言的，在笔者看来，无论人的因素会怎样日益占据主导，自然地理环境因素对文化的影响是始终存在的，是我们始终不能忽略的。正确的观点是既重视自然地理环境因素对文化的影响，又突出人自身的因素对文化的创造。所以，对于中国特色社会主义文化而言，我们要想对中国特色社会主义文化形成自信，既要重视自然地理环境的重要影响，又要看到中国特色社会主义文化的人为建构。

一方面，中国特色社会主义文化，它的特定范围和领域，或者说是它的特殊性、特质，首先来说，它是中国的，而不是什么其他国家的。虽然我们要宣传、推动中国特色社会主义文化走出去，希望得到更多国家的认同、接纳，但首先来说，它是中国社会发展到目前，特别是在中国特色社会主义进入到新时代的历史背景下，所形成的属于当前中国人民的一种独特的文化形态。而既然是中国社会的独特的文化形态，在自然地理空间的角度来看，它就是深深地扎根于中国的独特的自然地理环境之中的，是深深地扎根在中国的这片土地之内的，是中国独特的自然地理环境，塑造、孕育、形成了中国特色社会主义文化这一独特的文化形态。我们无论如何都身居于一定的自然地理环境之中，无时无刻不受到我们周围自然因素的影响，而且归根结底，人是大自然的产物，人的身心归根结底，是要遵循大自然的生息规律的。大自然具有最终的决定意义。所以，中国特色社会主义文化自信的建构，我们要面向中国这片广阔的自然地理环境，在中国这片广袤的土地上，形成对中国特色社会主义文化的自信。这正如习近平总书记所指出的那样："站立在九百六十万平方公里的广袤土地上，吸吮着中华民族漫长奋斗积累的养分，拥有十三亿中国人民聚合的磅礴之力，我们走自己的路，具有无比广阔深厚的历史底蕴，具有无比强大的前进定力。中国人民应该有这个信心，每一个中国人都应该有这个信心。"① 习近平总书记的这段话深深道出了我们要立足于中国这片广袤的土地，深深扎根在这片土地里，形成属于中国人自己的文化自信。

如果再打一个形象的比方，就是我们每一个人的个体生活，按照文化是人的一种生活样貌，体现为人的一种生活方式的角度来看，虽然，我们每一天都在忙碌，都在思考、关注、破解着什么问题，我们的头脑每一天都在运转，我们的精神每一天都在运动，我们的心理每一天都在变化。但是，你会发现，每一天下来，你总要回归到自己的家，回到自己的这张床上，回到你心灵得以停泊的家的港湾。其实，即便你白天外出工作，也是在具体的工作场合，身居一定的工作场域，周围的一切景象，都会给你带来诸多的影响。只不过我们太过忙碌，太多关注我们内在的精神、心理、价值取向，相比较而言，我们往往忽略了周围客观环境对我们的影响。但是，正如上文所说的，无论你怎么忙碌，怎么体现自己的主体性，怎样高扬自己的价值追求，怎样去努力和奋斗，但是到了晚上，到了夜幕降临之时，你总要回归自己的家，躺到自己的床上，进入到自己的被窝。这就是家、床、被窝，永远是你不可回避，而且永远是你最终的归宿，是每一个人每一天都要做的，都要经历的。而这个家、床、被窝，就是每一个人生存、生活、展开人生的必备的客观环境。爱自己的家，进而扩展开来，爱自己的国家，进而更深一步，爱这片我们生存生活的土地，在几千年来中华民族繁衍生息的这片土地上，必然会不断孕育、不断构造、不断形成崭新的文化形态。中国特色社会主义文化就是中国社会历史发展到目前，所形成最集中、最有中国特色、最能反映当前中国人民诉求的文化形态。而这个文化形态一定是深深扎根在中国九百六十万平方公里的这片土地之上的。

这里，需要插入更为紧迫，同时又是更为前沿和深刻的一个方面，那就是中国目前正在抓紧构筑生态文明，明确将生态文明建设作为国家"五位一体"总体布局之一，已然上升到国家十分重要的发展战略。一方面是由于改革开放以来，在国家经济建设推动的过程中，确实出现了十分严重的生态环境被破坏

①《十八大以来重要文献选编》上，北京：中央文献出版社，2014年，第699页。

的问题，有很多地域触目惊心，严重威胁了我们自己的生存。另一方面，要想可持续发展，要想使中华民族繁衍生息，不仅要形成一般性的生存环境，而且要建构美丽中国，要体现出中国大地的各种美景。只有在美丽中国的客观环境基础之上，我们所建构的中国特色社会主义文化，才更具有内涵，才更具有魅力，才能够让人们真正予以自信。所谓“生态兴则文明兴，生态衰则文明衰。生态环境是人类生存和发展的根基，生态环境变化直接影响文明兴衰演替”①。只有建立在良好的生态基础上，才能展现文明，进而体现文化的力量。所以，习近平总书记指出：“我们既要绿水青山，也要金山银山。宁要绿水青山，不要金山银山，而且绿水青山就是金山银山。”② 应该“要像保护眼睛一样保护生态环境，像对待生命一样对待生态环境”。③ 这足以看出在当前中国，以习近平同志为核心的党中央对生态文明建设的高度重视。唯有良好的生态基础，才能构建起坚实的中国特色社会主义文化自信的前提。

其实，在人类文明发展的历史进程中，主要的文化样态一般都发端于良好的自然生态地域，同时，也因为生态遭到破坏，进而造成某一地域的文化形态的消失。比如：“古代埃及、古代巴比伦、古代印度、古代中国四大文明古国均发源于森林茂密、水量丰沛、田野肥沃的地区。而生态环境衰退特别是严重的土地荒漠化导致古代埃及、古代巴比伦衰落。我国古代一些地区也有过惨痛的教训。河西走廊、黄土高原都曾经水丰草茂，由于毁林开荒、乱砍滥伐，致使生态环境遭到严重破坏，加剧了经济衰落。”④ 所以，历史上的这些文化形态的生成、演变，以及消失，都给我们后人带来了深刻的教训。无论如何，人类所创造的文化是不能脱离开一定的自然地理环境的，一定是建立在一定的自然

①《习近平新时代中国特色社会主义思想学习纲要》，北京：学习出版社，2019 年，第 167 页。

②《习近平新时代中国特色社会主义思想学习纲要》，北京：学习出版社，2019 年，第 169—170 页。

③《习近平新时代中国特色社会主义思想学习纲要》，北京：学习出版社，2019 年，第 169 页。

④《习近平新时代中国特色社会主义思想学习纲要》，北京：学习出版社，2019 年，第 167—168 页。

地理环境基础之上的，一旦自然地理环境遭到了破坏，必然会危及人类的生存和发展，进而也就会必然危及人类文化的存在和延续。也正是在这个角度上，习近平总书记总结道：

“人类发展活动必须尊重自然、理顺自然、保护自然，否则就会遭到大自然的报复。这个规律谁也无法抗拒。人因自然而生，人与自然是一种共生关系，对自然的伤害最终会伤及人类自身。只有尊重自然规律，才能有效防止在开发利用自然上走弯路。改革开放以来，我国经济社会发展取得历史性成就，这是值得我们自豪和骄傲的。同时，我们在快速发展中也积累了大量生态环境问题，成为明显的短板，成为人民群众反映强烈的突出问题。”①

从建构中国特色社会主义文化自信基础的角度来看，良好的自然地理环境，形成生态文明建设的理念，无疑是广大民众形成对中国特色社会主义文化自信的重要前提和基础。试想，如果广大的中国民众，天天生活在非常恶劣的自然地理环境之中，雾霾、沙漠化、土地板结、荒山秃岭、河流污染、大气肮脏、生态失衡等等，长时间生活在这样的自然地理环境之中，人们是不可能形成对中国特色社会主义文化的充分自信的。相反，良好的自然地理环境，在十分美丽的生态环境中，人们的身心是愉悦的，人们的创造热情是会被激发的，这样，不仅会带来中国特色社会主义文化生成、创造的无限条件，而且会进一步凝聚、整合中国特色社会主义文化的各种资源，从而把中国特色社会主义文化提升到一个更高的层次。唯有这样，才能真正带来广大民众对中国特色社会主义文化最深刻、最持久的自信。

所以我们可以得出结论：中国特色社会主义文化自信的建构，一个十分重要的前提和基础，一定是建立在良好的自然地理环境基础之上的，自然地理环境一定是不可忽略的重大条件。目前，我国生态文明建设的理念不仅上升到国家战略的层次，而且日益深入广大民众的心里，成为全社会的一个重要共识。相信在习近平总书记生态文明建设理念的指引下，我国的自然地理环境会日益得到保护、改善和美化，美丽中国会日益展现在世人面前。但是，问题来了，

① 习近平《习近平谈治国理政》第二卷，北京：外文出版社，2017 年，第 394—395 页。

这是否意味着有了良好的自然地理环境，就一定能够带来中国特色社会主义文化的繁荣和昌盛吗？就真正能够使广大民众充分对中国特色社会主义文化自信吗？对于这个问题，答案是否定的。就是说，良好的自然地理环境，一定是一定文化形态形成和发展的重要前提和基础，但有了这个前提和基础，并不一定带来文化的繁荣和昌盛，但没有良好的自然地理环境，一定会对一定文化的发展带来巨大的冲击。所以，在面对自然地理环境对人类文化影响和作用上，我们应该反对自然主义的历史观，应该运用马克思唯物史观的方法辨析和深度洞察。

马克思在《资本论》中有这样一段表述，他说："良好的自然条件始终只提供剩余劳动的可能性，从而只提供剩余价值或剩余产品的可能性，而绝不能提供它的现实性。劳动的不同的自然条件使同一劳动量在不同的国家可以满足不同的需要量，因而在其他条件相似的情况下，使得必要劳动时间各不相同。这些自然条件只作为自然界限对剩余劳动发生影响，就是说，它们只确定开始为别人劳动的起点。产业越进步，这一自然界限就越退缩。……同历史的发展起来的社会劳动生产力一样，受自然制约的劳动生产力也表现为合并劳动的资本的生产力。"这意味"良好的自然条件"仅仅是为人们提供劳动生产力的一个可能性，一个必要的条件，但并不是说在良好的自然条件下，人们的生产力就会很高，真正带来社会生产力提高的是人自身的社会性的劳动生产力。就是说，在良好的自然条件下，还需要人们自身的劳动生产力，如果劳动生产力组织得不好、不协调，那么也不会带来生产力的巨大进步。这就是上文我们分析资本主义文化形成和发展时，对自然条件的克服，即资本主义的形成和发展，资本主义文化的繁荣，并不是建立在良好的自然地理环境之中的，资本的内在的增值的机制，对资本主义文化的形成和发展起着更为重大的作用。

所以，我们应该反对自然主义的历史观，把人类文化的形成和发展归结为自然地理条件，应该是在自然地理环境的基础之上，进一步发挥人自身对自然的改造作用，进一步提升人自身的劳动力，在自然地理条件和生产力二者综合作用的基础上，才能真正带来人类文化的繁荣和发展。关于自然主义历史观错误，恩格斯在《自然辩证法》中有一段非常入木三分的批判，他指出："自然主义的历史观（例如，德莱柏和其他一些自然科学家都或多或少有这种见解）

是片面的，它认为只是自然界作用于人，只是自然条件到处在决定人的历史发展，它忘记了人也反作用于自然界，改变自然界，为自己创造新的生存条件。日耳曼民族移入时期的德意志‘自然界’，现在只剩下很少很少了。地球的表面、气候、植物界、动物界以及人类本身都不断地变化，而且这一切都是由于人的活动，可是德意志自然界在这个时期中没有人的干预而发生的变化，实在是微乎其微的。”① 可以看出，自然主义历史观仅仅是片面看到了自然界对人的作用，特别是自然界对人类活动的决定性因素，但是反过来没有看到人对自然环境的改造、影响，因而是片面的、不科学的，不能真正阐释和奠定文化自信的坚实基础。

从人类社会生产力不断提高的发展趋势来看，纯粹自然的自然，目前在地球上已经所剩无几，大自然的方方面面，可以说都打上了人类鲜明的烙印，都具有人类文化的色彩。即人化自然、属人的自然，日益成为人类生存的自然地理环境。很少有人生活在纯粹的大自然之中。这里，笔者的深度用意是：在人类改造自然，形成属人自然的过程中，人们所创造的人化自然环境，一方面体现了我们人类自身的主观目的，能够为人类所享用，但是另一方面，也应该遵循大自然的客观规律，应该顺从自然，遵循自然，而不是恶意地破坏自然。由人类活动所破坏自然而引起的人化环境，一定不是人类文化繁荣和发展的自然地理基础，而且一定会带来一定文化形态的毁灭。相反，由人类遵循自然，体现自然规律的人化环境，不仅体现了人类文化的积极主动的特征，而且会坚实而有力地奠定一定文化形成长时间建构和发展的基础，一定会使人们形成对待这一文化形态充分自信的心理。所以，从这个角度来看，目前我国社会所建构的生产文明、美丽中国，不是对大自然的破坏，而是遵循大自然的生态改造、生态维护、生态提升。比如南水北调，对我国北方荒漠化地域的滋润，必然带来北方社会经济、政治、文化的繁荣。所以，我们应该像习近平总书记所指出的那样：

“推动形成绿色发展方式和生活方式，是发展观的一次深刻革命。生态环

---

①《马克思恩格斯全集》第 20 卷，北京：人民出版社，2009 年，第 574 页。

境问题归根结底是发展方式和生活方式问题。要从根本上解决生态环境问题，必须贯彻绿色发展理念，坚决摒弃损害甚至破坏生态环境的增长模式，加快形成节约资源和保护环境的空间格局、产业结构、生产方式、生活方式，把经济活动、人的行为限制在自然资源和生态环境能够承受的限度内，给自然生态留下休养生息的时间和空间。……加快形成绿色生活方式，要在全社会牢固树立生态文明理念，增强全民节约意识、环保意识、生态意识，培养生态道德和行为习惯，让天蓝地绿水清深入人心。开展全民绿色行动，倡导简约适度、绿色低碳的生活方式，反对奢侈浪费和不合理消费，形成文明健康的生活风尚。通过生活方式绿色革命，倒逼生产方式绿色转型，把建设美丽中国转化为全体人民自觉行动。"①

所以，中国特色社会主义文化自信基础的建构，在自然地理环境这一方面，不仅不是忽略，而且特别重视自然地理环境对中国特色社会主义文化的重要作用。而且，这里更为深度的逻辑是：在中国这片领土之中，在中国这一自然地理环境之中，我们所建构的生态文明建设，不仅仅是对原初自然的一种保护，而且是一种人化自然，是经过我国人民建设、改造过的自然。这个自然鲜明地打上了中国人民的烙印，而在改造这个自然地理环境的过程中，不是破坏，而是遵循自然的规律，形成更有利于中国人民生存、繁衍、生息的自然地理环境。建立在这样的自然地理环境基础之上的中国特色社会主义文化，才算是真正意义上的中国特色社会主义文化自信的自然地理环境基础。所以，我们对自然地理环境所构成的对文化的影响和制约，不仅应辩证地看待，而且更应该进行深度的探究和理性的认知。

同时，我们需要进一步说明的是，中国特色社会主义文化自信的建构，虽然是立足于中国这片自然地理环境之上，但是又不仅限于此。即中国特色社会主义文化是放眼全球，应对整个世界自然地理环境变化和发展的。中国政府历来十分重视与其他国家的合作，针对全球各个国家所面对的碳排放、气候变暖、温室效应、生态修复、荒漠化等，与全球各个国家合作，并且起着十分重

①《习近平新时代中国特色社会主义思想学习纲要》，北京：学习出版社，2019 年，第 171—172 页。

要的倡导、带动、表率的作用，充分体现了我国在全球自然地理环境保护上的大国责任。中国政府所倡导的人类命运共同体，也不仅仅是经济、政治上的相互合作，而且更是自然地理环境、生态文明建设的积极合作。共同爱护我们的生存家园、共同保护地球，是中国政府鲜明而闪亮的观点。而中国政府提出的对全球环境保护的各种观点、举措，背后都是内蕴在中国特色社会主义文化之中的。中国特色社会主义文化内涵，本身就透露着对自然地理环境的保护。因为中国特色社会主义文化最根本的是立足于广大人民群众根本利益的，凡是涉及有损于广大人民群众生产、生活、生存利益的，都是中国特色社会主义文化所反对的。所以，对于自然地理环境的保护，是中国特色社会主义文化题中应有之义。那么依此逻辑，中国特色社会主义文化不仅强调我国对生态环境的保护，同时也积极倡导全球各个国家对整个地球的保护。从整个人类文化繁荣和发展的角度来看，只有我们共同保护好地球，为人类营造良好的自然地理环境，人类的整体的文化才能够长久生息下去。我们不能因为科技的进步、生产力的提高，而加大对整个地球的掠夺，整个地球是我们人类共同的生活家园。在整个地球自然地理环境优良的前提下，才能带来人类文化的长久不衰。

以上我们探讨了自然地理环境对文化自信的影响，得出的结论是肯定的，自然地理环境一定是文化自信的重要前提和基础。那么在此基础上，我们应该更进一步探究和阐释中国特色社会主义文化自信的基础，即相对于自然地理环境，那就是人类社会本身，是人类社会本身涵育、生成了人类文化。中国特色社会主义文化一定是立足于中国社会之中的，是中国社会这一独特的社会结构、样态，内在的实质，孕育和形成了中国特色社会主义文化。所以，下文我们从社会本身的角度去探究中国特色社会主义文化自信的基础。

# 第三章 中国特色社会主义文化自信的社会存在基础

自然和社会是两个各自鲜明且又有紧密联系的范畴。自然构成了人类社会存在和发展的基础，自然规律必然决定着人类社会存在和发展的规律，这一点是肯定的，人类再有能力，也要遵循大自然的规律，而且反过来，破坏自然，必然遭到自然的惩罚。但是相对于自然界，或者说在自然地理环境的基础之上，人类社会又有着自身独特的，有着相对于自然而独立运行的规律。而且，人类社会自然的独特性规律，是人类社会文化形成更为切近的基础，是一定的社会孕育了一定的文化，但不可说是一定的地域就必然要形成一定的文化。在自然地理环境非常相似的地域，也不一定形成相似的文化，甚至会形成非常鲜明的不同文化。所以，社会存在本身更是一定文化形成和发展的重要基础。

## 一、人类社会存在的广义与狭义的内涵

人类社会是一个丰富而复杂的系统，可谓是方方面面、复杂多样，且变化多端，甚至难以琢磨。这个人类社会存在到底是什么？人类社会的实质内涵是什么？一直成为古今中外的思想家所关注的焦点，并纷纷提出了不同的观点，但也都有不足之处。这恐怕就是人类所谓的“认识你自己”，反倒认识不清了。我们人类了解自然、运用自然，这在近现代以来随着自然科学的进步，取得了举世瞩目的成绩。但是关于人自身，关于由人所组成的社会，相比较而言，认识得却不是那么深刻。甚至还存在着许许多多的认识性错误，所谓“种种社会历史之谜”，至今还萦绕在许多社会思想家以及每一个人的思想认识之中。但

是正如马克思所指出的，人的本质属性是社会属性，“人的本质不是单个人所固有的抽象物，在其现实性上，它是一切社会关系的总和”①。即单个的人必须要进入社会之中，必然要成为社会的一员，每一个人都是不能离开社会的，都是需要靠社会而存在和发展的。如果说有某个人逃离了人类社会，进行着纯粹的大自然中的原始性的生活，事实上是不存在的。就是所谓的“狼孩”“猪孩”，虽然他们是人的躯体，但在行为上、心理上，已和人类渐行渐远了，甚至不可以把他们称之为人类，至于人类所形成的文化，更是和他们遥不相及。就是说，我们需要了解社会，需要从社会本身的角度，去探讨人类文化的形成和发展，人类的文化一定是立足在一定的社会存在之上的，任何一种人类文化形态必然要以一定的社会存在本身为其坚实的基础。

那么，我们到底该如何去理解人类社会本身呢？进一步说，我们如何去理解人类社会本身，本身就内蕴着如何去理解人类的文化，从什么角度去理解人类社会本身，就会形成什么样的对人类文化内涵的理解。所以，有必要从各个角度、各个方面去全面而综合地理解人类社会本身。本文则是依据广义和狭义的角度去理解，但背后，则是马克思唯物史观分析人类社会的科学思路。

首先，从广义内涵的角度来看，人类社会一定是一个非常大的范畴，它包含着各式各样的内容，按照传统的观点，大致可分为政治、经济、文化三大方面。很明显，这三大方面涵盖了一个社会最基本的内容，或者说架构了一个社会最强有力的三个支点。任何一个社会体系，这三大方面都是重中之重。但是，随着人类社会的发展，社会本身内部的分工体系越来越多，而且在不同的发展阶段，某些方面会日益凸显，各个国家也纷纷将社会体系内部的一些具体方面，列为国家发展的重要方面。比如，在政治、经济、文化三大方面的基础上，又进一步延伸到内政、外交、国防，明确将内政、外交、国防列为十分重要的方面。我国社会的建设和发展，特别是随着改革开放，所面临的各方面的问题，以及亟须对十分重点的领域进行攻克和发展，在党的十八大上，提出了“五位一体”总体布局的发展战略，将我国社会发展列为经济、政治、文化、

---

①《马克思恩格斯选集》第1卷，北京：人民出版社，2012年，第135页。

社会、生态文明五个方面。其中的生态文明，可以说是伴随着我国社会工业化、现代化的过程中，出现了十分严重的生态问题，为了集中解决生态问题，将其列为我国目前和未来发展的一个十分突出的方面。而其中的社会方面，则不是广义的社会范畴，而是着重指社会民生、社会治理、国家安全等方面。可以说这是我国社会建设本身进一步细化、深化的集中体现，即我国社会深度发展，需要在民生、治理、安全等方面进一步提升和加强。

党的十八大以来，以习近平同志为核心的党中央，进一步明确我国社会主义初级阶段的基本国情，在审视国内外最新变化的基础上，在明确我国社会主要矛盾变化的情势下，在党的十九大上提出了中国特色社会主义进入了新时代这一伟大论断，并建构了习近平新时代中国特色社会主义思想。那么，围绕中国特色社会主义进入新时代这一时代背景，习近平新时代中国特色社会主义思想进一步明确了我国现阶段的社会发展主题，即新时代坚持和发展什么样的中国特色社会主义、怎样坚持和发展中国特色社会主义。可以联想到当年在改革开放之初，邓小平同志就是围绕“什么是社会主义，怎样建设社会主义”这一主题，开启了我国社会巨大的社会变革。明确将经济建设、各方面改革列为我国社会建设和发展的主题，实现了我国社会快速而有效的发展。时至今日，当改革开放步入四十余年的历程，习近平站在新时代的高度，进一步提出了新时代中国特色社会主义的发展方略，那就是：“包括新时代坚持和发展中国特色社会主义的总目标、总任务、总体布局、战略布局和发展方向、发展方式、发展动力、战略步骤、外部条件、政治保证等基本问题，并且要根据新的实践对经济、政治、法治、科技、文化、教育、民生、民族、宗教、社会、生态文明、国家安全、国防和军队、‘一国两制’和祖国统一、统一战线、外交、党的建设等各方面。”① 可以看出，在新时代的背景下，目前我国对社会建设的思路，是涵盖多个方面的，且都是社会建设的重点。所以，社会本身是一个复杂而多变的系统，随着我国社会进入不同的阶段，面临着不同的主题，进行社会建设各方面的调整。这正进一步意味着社会本身是一个非常复杂的系统。

---

①《十九大报告》，北京：人民出版社，2017年，第18页。

那么，论证和说明到这里，想要阐述的道理是：社会本身是包含文化的，我们研究文化自信，特别是揭示文化自信的社会存在基础，则是要将文化这一特定内容抽取出来，而且在本书第一章，将对中国特色社会主义文化的理解，界定为狭义上的思想精神领域的文化，那么就意味着将文化与社会存在本身分割开来，这样有利于探究文化自信的社会制约因素。虽然文化确实体现在社会生活的方方面面，凡是有人的活动波及的地方，就有文化的影子，就有文化的影响作用，但不能据此就说社会生活的各个角落、各个因素，都决定着文化的自信，那样就十分泛泛了，也不利于我们探究文化自信的基础。所以，我们探究文化自信的基础，前提是将文化这一独特的社会方面单列出来，或者说单独抽取出来，然后考察其背后的社会制约因素，这样就可以更加逻辑性地探究出文化自信的基础。但是，问题又来了，文化自信的大的社会基础，其实就是社会本身，是社会本身孕育形成了一定的文化形态，自然这个社会本身就是一定文化形态赖以存在、发展、自信的基础。正如上文我们所列举的，社会生活是一个极其复杂的系统，包含着各个方面，而且各个方面都对文化构成制约和影响，那么如何去进一步探究呢？

本文采取两个思路：一是分门别类，逐条加以探究，这是必要的。比如政治、经济等社会要素，一定对文化起着十分重要的基础性作用，是一定文化自信所必然要依赖的重要基础，这一点无须赘言。但是存在着一个内在的逻辑矛盾，如果我们一开始就逐条探究，逐个罗列，那就会给读者造成非常分散、不系统、不够整体的感觉，似乎社会体系中的任何一个要素，都构成了文化自信的基础，但单独拿出来，又不足以构成文化自信的基础。文化自信的基础一定是立足于社会各个方面、各个要素统一整合的基础上。事实上，一定文化的形成和发展，也一定是社会各个方面、各个要素综合作用的结果。所以，本文研究的思路的另一方面，就是先统合，要先形成一个文化自信的社会存在基础。但是这个社会存在基础一定不是我们上文所简单罗列的各个方面，应该是对各个方面进行一个系统整合，或者说要形成一个抽象概括。只有首先进行一个抽象的整合和概括，树立一个系统整体的视域，才能够在此基础上进一步展开分门别类的探究。那么，这个社会存在本身，我们就应该进行狭义的界定和理解。

按照马克思唯物史观分析人类社会的内在逻辑，作为唯物史观审视人类社会的基本分析框架，即将唯物史观分析人类社会的基本问题界定为两个方面：社会存在和社会意识及其二者之间的关系。很明显，这里的社会存在是和社会意识相对应而存在的，实质是指社会体系中的客观实在方面。相应的社会意识方面，就是社会体系中的主观方面，包括思想、文化、精神心理等。这样的划分是十分有利于本课题所探究的问题的。我们探究中国特色社会主义文化，将这一文化形态进行狭义的界定，就是指社会体系中的精神领域。那么中国特色社会主义文化一定是隶属于社会意识范畴之内的，既然中国特色社会主义文化隶属于社会意识范畴之内，它就必然受制于社会存在，必然受制于适合体系中的客观方面。所以，我们将对社会的理解，集中体现和整合为社会的客观方面，即社会存在。这样下来，社会存在就是一个狭义的，且集中反映社会体系中最为实质的方面。一个社会体系中，既有其客观实在方面，也有其主观精神方面，唯物史观恰恰就是透过人类社会精神领域的背后，看到了人类精神活动得以形成和发展的物质动因。这样就可以十分合乎逻辑且有效地阐释人类精神活动中的“种种历史之谜”，能够更加深刻地阐释人类精神领域的实质和根本。

所以，无论从唯物史观以社会存在和社会意识的分野为分析框架，还是从本文所探究的中国特色社会主义文化自信基础的需要，都有必要将社会本身理解为狭义的、特别实质的反映社会本真面目的客观实在方面，即社会存在本身。那么，马克思唯物史观理论视域下的社会存在本身，要怎样理解呢？或者说它又包含着什么内容呢？即马克思唯物史观理论是怎样理解社会的呢？我们也不妨从各个角度去理解唯物史观对人类社会的见解。

从唯物史观狭义的角度去审视社会存在，社会存在主要是指：“社会生活的物质条件，是社会生活的物质方面，主要包括自然地理环境、人口因素和物质生产方式。”① 这是目前高校教科书所普遍采用的对社会存在这一概念的理解，一方面突出的是社会存在的物质条件，即社会存在的客观性部分，另一方面详细列举了三大领域：自然地理环境、人口因素和物质生产方式。

---

①《马克思主义基本原理概论》，北京：高等教育出版社，2018 年，第 17 页。

自然地理环境，我们好理解，它是人类社会存在的永恒的、必要的条件，是人类社会存在和发展的自然基础。自然地理环境为人类社会提供了生产生活资料，没有大自然的给养，人类社会就会灭亡，人类也就无从谈起由人自身所创造的文化。所以，自然地理环境是人类社会存在的应有之意。这一点好理解，而且我们在论证自然地理环境对人类文化的影响时，有着非常详细的说明。

但是，人类社会毕竟是由人类自身所组成的，没有了人自身，就无所谓人类社会。所以人口因素是社会存在的更为直接性的必要条件，有了人口，有了众多的人，才能组建人类社会。这里，具体涉及人口的数量、职业构成、受教育程度、文化水平、道德法律等方方面面，即不同的人口数量和质量会展现出不同的社会状况，是我们考察一个社会结构的重要角度。人口学、人类学就是透过人自身来观察社会的重要的社会科学。

但是，这里需要进一步追问，有了我们上文所提到的自然地理环境、人口因素，就能够组建人类社会吗？或者说人类社会就仅仅体现在自然地理环境和人口因素这两个方面吗？我们说，答案是否定的。确实自然地理环境和人口因素是社会存在的必要条件，但不是充分条件，人类社会存在一定有着更为实质性的内容，或者说更加标志社会存在的突出方面。这些内容和方面则构成了人类社会存在的实质和根本。

关于社会存在的实质和根本部分，我们援引马克思在《雇佣劳动与资本》一文中的几段经典的表述，可以帮助理解社会存在体系中更为实质的内容。马克思指出：

“人们在生产中不仅仅影响自然界，而且也互相影响。他们只有以一定的方式共同活动和互相交换其活动，才能进行生产。为了进行生产，他们相互之间便发生一定的联系和关系；只有在这些联系和关系的范围内，才会有他们对自然界的影响，才会有生产。

“生产者相互发生的这些社会关系，他们借以互相交换其活动和参与全部生产活动的条件，当然依照生产资料的性质而有所不同。

“……因此，各个人借以进行生产的社会关系，即社会生产关系，是随着物质生产资料、生产力的变化和发展而变化和改变的。生产关系总和起来就构成所谓社会关系，构成所谓社会，并且是构成一个处于一定历史发展阶段中的社会，具有独特的特征的社会。古典古代社会、封建社会和资产阶级社会都是这样的生产关系的综合，而其中每一个生产关系的总和同时又标志着人类历史发展中的一个特殊阶段。”①

从马克思的这几段论述中我们可以看到，有了自然地理环境，有了人，是不可以直接形成人类社会的，人类不仅要和自然界发生生产性的关系，还要首先形成人与人之间的关系，且只有首先形成了社会性质的生产关系，在这样的社会性质的生产关系的作用下，人类才能够形成改造自然的能力。所以，人与人之间首先形成的社会生产关系还是人类改造自然的一个重要前提，没有人与人之间形成的各种社会关系，就不可能带来人类对自然的改造，从而也就没有所谓的人类对自然的生产力。生产力就是人类改造自然的能力，一般而言我们都是将生产力列为人类社会更为突出和重要的内容，殊不知人类的这种对自然的生产力，是需要在首先结成一定的社会关系的前提和条件下，才能够实施和展开的。所以，马克思正是看到了这一点，将人类社会界定为“生产关系总和”，生产关系总和起来就构成所谓的社会关系，构成所谓的社会。所以，生产关系总和是人类社会存在更为实质的内容。正是基于不同的生产关系总和，即不同历史时期人们不同的生产关系总和的样貌、状况，马克思将人类社会划分为古典古代社会、封建社会和资产阶级社会，同时将整个的人类社会划分为五种社会形态。所以，从这个角度来看，唯物史观非常特定且有效地揭示了人类社会存在更为实质的内容，人类社会存在更在于人与人之间所交织起来的社会生产关系。

关于生产关系是人类社会存在更为实质的方面，马克思在致帕·瓦·安年科夫的一封书信中，更是有着一段非常经典的论述，可以让我们更加透彻地理解人类社会存在的生产关系内涵。马克思指出：

“社会——不管其形式如何——是什么呢？是人们交互活动的产物。人们能够自由选择某一社会形式呢？决不能。在人们的生产力发展到一定状况下，

①《马克思恩格斯选集》第1卷，北京：人民出版社，1995年，第344—345页。

就会有一定的交换和消费形式。在生产、交换和消费发展到一定阶段上，就会有相应的社会制度、相应的家庭、等级或阶级组织，一句话，就会有相应的市民社会。有一定的市民社会，就会有不过是市民社会的正式表现的相应的政治国家。这里不必再补充说，人们不能自由选择自己的生产力——这是他们的全部历史的基础，因为任何生产力都是一种既得的力量，是以往的活动的产物。可见，生产力是人们应用能力的结果，但是这种能力本身决定于人们所处的条件，决定于先前已经获得的生产力，决定于在他们以前已经存在、不是由他们创立而是由前一代人创立的社会形式。后来的每一代人都得到前一代人已经取得的生产力并当作原料来为自己新的生产服务，由于这一简单的事实，就形成人们的历史中的联系，就形成人类的历史，这个历史随着人们的生产力以及人们的社会关系的日益发展而成为人类的历史。由此就必然得出一个结论：人们的社会历史始终只是他们的个体发展的历史，而不管他们是否意识到这一点。他们的物质关系形成他们的一切关系的基础。这种物质关系不过是他们的物质的和个体的活动所借以实现的必然形式罢了。”①

从马克思的这段论述来看，人类社会不管采取什么样的形式，在不同的历史阶段体现为不同的形式，究其实质是人们交互作用的产物，那就是人们所形成的社会关系总和的样态。而且，马克思还进一步指出了人们之间的交互作用的社会关系，其中最为实质的是物质生产关系，虽然这种物质生产关系受制于现代人所取得的生产力的状况，但单从人类社会这一特定领域而言，物质的生产关系是人类社会存在最为实质的方面，决定着人类社会采取什么样的形态，形成什么样的政治国家，表现为什么样的社会面貌。从这一点来看，人们之间所结成的物质的生产关系，不仅决定着社会整体的面貌，而且一定决定着这个社会所内蕴的思想文化，一定是一定社会特定思想文化的最为根源性的因素。

在我们解析完社会存在体系中的自然地理环境、人口因素以及社会生产关系的基础上，我们会发现，其实马克思的唯物史观不仅仅是单独强调物质生产关系是人类社会的实质方面，而且是更为全面的揭示人类社会存在的实质内

①《马克思恩格斯选集》第4卷，北京：人民出版社，1995年，第532页。

容，即生产力和生产关系的辩证统一：生产方式，才是更为实质、更为全面地展示了人类社会存在的本真面目。

人类社会的这种客观实在，绝不同于其他存在物，它非常特殊，特殊就特殊在人类社会得以形成、发展、延续所赖以的活动方式。就是说，人类社会的活动方式，不同于其他事物的存在方式。我们说，世界上万事万物的存在方式都是运动，都是以运动来表现自己特殊的存在方式。但是人类社会的这种运动，是世界上所有事物体系中，最为特殊、最为高级的运动。那么，人类社会的这种独特的运动样态，特别是体现人类社会的客观实在性这一方面的运动样态，其实是人类自身的独特的生产方式。所谓的生产方式，一方面是面对大自然，形成的是人类对大自然的改造，人类从大自然中获取必要的生产生活资料的能力，即生产力；另一方面是面向人们自身，即人与人之间所结成的带有客观性，且带有必然性，乃至强制性的生产关系。每一个社会体系中的个体，必然要加入一定的生产关系体系中来，否则他就无法在社会中生存。所以，人们之间还必然要结成一定的生产关系，一定的生产关系还是发动一定的生产力活动的必要条件，虽然生产力的具体状况决定着生产关系的具体样态，但是反过来，生产关系必然要影响制约着生产力。其实，生产力和生产关系是统一的人类自身的物质生产实践活动的两个方面，二者都是不可单独存在的，一方的存在绝对是另一方存在的必要条件，任何一方都不能脱离对方而单独存在。所以，我们应该从生产力与生产关系相统一的角度，即从生产方式的角度去把握人类社会存在的实质内涵。人类社会的客观存在，最为支撑性的因素，其实就是人类自身所形成的物质资料的生产方式。

物质生产方式非常有助于我们理解不同的人类社会样态，按照马克思唯物史观对人类社会历史五种社会形态的划分，我们可以做一简要的分析和解释。在原始社会，之所以我们称之为原始社会，一个十分重要的内容，当时的人们的活动方式是十分落后和简单的，人们之间只能形成简单的分工、协作，只能靠简单的采集、狩猎等物质生产活动，在这种极其简单的生产方式下，自然就形成了原始社会的平均分配、相互合作、没有剥削和压迫的特征，具有原始共产主义的色彩。而这原始的共产主义的社会状况，就是直接源于人们最为简单、最为低下、最为直接的物质生产方式。到人类社会的生产力有了一定的发展，出现了剩余产品，于是有些部落首领，就开始将剩余产品窃为己有，原始的公有制开始瓦解，形成了私有制，人类社会虽然进入了文明时代，但这里的矛盾，特别是对社会物质劳动成果的掠夺，形成了剥削和压迫的生产关系，加之农业、畜牧业、纺织业等自然经济的发展，就形成典型的自然经济的生产方式。这种自然经济的生产方式一直贯穿于奴隶社会、封建社会，一直到了资本主义社会才最终被打破。由于资本的作用，商品的大量生产，航海、贸易的发达，市场经济的发展，对以往的一切的生产关系形成了颠覆性的变革，大机器、大工业、大商业，加之雇佣劳动，形成了以资本为核心的资本家和雇佣工人之间的资本主义的生产方式，创造了人类社会有史以来最为强劲的资本主义社会。但是马克思的《资本论》却深度剖析了资本主义这种生产方式的弊端，深度揭示了资本逻辑所带来的两极分化、经济危机，资本主义生产方式必然要被以公有制为基础的社会主义、共产主义的生产方式所代替，人类社会总的趋势一定是面向社会主义、共产主义这个发展方向的。所以，我们从生产力和生产关系相统一的角度就可以更加了解不同历史阶段所形成的不同社会形态的实质内涵，进而有利于我们解析不同社会形态的文化特征和发展趋势。

也正如经典教科书所总结的那样："物质生产方式是社会存在和发展的基础及决定力量。首先，物质生产活动及生产方式是人类社会赖以存在和发展的基础，是人类其他一切活动的首要前提。其次，物质生产活动及生产方式决定着社会的结构、性质和面貌，制约着人们的经济生活、政治生活和精神生活等全部社会生活。最后，物质生产活动及生产方式的变化发展决定整个社会历史的变化发展，决定社会形态从低级向高级的更替和发展。"① 所以，人类社会客观存在方面，集中体现在人类的物质生产方式上，是人类社会客观存在最为实质的内容。

我们以上总结了人类社会存在的客观层面：自然地理环境、人口、物质生产方式，然后在此基础上，进一步论证文化自信首先受制于社会的客观存在方面，是社会本身的客观存在方面，影响制约着一定的文化形态，并深度决定着

---

①《马克思主义基本原理概论》，北京：高等教育出版社，2018 年，第 108—109 页。

某一特定文化形态是否能够得到广大社会成员的认可、自信。我们下面就要进一步论证中国特色社会主义文化自信的一个十分重要的基础，即社会存在本身。

## 二、社会存在对中国特色社会主义文化自信的制约作用

无疑，中国特色社会主义文化不仅是中国社会孕育形成的产物，而且中国特色社会主义文化反过来必须要长期依托于中国社会的现实，只有真正反映中国社会现实的文化，才能够在中国社会中长期存在且繁荣发展下去。这就是所谓的历史，大浪淘沙，不断筛选。曾几何时，中国封建文化存续了好几千年的历史，在中国有着广泛而深刻的社会基础，但是自近代以来，在整个世界近代化的潮流和趋势中，却被逐渐攻克、蚕食，最终被淹没在世界近代化洪流之中。这就给了中国特色社会主义文化一个十分重大的警醒：既然在中国社会革命和建设的过程中形成了中国特色社会主义文化，很明显，中国特色社会主义文化产生和发展的历史时间并不长，历史底蕴并不十分深厚，那么如何做大做强，如何长久地保持旺盛的生命力，如何更好地适应时代的变化而有所调整、有所创新，而且不但如此，中国特色社会主义文化还承载着理性前瞻的巨大作用，即中国特色社会主义文化一定要指引未来，能够在具体的中国社会建设和发展的过程中，真正有效地带来思想引领的作用。这些方面都给中国特色社会主义文化的存在、发展，提出了更为深层的本体论思考。所谓的中国特色社会主义文化的本体论思考，其实就是探究中国特色社会主义文化的安身立命之本，如何安身，如何立命，进而在此基础上如何做到繁荣强大，这是摆在中国特色社会主义文化面前不得不去深度思考的重大问题。那么，这其中就内蕴着中国特色社会主义文化自信的基础问题，即中国特色社会主义文化何以让人们自信，人们凭什么予以自信，或者为什么要在自信的基础上达到信仰的高度，这都是非常困难、非常具有挑战的根基性问题。很明显，人们的思想、意识、价值取向不仅是最为善变的，还是多样化的，甚至可能发生“嘴上说一套，实际上做又是另一套”，“两张皮”的现象比比皆是。更甚的是，即便许多人相信和认可了中国特色社会主义文化，但是稍有风吹草动，就可能立即调转方向，对中国特色社会主义文化横加指责，专门挑中国特色社会主义文化的不足。所

以，中国特色社会主义文化不仅要有巨大的融合力、包容力，而且还要具有更为广泛的影响力、吸引力，这样才能够做到长期而有效地引领我国社会的前进和发展。

而既然要在整体上、根本上、长远上引领中国社会的前进和发展，那无疑，中国特色社会主义文化一定是要深深扎根在中国社会这一非常独特，又非常现实的社会体系之中。只有立足于中国社会现实的实质、根本，真正扎根到中国社会内在的客观实际之中，真正反映中国社会现实的实际状况、需求，即真正地“接地气”，才能够真正带来中国特色社会主义文化的繁荣和发展，以及获得可持续发展的力量源泉。这就给中国特色社会主义文化自信提出了一个十分重大的问题，即中国特色社会主义文化在中国这片领土之上，在中国的自然地理环境之上，还要深深扎根于中国社会的实际的客观存在状况，中国社会的客观存在状况是中国特色社会主义文化自信最深厚的社会基础。

那么分析和探究到这里，我们在上文解析完社会存在的实质内涵的基础上，就有必要进一步运用马克思唯物史观社会存在和社会意识二者之间的辩证关系原理，来进一步探究中国特色社会主义文化自信的社会存在基础问题。很明显，中国特色社会主义文化，以及我们上文所界定的是一种狭义的精神方面的文化形态，那么它一定是隶属于社会意识这个最大的精神方面的范畴体系之中的。社会意识与社会存在相对应，是社会存在在人们头脑中的反映，是对社会存在的一种最广延、最普遍、最大限度的精神上的一种综合。社会意识体系中包含着方方面面，有感性的感觉、知觉、表象，也有理性的概念、判断、推理，同时也包括各种非理性因素，比如人们的联想、想象、猜测、直觉、顿悟、灵感等等。还可以将社会意识划分为知、情、意三大方面，或者可以根据不同的标准、角度进行划分。比如根据不同的主体可将社会意识划分为单个的个体意识和群体意识，根据意识的不同层次可划分为社会大众的心理和社会的意识形态。社会心理是低层次的社会意识，是自发的、不系统的、不定型的社会意识，大量表现为人们的感知、情绪、情感、心态、习俗等，很明显是大众的感性认识层面。而社会意识形态则是社会意识层次中较为高级的层面，表现为一种自觉的、系统的、经过理论建构和论证的社会意识样态。比如政治、法律、思想、道德、艺术、宗教、哲学、科学等等，很明显这些是具有专业性的理性认识层面，是需要系统论证和阐释说明的。那么在社会意识形态中，还有着意识形态和非意识形态的分野。其中的意识形态主要是指反映社会的经济关系、阶级关系的社会意识，主要是政治、法律、思想、道德、艺术、宗教、哲学等。很明显，意识形态范畴的社会意识与阶级、政治紧密关联，集中反映了一个社会、国家的政权性质和指向。相比较而言，那些纯粹的自然科学、语言学、形式逻辑等社会科学，因其不具有社会经济形态和政治制度的性质，同时也不反映特定社会集团利益，尤其是不反映统治阶级集团的利益，不服务于特定经济政治制度和特定阶级，因而不属于意识形态范畴。最后，从社会意识的性质角度来看，社会意识有正确的方面，也有错误的方面，有优秀的方面，也有糟粕的方面，有主流的方面，也有支流的方面，乃至有正统的方面，也有反动的方面。总之，社会意识是涵盖社会所有层面、所有层次的最大的关于人类精神方面的综合概念。

相比较而言，中国特色社会主义文化，与社会意识，二者之间既有着相当大重合部分，但是又有着许多地方的不同。从重合的方面来看，社会意识是人们对社会存在的一种反映，而文化作为人对世界的一种认识、改造，其实本身也是对社会存在的一种反映。而且社会意识作为人对社会存在的一种反映，本身就透露出人是一个十分重要的主体，已经体现了人对客观对象的一种认识，是人的积极能动性的一种表征。而文化也是对客观对象，经过人的理解、认识、改造之后，在人们的思想和行为中所积淀的属于人自身内在素质体系中的一个重要组成部分。实质来说，社会意识本身，人类文化本身，都是人作为主体，对客观世界的一种属人的认识，都体现了人的主体性、积极性、能动性，都打上了鲜明的人为的特征。反过来说，都是人作为主体，去把握客观对象的十分重要的途径。只不过社会意识是一种较为综合和整体性的认识，文化则是社会意识体系中较为精细、缜密、系统，特别是集中反映人对客观对象认识的有效的效果部分，以及特别彰显人自身的主观倾向和价值取向的意识部分。但是无论如何，社会意识和文化都体现了人自身在世界体系中的主体地位，都彰显了人的能动作用。这一点，二者是共同的。

但是，社会意识和文化之间毕竟是两个有区别的范畴，二者之间不可同日而语。首先来说社会意识是最大的主观范畴，涵盖了人类意识体系中的方方面面，是一个综合的概念。而文化则是社会意识体系中一个十分特殊的领域，并不是所有的人类意识部分都可以称之为文化。即在我们对文化进行狭义界定时，文化是往往专指人类对客观对象的一种较为深刻、较为集中、较为正确和十分优秀和良好的意识部分。虽然我们说文化也有糟粕，但是本文着重研究的是中国特色社会主义文化这一狭义形态的文化，是专指正确、主流和优秀的文化，所以主要把文化理解为人们对客观对象认识和改造的积极成果，不应包括非主流、错误和腐朽堕落方面的文化。如果从另外一个角度来审视，社会意识是最为广义的人类的精神概念，往往侧重于指向客观对象，尤其是和社会的客观层面相对应而言的，凡是人类主观方面的一切要素、方面，我们都可以称之为社会意识。但是文化则不可以这样称谓，虽然狭义的文化也属于人类的精神领域，但是文化更加侧重于人类意识体系中非常精华的部分，是人类经过反复实践，反复检验，经过人类系统加工、整理、论证，是特别值得人们珍惜、保存、传递下去的社会意识。所以从这个角度来看，人类的文化是人类意识体系中的核心部分、精髓部分，是较为高级的领域。

但是也正因为如此，人类的文化更加受制于，或者应说是更加集中反映社会存在，是社会存在在人类意识领域中最根本、最有效、最集中的反映。所以，文化自信所应该建构的基础，就要更加依托于一定的社会存在。关于从社会存在的角度去解析中国特色社会主义文化自信的基础，以及从社会存在的角度去构筑中国特色社会主义文化自信的基础，我们首先来看马克思唯物史观分析社会历史的一个十分重要的思维理论，从中我们可以推理出我们应该怎样从社会存在的角度去解析和构筑中国特色社会主义文化自信的基础。

在标志唯物史观基本原理得到比较系统阐述的《德意志意识形态》一文中，马克思恩格斯这样论证道：

“德国哲学从天国降到人间；和它完全相反，这里我们是从人间升到天国。这就是说，我们不是从人们所说的、所设想的、所想象的东西出发，也不是从口头说的、思考出来的、设想出来的、想象出来的人出发，去理解有血有肉的人。我们的出发点是从事实际活动的人，而且从他们的现实生活过程中还可以描绘出这生活过程在意识形态上的反射和反响的发展。甚至人们头脑中的模糊幻象也是他们的可以通过经验来确认的、与物质前提相联系的物质生活过程的必然升华物。因此，道德、宗教、形而上学和其他意识形态，以及与它们相适应的意识形态便不再保留独立性的外观了。它们没有历史，没有发展，而发展着自己的物质生产和物质交往的人们，在改变自己的这个现实的同时也改变着自己的思维和思维的产物。不是意识决定生活，而是生活决定意识。前一种考察方法从意识出发，把意识看作是有生命的个人。后一种符合现实生活的考察方法则从现实的、有生命的个人本身出发，把意识仅仅看作是他们的意识。”①

从马克思恩格斯的这段论述中我们可以看出，马克思的唯物史观并不是“从天国降到人间”，即不是从宗教层面去阐释人类社会，实质不是从人类意识的角度去把握人类社会，而是相反，“从人间升到天国”，那就是从人类社会本身去阐释宗教，去揭示人类的各种社会意识。而且不仅如此，马克思恩格斯所谓的“人间”，特别集中体现在从事着“物质生产和交往的人们”，即人类社会本身，特别集中体现在人们的物质生产活动及其生产方式。所以马克思恩格斯据此得出结论：“不是意识决定生活，而是生活决定意识。”人们具体的现实的物质生产生活，是人们意识最为切近的基础，人们怎样表现自己的生活，人们在自己的现实的生活过程中就会形成什么样的思想观念，人们的思想观念是现实生活的最真实的写照。所以，社会存在本身，就体现在人们的现实生活之中，现实社会就是社会存在最为实质的内容。人类社会的一切奥秘，特别是人类精神领域中的一切未解之谜，都能在人们具体的、实际的现实生活中找到最终的答案。

马克思恩格斯据此在《德意志意识形态》中总结他们的唯物史观，指出：

“由此可见，这种历史观就在于：从直接生活的物质生产出发阐述现实的生产过程，把同这种生产方式相联系的、它所产生的交往形式即各个不同阶段上的市民社会理解为整个历史的基础，从市民社会作为国家的活动描述市民社会，同时从市民社会出发阐明意识的所有各种不同理论的产物和形式，如宗教、哲学、道德等等，而且追溯它们产生的过程。这样当然也能够完整地描述事物（因而也能够描述事物的这些不同方面之间的相互作用）。这种历史观和

①《马克思恩格斯选集》第1卷，北京：人民出版社，1995年，第73页。

唯心主义历史观不同，它不是在每个时代中寻找某种范畴，而是始终站在现实历史的基础上，不是从观念出发来解释实践，而是从物质实践出发来解释观念的形成，由此还可以得出下述结论：意识的一切形式和产物不是可以通过精神的批判来消灭的，不是可以通过把它们消融在'自我意识'中或化为'幽灵''怪影''怪想'等来消灭的，而只有通过实际地推翻这一切唯心主义谬论所由产生的现实的社会关系，才能把它们消灭；历史的动力以及宗教、哲学和任何其他理论的动力是革命，而不是批判。这种观点表明：历史不是作为'产生于精神的精神'消融在'自我意识'中而告终的，而是历史的每一阶段都遇到一定的物质结果，一定的生产力总和，人对自然遗迹个人之间历史地形成的关系，都遇到前一代传给后一代的大量生产力、资金和环境，尽管一方面这些生产力、资金和环境为新的一代所改变，但另一方面，它们也预先规定新的一代本身的生活条件，使它得到一定的发展和具有特殊的性质。由此可见，这种观点表明：人创造环境，同样，环境也创造人。"①

在马克思恩格斯的这段论述中，不仅进一步指出了人们的现实生活过程就是人们的物质生产生活、生产方式、交往方式，而且指出了这是构成市民社会的基础，而市民社会又是国家以及各种意识形态的基础，所以，人们具体的现实生活过程，人类特定的物质生产方式，就决定了国家和各种意识形态的形成和发展，是它们最深厚的基础。同时，马克思恩格斯也指出了从人类的物质实践活动出发，就可以揭示人类社会中出现的种种自我意识的幽灵、怪影、怪想，这些方面如果直接去理解，就会深陷其中，如果从人类的物质实践活动去理解，就可以抓住其实质，而且最为重要的是可以通过人类的物质实践活动去批判它们、推翻它们，进而实现人类意识的创新和发展。马克思恩格斯在这段论述的结尾处说"人创造环境，同样，环境也创造人"，则更加鲜明地指出了每一个人都是在具体的社会环境之中生存生活的，人们的各种意识、想法，以及其中所孕育的文化，都是由一定的社会环境所孕育烘托出来的，都离不开一定的社会环境，都会受到一定的社会环境的影响和制约。所以，从一定的社会

①《马克思恩格斯选集》第1卷，北京：人民出版社，1995年，第92页。

环境、人们具体的现实的物质生活、人们所形成的物质生产实践活动方式、形式中，即从社会存在本身中，就可以真真切切、有效且实质地把握人类的思想意识，同时依此逻辑，也就可以更加可靠地把握人类文化的实质内涵。

那么，从社会存在的角度去构筑中国特色社会主义文化自信的基础，应进一步从两个方面着手，一个是要探究社会存在是文化自信最深厚的基础，即从定性上来界定，建构中国特色社会主义文化一定要依托我国社会具体而现实的实际状况；另一个则是要说明中国特色社会主义文化自信的社会存在基础是变化的，社会存在基础变化了，也要求中国特色社会主义文化也要随之进行调整、发展、创新，要紧跟我国社会存在的变化，不仅如此，还要引领我国社会存在的前进和变化。

首先，从定性上来看，中国特色社会主义文化必然要依托中国的社会存在状况，中国特色社会主义文化的样貌、表现形态、外在呈现是中国社会存在的表征，而且中国特色社会主义文化的性质、内涵、指向，更是中国社会存在真实的写照。即无论从中国特色社会主义文化的外在形式来看，还是从内在实质来看，它都要扎根在中国社会存在这深厚的土壤之中。脱离了这片土壤，中国特色社会主义文化就会成为浮萍、空中楼阁，进而随风飘逝，一定会被淹没在历史的洪流之中。所以，之所以给中国特色社会主义文化定性，即建构它的社会存在的性质基础，就是要在根本上提醒我们，我们所建构的中国特色社会主义文化，时时刻刻、方方面面，都要围绕中国社会存在这个最深厚的根源。关于中国特色社会主义文化和中国社会存在之间的辩证关系，我们可以借用马克思恩格斯“视网膜倒影的原理”，不仅形象地予以阐释，而且深刻地予以说明。马克思恩格斯指出：

“思想、观念、意识的生产最初是直接与人们的物质活动，与人们的物质交往，与现实生活的语言交织在一起的。人们的想象、思维、精神交往在这里还是人们物质行动的直接产物。表现在某一民族的政治、法律、道德、宗教、形而上学等的语言中的精神生产也是这样。人们是自己的观念、思想等的生产者，但这里所说的人们是现实的、从事活动的人们，他们受自己的生产力和与之相适应的交往的一定发展——直到交往的最遥远的形态——所制约。意识在任何时候都只能是被意识到了的存在，而人们的存在就是他们的现实生活过程。如果在全部意识形态中，人们和他们的关系就像在照相机中一样是倒立成像的，那么这种现象也是从人们生活的历史过程中产生的，正如物体在视网膜上的倒影是直接从人们生活的生理过程中产生的一样。”①

在马克思恩格斯的这段论述中，我们可以看到，意识（文化）和存在之间，就犹如照相机、视网膜对外在对象的成像原理一样，是对外在客观对象的一种反映。虽然照相机、视网膜的成像原理是倒影，即这个倒影形象地反映出了人们对社会存在的反映有可能是颠倒的、错误的、不正确的，所以人们的各种意识形态往往是非常复杂、混乱和模糊的，人们很难正确和实质地把握自己所形成的各种意识形态，包括对文化的理解，往往就陷入意识、文化之中。但是，这些都不妨碍人们的意识、文化是对社会存在的一种反映，都根源于一定的社会存在。在最初始的来源上，以及意识文化本身的内容上，都是对社会存在的一种反映。所以，用社会存在决定社会意识的原理去解析中国特色社会主义文化自信，就找到了一个最为广泛、也最为实质的基础，即我们应该首先从社会存在本身出发，去理解和建构中国特色社会主义文化自信的基础。中国特色社会主义文化不能脱离中国社会的客观存在状况，一定是中国社会内在的客观实质决定了中国特色社会主义文化的产生、形成和发展。这样，我们就形成了审视中国特色社会主义文化自信首先应该遵循的历史唯物主义的原则，就避免了唯心主义历史观对文化建设的误解。对此，我们可以引用恩格斯在《卡尔·马克思〈政治经济学批判·第一分册〉》一文中所做的总结，他指出：

“下面这个原理，不仅对于经济学，而且对于一切历史科学（凡不是自然科学的科学都是历史科学）都是一个具有革命意义的发现：‘物质生活的生产方式制约着整个社会生活、政治生活和精神生活的过程’，在历史上出现的一切社会关系和国家关系，一切宗教制度和法律制度，一切理论观点，只有理解了每一个与之相应的时代的物质生活条件，并且从这些物质条件中被引申出来的时候，才能理解。‘不是人们的意识决定人们的存在，相反，是人们的社会存在决定人们的意识。’这个原理非常简单，它对于没有被唯心主义的欺骗束

①《马克思恩格斯选集》第1卷，北京：人民出版社，1995年，第72页。

缚住的人来说是不言自明的。”①

其实，社会存在决定社会意识的原理，或者说从社会存在出发解析社会意识，实质就是物质和意识、存在和思维、客观和主观、客体和主体之间的辩证关系。一般情况下，人们会非常不自觉地就陷入唯心主义的思维逻辑之中，一般都会从人们的思想、观念、看法中解析人自身，这是再直接不过的思维逻辑了。而且我们公正地说，这也是一个十分重要的视角，人们的思想、观念、看法也确实是人们内心的一个重要表现。但是，毕竟人们的思想、观念、看法是太主观了，会包含着大量的任意性、形象性、直接性、表面性，甚至我们说人们头脑中大量的思想观念其实都是错误的，或者说是有偏差的、不足的。所以，我们应该更进一步，从左右、制约、影响人们的思想观念的背后的物质动因、客观制约因素出发，这样不仅可以解析人们思想观念的来源，而且可以更加实质地把握人们思想观念的客观内容。这样我们对人们思想精神领域中的一切，就可以避免陷入人类主观精神领域而无法自拔，避免用精神去解释精神、用文化去解释文化。所以，我们在解析中国特色社会主义文化自信基础的过程中，就要避免完全陷入中国特色社会主义文化体系之中，即我们不能用中国特色社会主义文化体系中的某一部分去解析另一部分，或者相互解析，虽然中国特色社会主义文化体系中的各方面内容之间有着紧密的关联，相互之间也有着互相支撑的作用，但是不能真正构筑中国特色社会主义文化自信的基础。我们只有从中国特色社会主义文化背后的物质动因、社会存在的客观方面出发，才能够真正建构起坚实的中国特色社会主义文化自信的基础。

马克思在《剩余价值理论》一文中，对精神生产和物质生产二者之间的辩证关系，进行了详细的解析，特别是针对资本主义社会的精神状况，从资本主义的生产方式中去解析，以及马克思深刻批判了一些学者的错误观点。更为重要的是马克思十分深刻地指出了从物质生产的角度去解析人们的精神生产，直到近现代才逐渐被人们所认可，曾经在漫长的历史时期，人们总是从精神到精神的思维逻辑去解析人们的精神生产，即在漫长的人类社会历史发展中，唯心

①《马克思恩格斯选集》第 2 卷，北京：人民出版社，1995 年，第 38 页。

史观的逻辑一直占据统治地位。这也给了我们一个十分重要的启示，那就是要想扭转从精神到精神的唯心史观的思维逻辑，是一个十分艰辛和困难的挑战，人们非常难以改变。马克思的具体论述是：

“要研究精神生产和物质生产之间的联系，首先必须把这种物质生产本身不是当作一般范畴来考察，而是从一定的历史的形式来考察。例如，与资本主义生产方式相适应的精神生产，就和与中世纪生产方式相适应的精神生产不同。如果物质生产本身不从它的特殊的历史的形式来看，那就不可能理解与它相适应的精神生产的特征以及这两种生产的相互作用。从而也就不能超出庸俗的见解。这一切都是由于‘文明’的空话而说的。

“其次，从物质生产的一定形式产生：第一，一定的社会结构；第二，人对自然的一定关系。人们的国家制度和人们的精神方式由这两者决定，因而人们的精神生产的性质也由这两者决定。

“最后，施托尔希所理解的精神生产，还包括统治阶级中专门执行社会职能的各个阶层的职业活动。这些阶层的存在以及他们的职能，只有根据他们生产关系的一定的历史结构才能够理解。

“因为施托尔希不是历史地考察物质生产本身，他把物质生产当作一般的物质财富的生产来考察，而不是当作这种生产的一定的、历史地发展的和特殊的形式来考察，所以他就失去了理解的基础，而只有在这种基础上，才能够理解统治阶级的意识形态组成部分，也理解一定社会形态下自由的精神生产。他没有能够超出泛泛的毫无内容的空谈。而且这种关系本身也完全不像他原先设想的那样简单。例如资本主义生产就同某些精神生产部门如艺术和诗歌相敌对。不考虑这些，就会坠入莱辛巧妙地嘲笑过的十八世纪法国人的幻想中。既然我们在力学等方面已经远远超过了古代人，为什么我们不能也创作出自己的史诗来呢？于是出现了《亨利亚特》来代替《伊利亚特》。”①

从马克思的这段论述中，我们可以总结出，是资本主义的生产方式带来了资本主义的精神文化，传统的中世纪的即封建自给自足的生产方式带来了传统

①《马克思恩格斯全集》第 46 卷，北京：人民出版社，2009 年，第 295—296 页。

封建的精神文化。正是由于资本主义生产方式导致封建主义生产方式的革命性变革，才带来了资本主义文化对封建文化的颠覆。但是我们从历史转变的历程来看，其实这一转变也经历了极其漫长的历史过程，也并非一蹴而就。这也给了我们另一个审视人类文化发展的角度，就人类文化的发展，有着非常强大的历史惯性，甚至是非常强大的历史惰性。因为文化本身，已经是人们在认识世界和改造世界的过程中，人们认为非常精华、非常优秀的思想精神成果，已经经历了非常长的历史时期的检验和积淀，甚至我们说已经内化到人们的思想和行为之中，已经成为人们思想精神中的基因。所以，即便社会历史发生了巨大的变革，但人们的思想文化仍然可以非常保守、非常稳定，乃至非常顽固。但是，即便如此，在具体而现实的社会存在，人们的物质生产生活及其生产方式的巨大改变，终究会给人们带来具体的思想、思维、价值观的冲击，进而整个社会的思想文化结构也会或迟或早地发生改变。这不免让笔者回想起了中国近代社会历史的变迁，在半殖民地半封建的社会存在状况中，虽然已经有了资本主义的萌芽，虽然已经进入了民主共和，虽然中国各方面已经开始近代化，但是人们的思想观念，还是被封建传统文化所束缚，以致中国社会已经发生翻天覆地的巨大变革时，在人们的精神文化中，传统、复古、极端保守的观念仍然存在，甚至甚嚣尘上，出现极端的复辟行为。所以，我们要想构筑新时代的中国特色社会主义文化自信的社会存在基础，就需要在这个新时代的社会背景中，面对巨大的改变社会存在的现实状况，用更为崭新的生产方式，用更为实际的人们具体的生产生活的巨大变革，才能真正改变、提升人们的思想文化。但是无论如何，我们可以借用恩格斯在《反杜林论》中的一句话作为总结：“这样一来，唯心主义从它的最后的避难所即历史观中被驱逐出去了，一种唯物主义的历史观被提出来了，用人们的存在说明他们的意识，而不是像以往那样用人们的意识说明他们的存在这样一条道路已经找到了。”① 即我们应该探究中国特色社会主义文化这一思想精神背后的物质动因，从我国社会存在的实际状况出发，才能真正构筑中国特色社会主义文化自信的基础。

①《马克思恩格斯选集》第3卷，北京：人民出版社，1995年，第365页。

在明确社会存在的实际状况是中国特色社会主义文化自信的客观基础的前提下，我们还要进一步深究，即要明确，社会存在对中国特色社会主义文化自信的制约，不仅是静态的，而且还是动态的，中国特色社会主义文化自信的社会存在基础还应该予以动态性的审视和把握。其实，从静态的角度去审视中国特色社会主义文化自信的基础，主要是定性地说明，就是要明确只有从社会存在出发才能够真正把握文化的性质、来源、发展。但是我们还要在此基础上，运用运动变化的观点去审视社会存在，社会存在本身并不是一成不变的，而且社会存在的变化是非常巨大、随时随地的，我们应该紧跟社会存在的变化，去不断调整、变革、创新中国特色社会主义文化。文化只有紧跟社会存在的变化，才具有生命力和发展力，而且作为文化本身，还要一定程度的超前，发挥出文化的理性前瞻作用，这样的文化才能真正为广大人民群众所认可和自信。关于从社会存在的变化去审视文化建设的与时俱进，马克思在《哲学的贫困》一文中，对其中所蕴含的原理和实质，进行了深刻的分析。马克思指出：

“人们按照自己的物质生产率（1885年德文版改为‘生产方式’）建立相应的社会关系，正是这些人又按照自己的社会关系创造了相应的原理、观念和范畴。

“所以，这些观念、范畴也同它们所表现的关系一样，不是永恒的。它们是历史的、暂时的产物。

“生产力的增长、社会关系的破坏、观念的形成都是不断运动的，只有运动的抽象即‘不死的死’才是停滞不动的。”①

首先明确的是，社会存在中的生产力、生产关系，以及由此带来的生产方式，总是处于运动变化之中，这也就要求人们的观念、思想、文化也要随之发生改变。其次，我们从马克思的这段论述中，也可以看出，人们的观念，甚至某些原理、范畴，不应被看作是永恒的、不变的，虽然这些观念、原理、范畴曾经被人们长时间地检验，反复地积淀，人们对此深信不疑，但是随着社会存在的发展，这些具有永恒性质的观念、原理、范畴也会发生变化，也并不是永

①《马克思恩格斯选集》第1卷，北京：人民出版社，1995年，第142页。

恒的。这就透露出人们的思想文化是非常难以被改变的，一旦成型，就会长久地存在于人们的思想和行为之中，成为人们坚信不疑的重要信念。这就犹如恩格斯在《〈社会主义从空想到科学的发展〉英文版导言》中所指出的那样：

“传统是一种巨大的阻力，是历史的惰性力，但是它是消极的，所以一定要被摧毁；因此，宗教也不能永葆资本主义社会的平安。如果说我们的法律的、哲学的和宗教的观念，都是一定社会内占统治地位的经济关系的近枝或远蔓，那么，这些观念终究不能抵抗这种经济关系的完全改变所产生的影响。除非我们相信超自然的奇迹，否则，我们就必须承认，任何宗教教义都难以支撑一个摇摇欲坠的社会。”①

从恩格斯的这段论述中，我们可以看到，传统的思想文化具有巨大的历史惰性力，其中就体现着传统的消极影响。我们并不是说传统的东西就不好，传统的思想文化中肯定有其精髓部分，这些是非常值得后人去吸取、借鉴和发扬光大的。但是也要注意，在传统的优秀部分的周围，是伴随着大量的不合时宜的思想观念的，这些较为落后的思想观念会和传统中的优秀部分，相互交织、相互掣肘，且相互叠加、相互关联，一方面很难让后人去区分和明辨，人们很难做出取舍；另一方面它们会综合作用于后人，在带来积极影响的同时，也会带来消极的影响，而且后者是不自觉就会带来的，人们很难对其予以察觉。

其实，我们建构中国特色社会主义文化自信的基础，一定是会面对到中国传统文化的影响和制约的，这一点毋庸置疑。中国特色社会主义文化本身中就包含着中国传统文化的因子，但是这里需要注意，是专指中国传统文化中的优秀部分，而不是全部包括，泛泛采纳。中国特色社会主义文化以传统优秀文化为根基，这一点是正确的，而且是必须要做的。但是，我们更要从整个世界，尤其是我国社会历史变迁的角度，不得不说明一个十分重大的问题，即整个世界正在进入一个更为崭新的时代，中国社会面临着现代化，而欧美发达国家甚至进入到后现代社会，随着整个世界变化发展参差不齐，良莠难辨，但不可否认，中国在许多方面，还是落后于整个世界变化发展的潮流的。十九大报告虽

---

①《马克思恩格斯选集》第3卷，北京：人民出版社，1995年，第717页。

然将我国社会的主要矛盾进行了调整，但仍然将我国社会的发展阶段界定为社会主义初级阶段。这个初级阶段意味着我国社会有待于进一步的深化发展。习近平总书记用“百年未有之大变局”来描述和界定整个世界的变化特征，让我们站在新的时代格局之中审视中国特色社会主义文化自信的建设，提供了深度的时代视野。所以，我们要在新的时代背景条件下，不断审视、不断察觉、不断紧跟我国以及整个时代的最新变化，不断对中国特色社会主义文化进行调整、丰富和发展。只有与时俱进的中国特色社会主义文化，才能够立足于时代之潮头，才能有效推动我国社会更进一步地前进和发展。

关于用社会存在变化的角度去审视时代精神的历史变迁，马克思恩格斯在《共产党宣言》中，对资本主义社会代替封建社会所带来的人们观念的变化，以及传统封建社会思想观念的遗留、惯性，直至最后共产主义社会代替资本主义社会，进而形成共产主义的思想观念是如何对以往旧观念的革命性变革，做了一个十分深刻的分析和描述。这也给我们如何更好地发展中国特色社会主义文化，如何实现中国特色社会主义文化对以往各种旧文化的变革，提供了非常深刻的启示。马克思恩格斯的这段论述是这样的：

“人们的观念、观点和概念，一句话，人们的意识，随着人们的生活条件、人们的社会关系、人们的社会存在的改变而改变，这难道需要经过深思才能了解吗？

“思想的历史除了证明精神生产随着物质生产的改造而改造，还证明了什么呢？任何一个时代的统治思想始终都不过是统治阶级的思想。

“当人们谈到使整个社会革命化的思想时，他们只是表明了一个事实：在旧社会内部已经形成了新社会的因素，旧思想的瓦解是同旧生活条件的瓦解步调一致的。

“当古代世界走向灭亡的时候，古代的各种宗教就被基督教战胜了。当基督教思想在18世纪被启蒙思想击败的时候，封建社会正在同当时革命的资产阶级进行殊死的斗争。信仰自由和宗教自由的思想，不过表明自由竞争在信仰领域里占统治地位罢了。

“‘但是’，有人会说，‘宗教的、道德的、哲学的、政治的、法的观念等等在历史发展的进程中固然是不断改变的，而宗教、道德、哲学、政治和法在这

种变化中却始终保存着。'

"此外，还存在着一切社会状态所共有的永恒真理，如自由、正义等等，但是共产主义要废除永恒真理，它要废除宗教、道德，而不是加以革新，所以共产主义是同至今的全部历史发展相矛盾的。

"这种责难归结为什么呢？至今的一切社会的历史都是在阶级对立中运动的，而这种对立在不同的时代具有不同的形式。

"但是，不管阶级对立有什么样的形式，社会上一部分人对另一部分人的剥削却是过去各个世纪所共有的事实。因此，毫不奇怪，各个世纪的社会意识，尽管形形色色、千差万别，总是在某些共同的形式中运动的，这些形式，这些意识形态，只有当阶级对立完全消失的时候才会完全消失。

"共产主义革命就是同传统的所有制关系实行最彻底的决裂；毫不奇怪，它在自己的发展进程中要同传统的观念实行最彻底的决裂。"①

在马克思恩格斯的这段论述中，我们不仅看到了资产阶级所倡导的自由思想，是资本主义市场经济自由竞争的产物。而且还看到了在资本主义生产方式形成崭新的思想观念的过程中，始终伴随着以往封建社会所遗留的宗教、道德、哲学、政治、法的观念的。而且许多人还认为这些传统观念是永恒的，在人类的任何世代都是普遍适用的，可见资本主义思想文化代替封建的思想文化，也需要经历一个不断斗争的过程。我们看到的宗教改革、文艺复兴等，都是资本主义文化战胜传统封建文化的重要体现。同时，马克思恩格斯还特别指出了无论资本主义的思想文化，还是封建主义的思想文化，即以往阶级社会所形成的思想文化，都是阶级统治的集中体现，都反映着统治阶级的根本利益，都具有奴役广大人民群众的性质。所以，马克思恩格斯着重指出了共产主义革命，即未来的共产主义社会则是要彻底消灭以往的阶级社会的统治性、压迫性、剥削性，进而彻底改变以往阶级社会所存在的各种传统观念，真正形成共产主义社会的思想文化。共产主义对传统观念的彻底决裂，最根本的是源于共产主义革命对传统社会存在状况的彻底改变，其实，这意味共产主义革命、共

---

①《马克思恩格斯选集》第 1 卷，北京：人民出版社，1995 年，第 291—293 页。

产主义社会本身，并不是一个既定的社会形态，而是要比资本主义社会更加富于变革性、建设性和发展性。不仅是社会存在的客观层面要发生翻天覆地的变化，而且在社会的思想文化领域也是富有变化和发展的。这给我们建构中国特色社会主义文化自信的基础，提供了十分有益的启示。

中国特色社会主义文化自信的建构，对于中国特色社会主义文化这一独特的文化形态，虽然现在这一称谓已经非常明确、确定，但是并不意味着这一独特的文化形态就不变化、不发展了，而是在不断地丰富和完善。同时要想让中国特色社会主义文化不断地处于前进和发展之中，单靠文化本身的力量是不够的，而且文化形态一经形成，还往往容易陷入定型，进而产生惰性，为此，就要不断变革影响文化前进和发展的社会制约因素。那就是要不断地对我国社会存在进行改革和创新，只有中国社会如火如荼、不断建设和改革，才能真正为中国特色社会主义文化的发展提供源源不竭的动力。习近平总书记对于我国社会应不断进行改革有这样的经典论述，他指出："改革开放是决定当代中国命运的关键一招，也是决定实现'两个一百年'奋斗目标、实现中华民族伟大复兴的关键一招。"① 即只有改革开放，只有不断地让中国社会活跃起来，激发各社会主体的积极性和能动性，让所有社会要素竞相迸发，在这样波澜壮阔的改革开放的社会大背景中，中国特色社会主义文化才能迎来更加绽放的局面。中国特色社会主义文化自信的根基，一定是富有变化、富有前进和发展的社会改革。

总之，从社会大背景的角度去探究中国特色社会主义文化自信的基础，应立足于社会存在，而且应立足于不断变革和发展的社会存在，这是一个大的前提和基础。而在社会存在的基础上，我们还要探究究竟是社会存在的哪些方面、哪些更为重要的因素，能够更为深刻地支撑和推动中国特色社会主义文化自信呢？我们就专门从社会经济领域去奠定中国特色社会主义文化自信更为坚实的基础。

---

①习近平《习近平新时代中国特色社会主义思想三十讲》，北京：学习出版社，2018 年，第 90 页。

# 第四章
# 中国特色社会主义文化自信的经济基础

社会存在标识的是社会的客观实在方面，是一个丰富而复杂的体系，主要包括自然地理环境、人口和人们的物质生产方式等。但是能够将这些因素进行整合，或者说能够调动社会存在各个方面的因素，集中展现人类社会存在更为有效的方面，其实应该归结为经济方面，即最能集中展现人类社会得以客观存在的人类的经济活动方面。人类的经济活动，不仅涉及自然地理环境，要由人作为主体来实施，还包含了人们的物质生产活动，涵盖了人们的物质生产生活的方式，是人们所有活动中最具有根基性的活动，人们在经济活动中所结成的各种经济利益关系是最基本的社会关系，是构成其他一切社会关系的基础。所以，从社会存在的角度出发去建构中国特色社会主义文化自信的基础，应进一步总结和归纳到从人类的经济活动领域去构建中国特色社会主义文化自信的基础。这不仅符合唯物史观“两个划分”“两个归结”的原理，而且能够在最为根基的意义上建构中国特色社会主义文化自信的基础。

## 一、社会经济基础的狭义和广义内涵

人类社会的经济基础也有广义和狭义的分野，应该予以分析和界定。从狭义的角度来看，人类社会的经济基础，主要是指在一个社会体系中，人与人之间形成的各种生产关系的总和，包括所有制关系、生产关系、分配关系、交换关系、消费关系，即只要是经济利益方面的关系，我们都可以称之为经济基础。我们在一般的标准教科书中对经济基础的界定是：“一定社会一定发展阶段的生产力所决定的生产关系的总和。"① 可以看出，我们通常所理解的经济基础这一概念内涵，是十分侧重于"生产关系总和"这一方面的，虽然和生产力密切相关，但狭义的经济基础概念往往专门指"生产关系的总和"。很明显，这样界定的经济基础概念是和上层建筑的概念相对应来形成的。即上层建筑中的政治和观念部分，更加直接形成于生产关系体系中，更加受制于人们之间所形成的各式各样的生产关系体系，尤其是所有制关系，更加决定了一个社会上层建筑中的观念和政治部分。也正是基于此，学术界广为通用的经济基础概念，是指狭义的生产关系总和方面。

但是，在笔者看来，从建构中国特色社会主义文化自信基础的角度来看，应该将经济基础这一概念做广义的理解。广义的经济基础概念更能支撑中国特色社会主义文化自信的基础。首先，生产关系总和确实凸显了人与人之间的经济利益关系，确实是人类经济活动中的最为突出的内容，构成了每个人思想和行为中的最为敏感的部分。但是我们应该认真指出的是，生产关系是不可能单独存在的，它永远都要和生产力紧密关联在一起，没有脱离生产力的生产关系。只有围绕特定的生产力，才能产生特定的生产关系，且生产关系是始终受制于生产力的。生产力是生产关系形成和发展的必要前提和坚实基础，脱离一定生产力的生产关系就是空中楼阁，是无法获得自身立足的基础，且很快就会被淹没在社会变化的洪流之中。所以，生产关系这一概念虽然特别强调人与人之间的关系方面，但是这种关系绝不是空洞无物，一定是围绕特定经济内容，体现特定经济利益的关系。而这个特定的经济内容、特定经济利益绝不会是一种形式，一定是人们依靠着必要的生产力来创造和形成的。因为只有在人们的现实生产力获得中，人们在面对大自然所形成的生产力，即从大自然中获取人类所必要的生产生活资料的能力上，才能够具体形成相应的经济内容、经济利益。所以，生产力从根源上决定着生产关系，不仅决定生产关系的具体样态，而且决定着生产关系是否有无、是否会延续下去。人们都是围绕特定的生产力，或者说是生产力的发展需要，才形成了相应的生产关系。

---

①《马克思主义基本原理概论》，北京：高等教育出版社，2018 年，第 121 页。

其实，我们更需要从辩证的角度去解析生产力和生产关系二者之间的关系，而不该将二者孤立和隔绝开来，不应该为了研究方便的需要，而人为地将二者分割开来。生产力和生产关系是人们统一的物质生产活动中两个不可分割的重要方面，事实上是永远紧密联系在一起的。生产力解决的是人与自然之间的关系，人类要生存，必须要从大自然中获取必要的生产生活资料，所以必然要产生生产力。但是人类对大自然的改造作用并不是单个人的行为，而是需要许多人的合作、协作，于是必然会产生所有制、生产、分配、消费等各式各样的生产关系，有了这些生产关系，才能够产生人们对大自然的生产力作用。所以，仅有生产力是不够的，还需要有生产关系作为前提和必要的条件。据此，在笔者看来，我们对经济基础的概念应做广义的理解，不应仅仅限于生产关系方面，还应该包括生产力方面，经济基础是应该包括生产力内容的。这样就构成了我们更为全面的理解经济基础的内涵。对经济基础这一概念做广义的界定，可以更加支撑中国特色社会主义文化自信的基础，或者说能够较为完整地建构和理解中国特色社会主义文化自信的基础。因为中国特色社会主义文化自信基础的建构，直接意义上受制于中国社会体系中人与人之间最根本的经济利益关系，生产关系的总和无疑是中国特色社会主义文化自信基础的一个十分重要的方面。但是，我们还要看到中国特色社会主义文化自信虽然来源于生产关系的总和，但是它肯定是包括生产关系总和背后的生产力这一实体性内容的。不应仅仅将中国特色社会主义文化自信的基础归结为生产关系，肯定是内涵生产力这一方面的，是生产力和生产关系之间的整体样态，或者说是生产力和生产关系有机结合所形成的生产方式，是中国特色社会主义文化自信更为全面和有效的基础。或者从另外一个角度来看，生产关系和生产力相比较，生产关系是非常易于变化的，人们之间会经常调整、变更生产关系，只有不断变革生产关系，才能有效推动生产力的发展，而生产力的发展也必然会带来生产关系的变化。所以，文化自信的经济基础建构，要适应经济基础的变化，不仅要适应生产关系的变化，而且还要适应生产力的变化，相比较而言，在使用生产关系变化的过程中，背后肯定是受制于生产力的变化。所以，在将文化自信的基础建构在生产关系这一基础之上的同时，更要看到相对稳定的生产力方面，或者说更应该看到生产力这一实体性的内容方面。只有建构在生产力这一实体内容基础之上的生产关系总和的基础上的文化，才能够真正将自信的基础扎根、扎牢。所以，我们应对经济基础概念做广义的理解。

## 二、社会经济基础对中国特色社会主义文化自信的制约

在将经济基础做广义内涵理解的基础之上，我们就可以依据经济基础的广义内涵，去探究经济基础是如何影响和制约中国特色社会主义文化的，即中国特色社会主义文化的自信，一定是要建立在坚实的经济基础之上，只有在更为广泛、更为坚实的经济基础之上的中国特色社会主义文化，才能够让人们从心往外予以自信。

这里有必要进一步说明的是，本文主要是运用唯物史观经济基础决定上层建筑的原理去阐释和探究中国特色社会主义文化自信的基础，为此，也有必要需要说明上层建筑和文化之间的关系。因为在马克思主义唯物史观理论中，有关文化的论述非常少，在马克思恩格斯创立唯物史观的历史时期，主要是阶级斗争十分激烈的历史时期，所以马克思恩格斯特别重视上层建筑理论的研究，尤其是上层建筑体系中的观念和政治的意识形态领域，即特别关注与政权密切相关的意识形态方面的论述。相比较而言，对文化的阐释和说明就较少。但是，马克思恩格斯是将文化内嵌在意识形态体系之中的，即文化是意识形态体系中的一部分。所以，文化作为意识形态体系中的一部分，自然是受制于社会经济基础的制约和影响的。所以，我们按照唯物史观原理中经济基础决定上层建筑的原理，是可以解析文化自信所需要的根基、前提等因素的。

按照唯物史观的基本原理，上层建筑主要是指建立在一定经济基础之上的意识形态以及与之相应的政治、组织和设施，因此，可以区分为观念上层建筑和政治上层建筑两大部分。很明显，观念上层建筑与文化之间有着紧密的关联，在很大程度上，我们可以将观念上层建筑理解为狭义的精神性质的文化。马克思在对观念上层建筑的理解上，曾经指出："在不同的占有形式上，在社会生存条件上，耸立着由各种不同的、表现独特的情感、幻想、思想方式和人生观构成的整个上层建筑。"① 可以看出，这里马克思所指称的上层建筑主要是

①《马克思恩格斯选集》第1卷，北京：人民出版社，1995年，第611页。

观念形态的，尤其是对其中的情感、幻想、思想方式和人生观等方面的列举，这些方面都体现了狭义的精神性质的文化形态。但是在这里我们也需要予以深度区分，即观念上层建筑是非常广义的，只要是人类的精神领域的具体表现形式，都可以纳入观念上层建筑体系之中，虽然观念上层建筑有意识形态和非意识形态的区分，但总体来看，观念上层建筑囊括了人类精神生活的方方面面。而狭义的文化，虽然也是指人类的精神领域，但文化毕竟是人类精神领域中较为集中、较为精细、较为缜密，尤其是对人类自身的生存和发展有着巨大的正向的推动作用，能够起到精神支撑、凝聚、传承等积极主流性质的精神方面。所以，文化应该是指观念上层建筑体系中有关主流、积极、向上的，能够对人类自身有益的精神部分。就是说，一般意义上的人们的情感、幻想等，虽然也体现出一定的文化特征，但并不是文化的集中体现。人类的文化更应该集中体现为人类经过反复凝练、反复筛选、反复检验，逐渐积累起来的，特别值得珍视，特别有必要传承下去，对人类特别起到促进作用的精神思想。但无论如何，文化作为一种狭义的精神性质的人类意识，是包含在人类的观念上层建筑体系之中的。所以，依据唯物史观经济基础决定上层建筑的原理，人类社会的经济基础必定会决定、影响、制约着人类所创造的文化。

作为上层建筑体系中另外一部分——政治上层建筑，它和文化之间的关系，按照我们所狭义界定的文化，似乎二者之间的关联并不大。文化主要指人类精神领域中较为浓缩和精华部分，政治则主要和政权、权力、政府、统治、管理等有关，二者各自的侧重点是不一样的。但是从许多维度上来审视，政治上层建筑和人类文化之间是有着十分紧密的关联的，二者之间有着许多交叉和互相支撑之处。

首先来说，政治上层建筑本身，就是人类文化形成和发展的一个重要体现，没有经过人类文化的有意为之，不经过人类文化的涵育和有效设计和规划，是不可能产生人类社会的政治上层建筑的。人类政治上层建筑的每一个部分，都是人类文化能动性乃至智慧性的一个集中体现。所以，政治上层建筑本身就是人类的文化，是人类文化的一个重要产物。尤其是政治上层建筑中的政治法律思想，可以说更是体现了人类文化的特征。因为它是关于政治本质、政治行为具体建构和运行规律的理论凝结，特别地体现出文化的人为性、深刻性、集中性。但是，文化与政治上层建筑之间还是有区别的，无论是政治上层建筑中的实体部分，还是政治法律思想部分，它们都是围绕着权力这一核心主题来展开的，是专门在权力这一领域的集中体现。而文化则是人类在各个领域中的精神积淀，只要是在人类的各种活动中有所建树，有所创造，能够对人类进行有益的精神积淀，我们都可以称之为文化。但是无论如何，政治上层建筑是完全体现出了人类的文化内容和文化指向的，而且政治上层建筑和人类文化之间是紧密不可分的。所以，从这个角度来看，政治上层建筑和文化也都受制于经济基础，当经济基础决定上层建筑这一原理成立时，也意味着经济基础决定和影响着人类的文化。这正如恩格斯在《反杜林论》中所指出的那样："每一时代的社会经济结构形成现实基础，每一个历史时期的由法的设施和政治设施以及宗教的、哲学的和其他的观念形式所构成的全部上层建筑，归根到底都应由这个基础来说明。"① 所以，从经济基础去理解政治的还是观念的上层建筑，同时也就意味着能够理解人类的文化是怎样由经济基础来决定的逻辑。

关于经济基础决定上层建筑的原理，以及由经济基础决定人类文化的推理，我们可以引用马克思和恩格斯的一些经典表述，从中可以更加佐证人类社会的经济领域、人类自身的经济活动，以及社会体系中人与人之间的经济利益关系，人们具体的物质生产的生产方式，会对人类所创造的文化，构成最为基础性、最为始源性的决定作用。

马克思在《〈政治经济学批判〉序言》一文中指出：

"我所得到的、并且一经得到就用于指导我的研究工作的总的结果，可以简要地表述如下：人们在自己生活的社会生产中发生一定的、必然的、不以他们的意志为转移的关系，即同他们的物质生产力的一定发展阶段相适合的生产关系。这些生产关系的总和构成社会的经济结构，即有法律的和政治的上层建筑竖立其上并有一定的社会意识形态与之相适应的现实基础。物质生活的生产方式制约着整个社会生活、政治生活和精神生活的过程。不是人们的意识决定人们的存在，相反，是人们的社会存在决定人们的意识。社会的物质生产力发

①《马克思恩格斯选集》第3卷，北京：人民出版社，1995年，第365页。

展到一定阶段，便同它们一直在其中运动的现存生产关系或财产关系发生矛盾。于是这些关系便由生产力的发展形式变成生产力的桎梏。那时社会革命的时代就到来了。随着经济基础的变更，全部庞大的上层建筑也或慢或快地发生变革。在考察这些变革时，必须时刻把下面两者区别开来：一种是生存的经济条件方面所发生的物质的、可以用自然科学的精确性指明的变革，一种是人们借以意识到这个冲突并力求把它克服的那些法律的、政治的、宗教的、艺术的或哲学的，简言之，意识形态的形式。我们判断一个人不能以他对自己的看法为根据，同样，我们判断这样一个变革时代也不能以它的意识为根据；相反，这个意识必须从物质生活的矛盾中，从社会生产力和生产关系之间的现存冲突中去解释。"①

这是一段被学术界广为公认的体现唯物史观基本原理的经典表述，不仅体现了社会存在决定社会意识的基本的唯物史观，分析人类社会及其历史的思维框架，而且体现了经济基础决定上层建筑的基本逻辑。虽然人类自身有着非常鲜明的意识能动性，文化更是人类意识能动性的集中体现，但人类的意识归根结底是源于人类自身的经济活动的，一方面是面向大自然的生产力的实际生产活动，另一方面则是人与人结成的各种生产关系，在包含生产力在内的人与人之间的各种生产关系总和的经济基础中，就能够找到制约整个社会生活、政治生活和精神生活的最为深厚的社会历史渊源。即经济基础是人类文化的最深厚的社会根基，特别是在人类社会具体的现实的物质生产生活的矛盾冲突中，尤其是生产力和生产关系的矛盾冲突中，最能够体现人类意识背后的根源、动力、起始发生的依据，据此我们就可以推理出人类文化的形成和发展，其背后最深层的原因，一定是归结到人类社会经济基础领域的。

据此我们可以论从史出，翻开人类社会历史变迁的漫长过程，尤其是人类文化形态变迁的历史过程，就可以非常深刻地理解经济基础的变化所带来的人类社会思想、意识、文化的相应变化，即从整体和长期的人类社会历史变迁中，我们可以归纳和总结出人类经济基础决定人类文化的内在逻辑、基本规律

①《马克思恩格斯选集》第 2 卷，北京：人民出版社，1995 年，第 32—33 页。

和发展趋势。在人类历史漫长的历史发展中，在某一特定历史阶段的社会形态里，统治阶级形成了属于统治阶级所需要的特定的思想观念，形成了鲜明统治阶级色彩的文化形态，这是阶级社会历史发展的必然逻辑，也是统治阶级所希望达到的一个理想状态，犹如马克思恩格斯所总结的那样："统治阶级的思想在每一时代都是占统治地位的思想。"① 但是这里为什么说统治阶级的思想是该时代的占据统治地位的思想呢？其背后的逻辑、原因是什么呢？很明显是源于统治阶级的统治地位，而这种统治地位，不仅仅是由于权力方面的强制作用，而且最为深层的根源则是统治阶级控制了社会的经济基础。"这就是说，一个阶级是社会上占统治地位的物质力量，同时也是社会上占统治地位的精神力量。支配着物质生产资料的阶级，同时也支配着精神生产资料，因此，那些没有精神生产资料的人的思想，一般的是隶属于这个阶级的。"② 所以，"占统治地位的思想不过是占统治地位的物质关系在观念上的表现，不过是以思想的形式表现出来的占统治地位的物质关系"③。

比如，在封建社会统治阶级所倡导和推崇的宗法、血缘、专制、男尊女卑等思想文化，归根结底是源于封建社会的统治阶级控制了土地这一最基本的生产资料。在以土地为核心生产资料的社会结构中，必然会形成地主对农民的剥削和奴役关系，而这种剥削奴役关系不仅仅是地主要求农民向其缴纳贡赋，而且还要求广大的农民相信和认可地主阶级所倡导的封建性质的思想文化。这样地主阶级就形成了对农民阶级的经济和文化的双重统治。地主对农民的这种统治局面延续了非常长的历史时期，无论是欧洲中世纪和我国传统封建社会，都经历了极其漫长的历史阶段。但是，在封建社会末期，随着资本主义生产关系的萌芽、发展和崛起，一方面是原始封建社会经济利益关系的被突破，形成了以雇佣劳动关系取代地主和农民剥削关系的新型生产关系；另一方面则是新兴的资产阶级要求自由、平等、博爱、独立、竞争的思想文化，在文艺复兴的作用下，资产阶级掀起了推翻传统封建思想文化的解放运动。而这其中的内在机

①《马克思恩格斯选集》第1卷，北京：人民出版社，1995年，第98页。

②同①。

③同①。

制，即为什么资产阶级要形成自由、平等、博爱、独立、竞争的思想文化，根源也在于资产阶级所形成的资本主义的生产关系。即资产阶级所建构的是商品经济社会的人与人之间的经济利益关系，资本的本性就要求自由竞争，要求没有限制的日益扩大，要求雇佣更多的工人为其创造剩余价值，这样的经济利益关系诉求必然和传统的固定和稳定状态的封建生产关系相冲突，而这种冲突首先就表现在思想文化的层面，在思想文化日益改变的过程中，又反过来推动了资产阶级推翻封建统治阶级的革命运动。所以，经济基础的变更，必然会导致社会思想文化形态的变更，必然要求新的思想文化与之相适应。如果进一步总结，就犹如马克思所概括的那样："人们奋斗所争取的一切，都同他们的利益有关。"① 正是经济利益关系的变革，最终会导致人们思想观念的变革，进而也就带来整个社会层面思想文化的变革。

关于经济基础决定上层建筑的原理，马克思还有许多经典论述，我们这里不一一列举，但是有必要引用恩格斯《在马克思墓前的讲话》一文中的经典总结，这个总结和概括具有盖棺定论的意义，非常精要地总结了马克思一生的伟大贡献。"正像达尔文发现有机界的发展规律一样，马克思发现了人类历史的发展规律，即历来为繁芜丛杂的意识形态所掩盖着的一个简单事实：人们首先必须吃、喝、住、穿，然后才能从事政治、科学、艺术、宗教等等；所以，直接的物质的生活资料的生产，从而一个民族或一个时代的一定的经济发展阶段，便构成基础，人们的国家设施、法的观点、艺术以及宗教观念，就是从这个基础上发展起来的，因而，也必须由这个基础来解释，而不是像过去那样做得相反。"②

在恩格斯的这段总结中，我们可以非常深刻地理解经济基础的变革必然会带来上层建筑（包括思想文化）的变革，应该从经济基础决定上层建筑的原理出发，去理解社会思想文化的相应变化。同时，恩格斯也提到了马克思发现了人类历史的发展规律，其实这一点是十分重大的。人类历史的发展，正如恩格斯所指出的那样，历来为繁芜丛杂的意识形态所掩盖，这也正如人类的思想文

①《马克思恩格斯全集》第 46 卷上，北京：人民出版社，2009 年，第 82 页。

②《马克思恩格斯选集》第 3 卷，北京：人民出版社，1995 年，第 776 页。

化的存在特征，也是繁芜丛杂的，而且更加令人难以捉摸。人类的思想文化由人类自身所创造，涉及方方面面，而且总是处于变动之中，但是也正因如此，人类往往就会陷入自身所创造的思想文化之中，似乎就会迷失在自身的思想文化之中，这就是“不识庐山真面目，只缘身在此山中”的道理。而要想拨开人类思想文化的迷雾，把握人类思想文化的实质，特别是推动人类思想文化的前进，就应该跳出人类思想文化的“怪圈”，从决定、制约、影响人类思想文化背后的经济基础的角度出发，才能够对人类思想文化的形成和变革进行深刻的解读。而这一规律的发现，是应该归功于马克思的。翻看人类的历史发展，世世代代的思想家，都愿意用某一种思想文化去研究某一种思想文化，或者干脆就陷入某一种思想文化之中，总是在该种思想文化体系内部“打转转”，从而不能够在人类思想文化的建设和发展中有所建树。这就是唯心史观长期占据解释人类社会历史变迁的主流思想地位的根本原因所在。唯心史观看似非常深刻地解读了人类的思想文化，也给人一种非常有道理的感觉，但究其实质，不能够深度探究出人类思想文化背后的物质动因，据此也就不能真正抓住人类思想文化的内在本质。直到马克思和恩格斯，真正推翻了唯心史观阐释人类社会历史变迁的思维逻辑，形成了从思想文化背后的物质动因的角度，去把握人类思想文化的实质、变迁的原因，以及能够提供支撑人类思想文化前进和发展的坚实物质基础。这样的阐释、说明，是足够有力度的，而且是足够令人信服的。

以上是我们运用唯物史观经济基础决定上层建筑的原理去解析文化自信的基础也要立足于一定的经济基础之上的，从经济基础的角度去构建文化自信的基础，这一点是毋庸置疑的，也是我们反复论证所得出的基本结论。但是这是一个非常宏大和整体性质的论断，很明显，所有的人都非常知晓，要想形成对一定文化形态的自信，必然是要建立在一定的经济基础之上的，没有坚实、富足、有力的经济因素作为支撑，任何的文化自信都显得苍白和无力，都仅仅是表面倡导和宣传而已，不能够真正深入到人们的心里深处。所以在我们强调经济基础对文化自信起着十分重大的决定作用的同时，应进一步深挖，即到底经济基础的哪些方面、什么维度、内在的哪些支点，能够对文化自信构成十分重大的支撑作用，或者说经济基础在构成文化自信的重大基础作用的过程中，其作用的机理、机制又是什么，这些问题是十分有必要进一步探究和深挖的。

在笔者看来，至少应在以下三个方面去予以探究和深挖，即应从以下三个方面构筑我们对中国特色社会主义文化的充分自信：

第一个方面：经济基础的状况决定着文化自信的状况。这是一个大的决定面，即一个社会的经济基础发展到什么程度，处于一个什么样的水平，就会在整体上决定着一个社会文化的发展状态、表现形式、具体图景。我们论从史出，在中国漫长的封建社会历史时期，在典型的地主和农民的生产关系结构中，必然形成的是封建社会的文化形态，很难发展出资本主义的文化形态，甚至封建统治者还有意采取重农抑商的政策，导致新的文化形态难以产生和发展。这是中国漫长历史时期封建文化长期占据主导地位的鲜明写照。客观地予以评价，一方面我国传统封建社会在地主和农民的生产关系作用下，形成了漫长的封建文化积淀，造就了极其丰富、庞大和精髓的传统封建文化。无论是经典文化典籍、政治制度建构，还是在人们的日常生活、语言文字、风俗习惯等方方面面，都创造了举世瞩目的封建文化大繁荣。但是另一方面，也造就了这种文化形态的超级稳定性、强大的历史传承性，以及历史的巨大惯性，形成了一个具有自我整合和自我调控能力的超级稳定形态。这也就未免会出现极强的顽固性、保守性、狭隘性、自封性，也即这种文化形态是很难被打破的，很难被改变的，甚至在中国社会发生巨大变革的历史时期，这种文化形态仍然具有十分顽强的生命力。归根结底，还是源于中国社会传统的生产关系结构没有被彻底改变。所以，要想建构对一定文化形态的自信，必须要建构与之相适应的经济基础，形成相应的生产关系结构，这是建构一定文化自信的总的决定层面。文化自信是深深扎根于一定的生产关系结构之中的，作为生产关系的总和的经济基础一定是构建文化自信的最宏大和整体的因素。

对于中国特色社会主义文化这一特定文化形态而言，我们所强调的对中国特色社会主义文化进行自信，那么前提一定是中国特色社会主义文化是先进的，反映时代潮流和我国社会历史发展趋势的，是应该走在社会历史发展前沿的，那么对这种文化形态的自信，其背后一定是要建构能够有力推动这种文化形态形成、发展、壮大的经济基础。只有建构能够有效推动中国特色社会主义文化前进和发展的经济基础，才能够迎来中国特色社会主义文化的自信。那么问题来了，从现实和未来我国社会历史发展的角度来看，现实中国社会的经济基础，整体的概况是十分复杂的，有广袤的农村、偏远地区的经济基础，虽然已经商品货币化了，但传统的、大量的、自给自足的小生产方式依然存在，虽然出现了大量农村劳动力向城市的转移，但是农村留守的人口，在我国总人口比例中，仍然是相当庞大的。我们要深刻地知晓，并不是所有的农村户籍的人口都转变成了城市户口，即便有大量农村人口在城市中生活，但他们的医保、户籍管理等仍然隶属于农村，还是从属于农村的社会结构范畴之中。而且目前还经常发生着这样的社会状况，城市经济在发展良好的情况下，吸纳了大量的农村人口，但城市经济在受到巨大冲击，发展不好的情况下，还会造成大量的农村人口返回农村生活的情况。实质上来看，中国目前仍然处于城市化的过程之中，这种农村向城市的巨大的社会结构变迁，目前还仍然在持续之中。只不过我们把大量的注意力都放在了城市发展上，相应的广袤的农村，则被淹没在我国社会巨大变迁的洪流之中。所以要想改变我国社会的经济基础，一方面要大力发展城市的先进的生产关系，但是另一方面也不可忽略对广大偏远地区、农村的生产关系的改造、变革。只有中国社会普遍的生产关系结构都转变为先进的生产关系，这样才能带来人们对中国特色社会主义文化的充分自信，只有中国特色社会主义文化的自信才能够获得深厚和广泛的社会基础。

但是另一方面，城市所形成的生产关系结构就是先进和科学的吗？虽然历经改革开放四十余年的建设和发展，我国形成了许多巨大的城市，已经形成了城市群，而且城市所带来的巨大的经济效益是非常明显的。我国城市在代表先进生产关系方面，其主流、整体的样态，是值得肯定的。但是，从辩证思维的角度来看，我国城市内部所形成的诸多生产关系，也有许多不足之处，甚至还存在着大量的不公平、不公正，以及极端分化的局面。在我国城市内部生产关系结构中，广大的蓝领阶层、农民工阶层，要想成功跻身社会的上层，是十分艰难的。在资本逻辑的作用下，往往少数大的既得利益阶层，控制了大量的生产要素，成为事实上财富的拥有者和控制者，而被边缘化的广大劳动群体，则难以招架城市的高房价、高消费，成为城市体系中的新的贫弱阶层。同时，由于城市的扩大和发展，也带来了大量的交通拥堵、生活环境被破坏、人口密度高、空气质量差，容易带来公共突发事件，等等，也给城市的文化建设带来了很多的冲击。实质来说，我国改革开放这四十年的城市发展，一方面是放活了市场，形成了价格、竞争的市场态势，使得所有生产要素竞相迸发，带来了城市的繁荣。但是另一方面，城市的发展遵循了市场经济的价值规律，不仅体现了价值规律在推动生产力发展方面的巨大作用，同时也体现了价值规律在促使社会阶层分化、收入差距拉大的负面效果。进一步说，城市的发展内在地体现了资本的逻辑。这是我们不容忽视的。所以，我们既要看到城市市场经济、资本在推动城市文化形成中的重要作用，它为城市文化奠定了经济基础，又要看到这种市场、资本、竞争的逻辑，也有其负面效果，也是制约城市文化发展的重要方面。总体来看，伴随着我国城市化的历史进程，在市场、价格、竞争的作用下，做到了资源、要素的广泛应用，形成了产业集群，市场化扩大带来了先进制造业、高科技等新兴产业，引领了我国社会发展的前沿，导引了我国社会发展的未来趋向。在城市化巨大的社会结构变迁的背景下，改革开放四十年来，我国的社会思想文化，人们的思想观念，都发生了巨大的改变，一种积极进取，靠勤劳致富，勇于攀登，征服更大困难和挑战的思想文化，成为社会的广泛共识。我们在这里不可能方方面面论述我国改革开放以来所形成的文化特点，但总体来看，我国社会的文化变革是正向的，未来是会有着巨大发展的。我们之所以形成带有总体性质和特征的中国特色社会主义文化这一新时期的特有文化形态，意味着我国社会的文化是有了巨大的发展的。而这背后，无疑是源于改革开放四十余年的经济基础的深刻变革。最后的总结是：改革开放四十余年经济基础的变革的具体状况，决定、影响、塑造了新时期的中国特色社会主义文化，进一步说，要想使中国特色社会主义文化进一步繁荣和昌盛，背后则是要进一步变革、发展我国社会的经济基础。

那么，这里就涉及第二个方面，在经济基础状况决定思想文化状况的基础上，还应进一步明晰和探究出：经济基础的性质决定思想文化的性质。即中国特色社会主义文化自信的建构，不仅是需要经济作为基础，而且还需要是什么样的经济基础，什么样的经济关系性质，只有在属性上形成社会主义性质的经济基础，才能为中国特色社会主义文化自信奠定更为坚实的基础。它为保证、框定中国特色社会主义文化的本质、本色，使中国特色社会主义文化向着规定的方向发展。实质是保证了中国特色社会主义文化始终如一的无产阶级性质，保存并坚持中国特色社会主义文化自信的初心逻辑，即始终为人民服务的价值宗旨。这样属性的中国特色社会主义文化才是值得人们自信的文化。那么，我国社会经济基础的性质到底怎样理解和界定呢？是什么样的主要矛盾，主要矛盾的什么主要方面，能够决定我国社会经济基础的无产阶级性质呢？这个问题是需要深度探究和予以界定的。

一个社会的经济基础的性质，实质是要说明一个社会生产关系总和的性质，而一个社会生产关系总和的性质，归根到底是要阐释和说明这个社会人与人之间最根本的经济利益关系，特别是在总体的经济利益关系体系中，哪种经济利益关系占据主导，发挥着决定性的作用，这种经济利益关系就会构成该社会经济基础的性质。人的本质属性，按照马克思唯物史观的理论视角，是一切社会关系的总和，即任何人总是要加入一定的社会关系之中的，没有脱离社会关系的单独的个人，那样的个人事实上是不存在的。人的社会关系是多种多样的，有亲情的、友谊的、思想的等等，但是归根结底，人的所有社会关系都根源于人的经济利益关系，经济利益关系根底上决定和制约着人的各种社会关系。这里形成了这样一个社会结构，即人们的思想文化方面的关系，是源于人的社会关系总和的，是在人的各种社会关系交织中形成和发展起来的，而人的各种社会关系归根结底是源于经济利益关系的，经济利益关系在最底部、最根基的层面上，制约、规范着人们的各种社会关系，进而通过各种社会关系的制约和规范，最终影响和制约着人们的文化观念的形成和发展。所以，从这个角度来看，经济基础的状况，尤其在经济基础状况之内的经济关系的性质，决定了一定社会结构之上的人们的文化形态的性质。

中国特色社会主义文化的性质，是社会主义的、无产阶级的、广大人民群众属性的，那么如何才能保证中国特色社会主义文化这一属性呢？那就要从中国社会的生产关系、经济利益关系总和的角度来看，而这个经济利益关系的总和中，具体是分为以下几种样态的：一是统一的公有制经济，即生产资料归国家、社会、全体人民所共有；二是私有制经济，归个人或者某个家庭、独立的经营者所有；三是目前所形成的混合所有制、股份制经济，其所有权呈现为股份化，向全社会募集资金，形成特别分散的所有制关系。那么，究竟哪种所有制经济形式决定了我国社会文化形态的性质呢？如果从一个整体和宏观的角度来看，其实都决定了对中国特色社会主义文化这一新时期特定文化形态的形成和发展。这一点是需要我们首先予以界定和说明的。既然我国社会经济体系中包含着多种所有制，那么在多种所有制经济关系基础上所形成的中国特色社会主义文化，必然是要反映并反作用我国各种所有制经济关系链条上的每一个人。二者之间是相互作用的关系。

具体而言，如果从性质上来划分，我国社会的经济关系主要是公有制和私有制，是以公有制为基础，多种所有制并存的所有制结构。公有制所涉及的领域，主要是有关国计民生，特别是涉及国家经济命脉的关键行业、关键领域，比如石油、天然气、通信、军工等行业。这些领域是由国家代表全体国民来控制和管理的。客观地说，这是非常必要的，如果这些领域被外来资本所控制，那么必然会给整个社会的稳定，直至政权的稳固，带来十分巨大的冲击。一个国家、社会、民族要想独立，最根本的是要经济上独立，而经济上的独立，一定要体现在国家对经济命脉的控制上。从另一个角度来看，一个国家、社会、民族在经济上不独立，长期下去，也必然会导致其文化的不独立，必然会跟随和附属于其他外来文化。文化和经济是如影随形的，文化随着经济的独立而独立，随着经济的发展而发展，没有任何完全脱离经济的文化形态，文化要是脱离了经济基础，必然变为缥缈、变为浮萍，直至消失在社会发展的洪流之中。

所以，公有制经济，一方面表现在对我国经济命脉的控制上，这在根本上保障了我国社会经济基础的独立性；另一方面表现在公有制经济的价值取向是为人民服务的，是代表、保障广大人民群众根本利益的，是为全体国民整体的生存、生活和未来发展提供经济保障的。所以，公有制经济在根基上奠定了中国特色社会主义文化的性质，保证了中国特色社会主义文化的人民性质。其实，这里面还有一个中间环节，那就是政治、政权。其实，公有制经济不仅在价值取向上是为人民服务的，更在于公有制经济直接奠定了我国社会的政治结构，直接支撑了我国人民民主专政的国家政权，然后在国家政权的领导下，再进一步转化、形成和建构了中国特色社会主义文化。关于政治对中国特色社会主义文化的制约作用，我们将在下一章单独予以探讨。这里仅是说明经济基础对政治上层建筑的制约，进而形成对文化自信的制约的这样一条逻辑。但无论如何，公有制经济的存在和发展，在根基上，在性质上，在发展方向上，框定了中国特色社会主义文化的性质和取向，是保障中国特色社会主义文化为人民服务性质的根基。

那么问题来了，在公有制之外，还存在着大量的非公有制经济，比如个体经济、私营企业、外商经济，以及各种股份制经济，而且事实上这些非公有制经济在我国经济成分的比重当中，是占据大量份额的。公有制经济主要涉及关键行业、重要领域，而在一些广泛的生产生活领域，我国经济成分绝大多数都是私营经济，都采取了货币、市场、价格、竞争的格局。那是否意味着广大非公有制经济不是中国特色社会主义文化自信的基础呢？或者反过来说，是否会破坏对中国特色社会主义文化的自信呢？按照比较传统和狭隘的理解，改革开放四十余年来，正是由于开放搞活，大量私有制经济如雨后春笋般涌现，在金钱、利益的刺激下，改革开放以来我国社会的精神文明建设、伦理道德建构，确实出现了滑坡，乃至出现了许多恶劣的违法、违纪以及道德方面的恶劣事件。这确实构成对中国特色社会主义文化自信的巨大冲击。但是我们不能据此而给私有制经济下一个负面的界定，换句话说，我们还是要看主流的发展态势，不能因为一些恶劣性的事件而全盘否定私有制经济。各种私有制经济的广泛存在，在满足人们日常生活需要，在提供产品和服务的多样化，以及激发不同市场主体各自的积极性、优长性，带来广泛就业、收入提升等方面，都是公有制经济无法比拟的。改革开放四十余年的历史证明，私有制经济不仅不应该被取消，而且应该被大力发展，私有制经济是社会主义市场经济的重要组成部分。

其实这里面不是一个两极对立、非此即彼的对立关系，而是一个相互依赖、相互作用、相互影响的统一关系。曾几何时，我国建立了全盘的公有制经济体系，在农村实行集体经济，在城市实行国有企业，严厉控制乃至禁止商品货币贸易，事实证明是不能可持续发展的。但是改革开放以来，在强调市场化的过程中，也带来了一些国有资产流失，破坏公有制经济基础的违法行为，而且在抵抗风险，关涉国家重大工程建设和社会的公共福利建设方面，还是需要公有制经济的强力支撑。所以，我国社会现代的所有制结构是公有制为主体，多种所有制共同发展的格局，这是符合我国现实，同时能够有效推动我国社会发展的所有制结构。在这样的所有制结构基础上，也带来了以按劳分配为主体，多种分配方式并存的收入格局。事实上就是激发各个市场主体的活力，才能最大限度地发展我国的经济。我们从总体上来界定，无论如何，改革开放四十余年我国所取得的巨大的经济成就，是中国人民对中国特色社会主义文化自信最坚实的物质基础。

但是，这里的矛盾辩证关系应进一步探究和归纳。即全盘的公有制是错误的，而全盘的私有制也是错误的，都不能够发挥各自的优势，反而会带来各自劣势的凸显。所以，针对不同地域、不同领域、不同行业，应做具体问题具体分析。这样的以公有制为主体多种所有制并存的所有制结构，事实证明是十分切近我国国情和实际状况的。如果上升到辩证思维的高度，公有和私有是矛盾辩证关系，是相互作用、相互影响、相互制约的关系，而且一方面的存在是离不开另一方面的存在的，二者共同处于一个统一的矛盾体之中。那么，从中国特色社会主义文化自信的角度去审视，无疑，中国特色社会主义文化正是在我国改革开放的历程中，不断积累、不断建构和不断形成和发展起来的，之所以目前特别要强调对中国特色社会主义文化的自信，原因就在于中国特色社会主义文化具有巨大的融合力，既反映公有制经济的价值取向，也反映私有制经济的内在诉求，同时又保证整个国民经济的健康和可持续发展。但是，在定性上，公有制经济在根本上对我国整体经济具有控制力，这个控制力保证了我国经济结构的性质，也在最根本上保证了中国特色社会主义文化的性质和发展方向。就是说，中国特色社会主义文化的人民性、阶级性，如果集中一点来看，是公有制经济的控制力上，如果从广泛的意义上来看，它应该是对我国各个经济主体、广泛的人民群众的生产生活的总体反映。所以，中国特色社会主义文化，不仅是无产阶级、人民属性的，而且是有着巨大的包容性、广泛性的，这样的文化形态是具有广泛的社会基础的，同时也赢得了广大社会群体对中国特色社会主义文化的广泛认可。

以上是我们在论证经济基础的性质决定中国特色社会主义文化性质，这是第二个层面。最后一个层面，则是经济基础的变化、发展，决定了中国特色社会主义文化的前进和发展，即要从动态变化的角度去深刻理解经济基础对中国特色社会主义文化自信的影响和制约。很明显，上文是从静态的角度，即从经济基础的状况、性质方面来探究经济基础对中国特色社会主义文化自信的影响和制约，但这是静态角度。人类社会的经济基础，特别是经济基础所内蕴的生产力，是最为活跃的因素，那也就意味着人类社会的经济基础也是不断变化和发展的。我们更应该从经济基础变化的角度，去解析经济基础的变化对中国特色社会主义文化自信的影响和制约。实质来说，人们对中国特色社会主义文化的自信，也是一个过程，从不自信、不了解、不认可，到基本了解、认可、把握，直至自信，乃至更高的一个信仰的层次。人们也是在动态变化中不断对中国特色社会主义文化予以自信的。这种自信本身是一个不断加深的过程。而这个过程，一定不是平坦和直线的过程，一定会经历坎坷、曲折，乃至反对、敌意，在不断地磨合、对比、砥砺中，才进一步加强和加深了对中国特色社会主义文化的自信。所以，我们应该从矛盾运动变化的角度去解析人们对中国特色社会主义文化自信的过程，而人们对中国特色社会主义文化矛盾认识和充分自信的过程的背后，一定是源于人们最切实的经济基础的变化。正是由于人们的经济基础的矛盾运动变化过程，才会带来人们对中国特色社会主义文化的不断自信的过程。

关于经济基础的变化会对中国特色社会主义文化的影响和制约，我们援引马克思在《〈政治经济学批判〉序言》一文中的一段话，可以更加深刻地予以说明和论证。马克思指出：

“随着经济基础的变更，全部庞大的上层建筑也或慢或快地发生变革。在考察这些变革时，必须时刻把下面两者区别开来：一种是生产的经济条件方面所发生的物质的、可以用自然科学的精确性指明的变革，一种是人们借以意识到这个冲突并力求把它克服的那些法律的、政治的、宗教的、艺术的或哲学的，简言之，意识形态的形式。我们判断一个人不能以他对自己的看法为根据，同样，我们判断这样一个变革时代也不能以它的意识为根据；相反，这个意识必须从物质生活的矛盾中去解释。”①

在马克思的这段论述中，我们可以总结出如下要点：第一，随着经济基础的变更，全部庞大的上层建筑也会或慢或快地发生变革，这可以延伸出经济基础的变更必然也会导致一个社会的文化形态发生或慢或快的变革，即经济基础

①《马克思恩格斯选集》第2卷，北京：人民出版社，1995年，第33页。

的变化必然带来文化形态的调整、变迁。第二，整个社会结构的变革，显性的是经济方面的变革，这可以用具体的带有自然科学的精确性来度量。事实上，现实我们更注重这方面的变革，用各种经济数据予以度量。但隐性的或者不太为人察觉的就是意识形态的变革。很明显，这里的意识形态是广义的，是包含文化在内的。所以，文化的变革往往不被人们所察觉，得需要漫长的时间，人们再次进行反思和总结时，才发现整个社会的文化样态、文化精神，发生了巨大的变化。其实这里也好理解，人们就生活在自身所创造的文化氛围之中，每一天浸润其中，反倒很难察觉文化的变化。但无论如何，随着社会经济基础的变化，文化也一定是要发生相应变化的。无论变化或慢或快，都要发生相应的变化。而进一步说，文化的巨大变化，其实对人自身的影响、塑造、改变是最为巨大的。也正是在这层意义上，我们需要不断地加强文化建设，不断实现文化的创新，只有紧跟时代潮流，反映时代趋势的文化，才能够被人们广泛认可和充分自信。第三，文化的变革来源于人们的物质生活矛盾，或者说来源于人们的经济利益关系的矛盾和冲突。客观、公正和准确地说，社会结构中人与人的经济利益关系，时时刻刻、方方面面都存在着矛盾，每一个市场主体都想要自身利益的最大化，那就难免产生各种各样的矛盾。如果将矛盾控制在一定的合理、有序范围内，这是社会和谐的一个必要条件，但突破一定的限度，必然会带来巨大的冲突和对抗，从而给整个社会结构带来巨大的变革。但无论如何，我们要正视、客观和有效地认识到，社会经济基础的变化，人们各种经济利益关系的调整，这里所内蕴的矛盾和冲突，是推动文化变革的最为深刻的根源。所谓矛盾是事物发展的动力，没有矛盾就不可能带来事物的前进和发展。我们对待中国特色社会主义文化及其自信的问题，也应摆脱一种固有的思维模式，即认为中国特色社会主义文化是不变动的，是固态的，是已经被学者们所界定好的，只需人们对其予以认识、自信就可以了。殊不知对中国特色社会主义文化的自信，是一个不断变化，充满矛盾的过程，也正是在对不断变化、不断矛盾的冲突和解决中，人们才能对中国特色社会主义文化予以深刻的认识，从而加深对中国特色社会主义文化的自信。所以，从矛盾运动中理解经济基础的变化，再从矛盾运动中理解中国特色社会主义文化的变化，我们才能形成动态地、不断加深和创新地去对中国特色社会主义文化予以自信。

以上是我们从经济基础的状况、性质、变化的角度去解析经济基础对文化自信的巨大影响和制约。总体的观点和看法是：经济基础决定和影响着人们对中国特色社会主义文化的自信，只有建构强大的经济基础，才能迎来人们对中国特色社会主义文化的坚实自信。所以我们应该不断调整、不断变革、不断发展我国社会的经济基础，为中国特色社会主义文化的繁荣奠定坚实而有力的根基。这个论断是成立的，而且我们上文也提供了各种解析和论据。但还需要深挖，还需要在此基础上进一步地追问：有了强大的经济基础，就必然会带来人们对在这样的经济基础上所形成的文化形态进行自信吗？这要打上一个大大的问号。或者反过来说，一个社会的经济基础发展得不算太好，就不能形成人们对在这一经济基础上所形成的文化进行自信吗？恩格斯就曾经指出："经济上落后的国家在哲学上仍然能够演奏第一小提琴。"① 那么这是否意味着经济上落后的国家在文化上也能够起到引领、主导的作用呢？就是说，我们到底应该如何理解经济基础和文化自信二者之间更为深层的辩证关系呢？对于这些问题，我们必须要加以深度的探究。

我们说，经济基础决定文化自信，这样论断本身并没有错误。但是需要进一步有条件地予以限定、说明和阐释。即这样的论断是普遍意义而言的，而且是较为直接性的论断，这里面存在着巨大的张力，而且也体现为一系列的传导环节，这些方面是需要我们予以深刻认识和理性把握的。

首先来说，经济基础与文化之间，二者并不是直接对应性的关系，经济基础就直接性地、必然性地决定着文化，决定着文化的状况、性质及其变化。二者之间有着巨大的张力，或者说二者之间有着一定的距离，并不总是紧密结合在一起的。经济基础往往侧重的是人们的经济利益关系，本质上是人们对大自然的改造，与生产力紧密相连。文化则是人们精神世界的积淀，而且是人类精神世界良好的、优秀的、有效方面的积淀，这个是需要漫长时间予以建构、整合的，不是一蹴而就，立马就会呈现出来的。往往某一种新的文化因素形成，以及发展壮大起来，是需要一个漫长的历史过程的，并不会因为经济基础的巨

①《马克思恩格斯选集》第 4 卷，北京：人民出版社，1995 年，第 704 页。

大变化，人们的文化观念就会立即发生转变。二者之间是有着巨大的张力的。其次，经济基础与文化之间，有着一系列的传导环节，并不是经济基础变化了，就会直接传导文化也会发生相应的变化，至少要经过人自身的意识、行为的相应跟进。而这个跟进是需要一个过程的。同时，代表某一社会、国家、民族整体的文化形态，是一个巨大的思想体系，具有相当的自身的独立性，甚至会日益脱离经济基础的限制，而形成自身独立的发展态势。所以，要想改变一个社会的文化样态，其实并不是一件十分容易的事情。它需要各个方面条件的支撑，只有各个方面条件具备了，才能带来整个社会文化的相应变革。所以，从这个角度来看，经济基础对文化的影响和制约作用是需要一系列的中间环节的，不仅需要人们认识和行为的支撑，而且需要社会政治、制度、管理等方面的有意建构，需要强大的政权为之作为保证，更需要整个社会体制机制的相应改革和完善。很明显，这里的政治因素是起着最为关键性的作用的，政治一旦起强有力的作用，无论是在法律上、规范上，还是在具体的制度上、管理上，都会对一个社会、国家、民族的文化形态带来巨大的影响和制约。关于我国政治以及围绕政治的相关因素对中国特色社会主义文化自信的影响和制约，我们下一章专门予以论述。这里仅是要说明经济基础的变革，是通过一系列的中间环节，来影响和促使文化的相应变化的。在经济基础和文化之间，我们不应该忽略这些中间环节的存在。往往就是由于这些大量的中间环节的存在，对某一社会的文化形成了巨大的影响。

但这里的问题是：既然经济基础是通过一系列的环节带来文化形态的改变，从而影响和制约着人们对某一文化形态的自信，但是否就据此推翻了经济基础对文化自信的影响和制约呢？我们上文说到恩格斯所下的论断：经济上落后的国家在哲学上仍然能够演奏第一小提琴，那是否意味着经济基础落后的国家是否也可以在文化上起到引领、示范的作用呢？这或许给我国现实的发展提供了一个很好的契机，即虽然我国仍然并长期处在社会主义初级阶段，还不是十分发达的历史阶段，那是否意味着我们可以建构一个非常繁荣、非常令人自信的文化形态呢？如果要是形成这样的认识，在笔者看来，这是十分幼稚和肤浅的。恩格斯确实说过经济上落后的国家在哲学上仍然能够演奏第一小提琴这样的话语，在人类的历史发展长河中也确实存在着这样的情形。比如在欧洲资产阶级刚刚兴起的时候，在法国、英国等国家经济上已经取得了非常巨大的成绩时，当时的德国资本主义经济发展非常缓慢，但当时的德国确实在哲学上走在了时代的前沿。这样的情形是确实存在的，确实可以佐证在经济文化落后的国度可以取得哲学上、思想上以及文化上的前沿地位。但是需要我们更为深一步地探究和总结：其实这样的情形并不是普遍存在的，也并不是长期能够存在和延续下去的。我们需要整体、长远地去审视人类社会的发展，不能因为某些特殊状况而据此带来对整个人类社会发展的普遍规律的改变。人类社会历史发展的总的规律仍然是经济基础决定着上层建筑，仍然是经济基础决定着人类文化的形成、变化和发展。但这需要"归根到底"式的理解。即经济基础在根上，在底部，在最终极的意义上，决定、影响和制约着人们对某一文化形态的自信。

恩格斯晚年在总结他和马克思所创立的唯物史观时，曾经说过这样一段话：

"……根据唯物史观，历史过程中的决定性因素归根到底是现实生活的生产和再生产。无论马克思或我都从来没有肯定过比这更多的东西，如果有人在这里加以歪曲，说经济因素是唯一决定性的因素，那么他就是把这个命题变成毫无内容的、抽象的、荒诞无稽的空话。经济状况是基础，但是对历史斗争的进程发生影响并且在许多情况下主要是决定这一斗争形式的，还有上层建筑的各种因素：阶级斗争的政治形式及其成果——由胜利了的阶级在获胜以后确立的宪法等等，各种法的形式以及所有这些实际斗争在参加者头脑中的反映，政治的、法律的和哲学的理论，宗教的观点以及它们向教义体系的进一步发展。这里表现出一切因素间的相互作用，而在这种相互作用中归根到底是经济运动作为必然的东西通过无穷无尽的偶然事件（即这样一些事物和事变，它们的内部联系是如此疏远或者是如此难于确定，以致我们可以认为这种联系并不存在，忘掉这种联系）向前发展。否则把理论应用于任何历史时期，就会比解一个最简单的一次方程式更容易了。"①

①《马克思恩格斯选集》第4卷，北京：人民出版社，1995年，第695—696页。

从恩格斯的这段论述中，我们可以总结出如下要点：首先，经济因素决定着人类社会的发展，但应做归根到底意义上的理解。也正如恩格斯所指出的那样：“经济运动是最强有力的、最本原的、最有决定性的。”① 我们要深刻理解经济基础对人类文化的归根到底意义上的决定作用，没有经济基础的深刻变化，没有经济基础的强有力的建构，是不可能带来人类文化的繁荣和自信的。即便在某一特定历史时期，人类的文化可以在比较薄弱的经济基础上保持非常发达、非常繁荣的状态，但这是不可持续的，终究还是要依靠强大的经济基础作为后盾。解析到这里，我们可以深刻理解自鸦片战争以来，我国古老的传统文化，虽然十分发达、十分完备，但毕竟在国家经济基础遭到破坏，国势衰微的情况下，是不可能长期保持我国传统文化的繁荣和昌盛的。改革开放四十余年的快速发展，虽然人们对中国特色社会主义文化有着各种疑义，甚至各种批评，但无论如何，在经济建设取得重大成就的基础上，还是为中国特色社会主义文化奠定了坚实的物质基础。我们现在所要倡导的对中国特色社会主义文化进行自信，目的就是要在新的经济基础上，不仅在经济上要自信，而且也要在思想文化上予以自信，做到物质和精神两个方面的齐头并进和有效支撑。所以，从总体和长远来看，我们要深深理解经济基础在归根到底的意义上，是构建中国特色社会主义文化自信的坚实基础。

其次，我们也要看到，在经济基础作为归根到底意义上的决定作用的基础上，我们还要看到政治、法律、哲学、宗教等各种因素对文化自信的重要影响，这些也是不可忽略的重要因素。即并不是经济是唯一性的因素，经济因素确实在归根到底的意义上起着决定作用，但它绝不是单独也并不是唯一的因素，而是与多种因素相互交织，共同形成对文化的影响和制约作用的。对此，恩格斯做了进一步的澄清和说明，他指出：“青年们有时过分看重经济方面，这有一部分是马克思和我应当负责的。我们在反驳我们的论敌时，常常不得不强调被他们否认的主要原则，并且不是始终都有时间、地点和机会来给其他参与相互作用的因素以应有的重视。但是，只要问题一关系到描述某个历史时

①《马克思恩格斯选集》第4卷，北京：人民出版社，1995年，第705页。

期，即关系到实际的应用，那情况就不同了，这里就不容许有任何错误了。可惜人们往往以为，只要掌握了主要原理——而且还并不总是掌握得正确，那就算已经充分地理解了新理论并且立刻就能够应用它了。在这方面，我是可以责备许多最新的'马克思主义者'的；而他们也的确造成过惊人的混乱……"①恩格斯的这段话是非常具有穿透力的，是我们在理解和运用唯物史观阐释中国特色社会主义文化自信基础的过程中，应该着重予以重视和有效解读的。就是说，我们在大量解读唯物史观基本原理的过程中，一般都十分强调经济因素对人类社会历史发展所起的决定作用，而且也是据此来反对各种唯心史观的论点。许多唯心史观的观点是忽略了经济因素的重大作用，片面夸大人类精神的作用，没有看到精神背后的物质动因。所以唯物史观特别强调人类精神背后的物质的、经济的因素对人类精神的影响和制约。但是长此以往，也会给人们带来刻板印象，似乎一提到唯物史观，就是经济因素在人类社会发展中的决定作用。而且总是用这样的原理去不分场合、不分历史阶段地套用，这样就把唯物史观的这一原理机械化了。正如恩格斯所言：

"对德国的许多青年著作家来说，'唯物主义'这个词大体上只是一个套语，他们把这个套语当作标签贴到各种事物上去，再不作进一步的研究，就是说，他们一把这个标签贴上去，就以为问题已经解决了。但是我们的历史观首先是进行研究工作的指南，并不是按照黑格尔学派的方式构造体系的诀窍。必须重新研究全部历史，必须详细研究各种社会形态存在的条件，然后设法从这些条件中找出相应的政治、司法、美学、哲学、宗教等的观点。在这方面，到现在为止只做了很少的一点工作，因为只有很少的人认真地这样做过。"②

所以，不应将唯物史观的基本原理当作一个套语，去套用各个历史时期，去面对各个社会历史问题，这样就会造成理论对历史事实的裁剪，而不是运用理论去深刻地洞察社会历史的内在本质和规律。事实上，人类社会历史的发展是呈现为一个矛盾辩证的历程和表现方式的，在某些特定的历史时期，或者在某些特定的历史场合，人类的精神作用，文化的重要反作用，就是起着第一位

①《马克思恩格斯选集》第4卷，北京：人民出版社，1995年，第698页。

②《马克思恩格斯选集》第4卷，北京：人民出版社，1995年，第691—692页。

的性质和特征的。甚至在笔者来看，人类的思想文化作用，不仅起着非常重大的作用，而且是时时刻刻、无处不在地起着十分重大的作用的。扩展开来，人类社会体系及其历史发展的进程中，任何一个方面，任何一个要素，都是人类社会历史发展不可或缺的重要因素，而且还会呈现出大量的偶然性因素，而且这些偶然性因素甚至在某个历史时期或者某个重大的历史事件中占据着十分重要的主导地位和作用。但是，唯物史观作为洞察和把握人类历史内在本质和规律的科学的理论，最为重要的特点就是深刻探究了人类社会历史发展的带有一般性、普遍性、规律性和实质性的内容。那就是抓住了经济这一根本性的领域，强调经济因素在人类社会历史发展中的决定性作用。从经济领域出发，我们可以看到人类社会体系中诸多因素产生、起作用，以及变化和发展的内在机制，用经济的因素去解析，就能够把握人类社会体系各要素变化的背后机制。但是，唯物史观绝不是将经济视为观察人类社会历史的唯一和绝对性的因素，而是充满了非常智慧性的辩证的思维方式。恩格斯晚年就对此进行了非常深刻的解读。

恩格斯指出唯物史观是非常重视各个因素对人类社会历史发展的巨大作用的，提出了历史发展的合力性思想，即人类社会历史发展是由诸多因素合力作用的结果。同时，在马克思恩格斯早年的关于唯物史观的大量论述中，为了驳斥各种唯心史观非常重视人类意识作用的观点，进而特别强调了经济因素在人类社会历史发展中的重大作用。但是也正是因为如此，造成了许多人对唯物史观经济基础决定上层建筑这一原理的理解的片面性、机械性和凝固性，认为只要是抓住了经济因素这一最根本性的因素，就能够解释人类社会历史发展的一切方面和一切内容。这是一种典型的形而上学的思维方式。所以恩格斯非常有力地批评道："所有这些先生们所缺少的东西就是辩证法。"① 即我们应该运用矛盾辩证的思维方式去理解经济因素在人类社会历史发展中的决定作用，进而用矛盾辩证的思维方式去理解经济因素对人类思想文化的基础性作用。具体而言，在笔者看来，应主要做好如下要点：

①《马克思恩格斯选集》第 4 卷，北京：人民出版社，1995 年，第 705 页。

首先是归根到底式地理解经济因素对人类思想文化的基础和决定性作用。承认经济因素能够对人类的思想文化有着决定性作用，这一点本身无可厚非，但是应该做归根到底式的理解，即经济因素是根，是底，是最终极、最原始、最初始的决定作用，那就意味着在经济因素这一根本的决定作用基础之上，还有许多因素会形成对人类思想文化的制约作用，也会构成人类思想文化产生和发展的重要基础。无疑，人类社会体系中的政治因素、人民群众自身的生产生活实践，即人自身因素，等等，都会对人类的思想文化构成十分重要的制约和影响。对此，我们将在后面章节中予以深度探究。在这里需要辩证的思维去理解，经济因素是归根到底的决定性基础，但在此基础上不可忽视人类社会其他因素对人类思想文化的重要影响。

其次，对人类思想文化构成制约和影响的因素，不仅十分之多，即构成人类思想文化前提和基础的要素是繁多的，而且这些要素是相互联系、相互作用、相互制约地去影响和制约人类思想文化的前进和发展的。就是说，任何一个人类社会体系中的要素，都会对人类的思想文化构成影响，但切忌我们仅仅只是看到这一因素，或者仅仅只是十分重视这一因素，就犹如我们机械式地仅仅是看到经济因素对人类思想文化的重大决定作用而忽视其他要素那样，这样就会造成十分片面和僵化，就会把经济因素标签化、套语化，从而忽略了这些要素是相互作用而形成对人类思想文化的综合作用的。恩格斯对此有这样一段点评："与此相关的还有思想家们的一个愚蠢观念。这就是：因为我们否认在历史中起作用的各种意识形态领域有独立的历史发展，所以我们也否认它们对历史有任何影响。这是由于通常把原因和结果非辩证地看作僵硬对立的两极，完全忘记了相互作用。"① "政治、司法、哲学、宗教、文学、艺术等等的发展是以经济发展为基础的。但是，它们又都相互作用并对经济基础发生作用。并非只有经济状况才是原因，才是积极的，其余一切都不过是消极的结果。这是在归根到底总是得到实现的经济必然性的基础上的互相作用。"② "所以，并不像人们有时不加思考地想象的那样是经济状况自动发生作用，而是人们自己创

①《马克思恩格斯选集》第 4 卷，北京：人民出版社，1995 年，第 728 页。

②《马克思恩格斯选集》第 4 卷，北京：人民出版社，1995 年，第 732 页。

造自己的历史，但他们是在既定的、制约着他们的环境中，在现有的现实关系的基础上进行创造的，在这些现实关系中，经济关系不管受到其他关系——政治的和意识形态的——多大影响，归根到底还是具有决定意义的，它构成一条贯穿始终的、唯一有助于理解的红线。”① 所以，我们不仅是对经济因素做归根到底式的理解，而且同时还需要注意其他因素对文化的重大影响，以及要从其他所有要素之间的相互作用，以及其他所有要素和经济因素之间的相互作用的角度，去深度解读所有要素对人类文化的影响和制约作用。这才是全面而又辩证地理解文化自信基础的精髓所在。

论证到这里，我们可以对中国特色社会主义文化自信的经济基础，做出这样一个总结：要想对中国特色社会主义文化形成充分的自信，首要的重大前提就是坚实而有力的经济基础。没有强大的经济基础做后盾，终究到最后是不能够支撑起人们对中国特色社会主义文化自信的基础的。而且，一个没有长时间强大经济基础做后盾的文化形态，不仅不能够长期支撑人们对这一文化形成自信，而且会不断出现怀疑、否定、批判，直至这种文化被淹没在社会历史发展的洪流之中，最终被其他文化形态所代替。苏联的社会主义文化，曾几何时非常强大，非常具有吸引力，但是在苏联长时间经济基础发展不好的情况下，最终归于毁灭。这是一个十分惨痛的历史教训。所以，我们国家自改革开放以来，明确将党和国家的重心放到经济建设上来，明确了以经济建设为中心，大力发展和解放生产力的根本任务，直至目前中国特色社会主义进入了新时代，我国经济建设取得了十分巨大成就的情况下，面对着更为深层的矛盾，更加复杂艰巨的任务，无疑，经济建设还是最为根本性的破解之道。这正如习近平总书记在十九大报告中所指出的那样：“实现‘两个一百年’奋斗目标、实现中华民族伟大复兴的中国梦，不断提高人民生活水平，必须坚定不移把发展作为党执政兴国的第一要务，坚持解放和发展社会生产力，坚持社会主义市场经济改革方向，推动经济持续健康发展。”② 所以，经济建设始终是根本，是解决社会发展，以及本论题人们对中国特色社会主义文化自信的根本指导。

---

①《马克思恩格斯选集》第 4 卷，北京：人民出版社，1995 年，第 732 页。

②《十九大报告》，北京：人民出版社，2017 年，第 29—30 页。

但是，也正如上文我们所阐释的那样，在经济是归根到底意义上的决定性因素的基础之上，在社会体系中还有许多其他因素，都会对文化自信带来重要的影响和制约，或者我们说这些其他因素也构成文化自信的重要基础。无疑，在这些其他因素之中，政治因素就是最为重要和重大的一个因素。无论如何，任何一个社会的文化形态，都会受到该社会政治的影响和制约，甚至来说受到该社会政治因素的指控和管理。政治因素是文化建设和发展的具有十分主导性的原因。往往某一社会历史发展阶段中，一个特定的文化形态，就是由该社会的政治因素来促使、形成和建构起来的，是深深打上政治烙印的文化形态。进一步说，人类进入到阶级社会，没有哪一个社会形态的文化样态不受到政治的影响和制约，都是带有鲜明政治属性的文化形态。政治性在很大程度上成为某一特定文化形态的根本属性，某一特定文化形态的功能、作用、价值取向，都要围绕着政治这一核心主题，都要体现政治的价值取向。反过来说，任何违背政治的文化形态，都会受到政治的打压，甚至这种文化形态非常正义，但也会受到政治的摧残。所以，政治与文化二者之间紧密关联，我们要想构建中国特色社会主义文化自信，一定要看到政治因素这个十分重大的前提和基础。

# 第五章
# 中国特色社会主义文化自信的政治基础

在经济因素构成文化自信重要基础的前提下，在社会的上层建筑领域，政治上层建筑是最为重要的影响和制约文化自信的因素。政治以其作为经济的集中体现，以及对国家政权的控制，以其强大的执行能力，特别是政治所依靠的国家暴力设施等，为文化这一具有软性、柔性、意识性特征的上层建筑，奠定了十分重要的前提和基础。按照唯物史观的基本原理，同为上层建筑范畴体系中的政治和文化，在很大程度上是并行并列的关系，一个是政治上层建筑领域，一个是观念上层建筑领域，似乎二者之间，在我们传统的思维方式中，并不发生太大的关联。但事实上并非如此，而是二者之间关系紧密，甚至在很大程度上比经济因素对文化的影响还要重大和直接。其中一个最为鲜明的要点，就是一定的政治决定了一定文化形态的性质，在定性上就必须要求一定的文化形态与政治的属性相适应，或者说政治一定会有意界定、规范、框定一定文化形态的名称、特征和走向。甚至来说，政治还会以一种非常强制的方式，强制要求某一特定的文化形态与政治的要求相适应。这里未免会出现许多极端的反面事例，即一些非正义，乃至反动的政治，会特别强制和要求该社会阶段的文化形态与该社会阶段的政治相一致，必须得为该社会阶段的政治“唱赞歌”，这一点，在以往反动政治在维系自身存在的过程中，是屡见不鲜的。这里仅是借用此事例，去进一步阐发一定社会的政治必然会规范、制约、导引乃至控制、强制和规范一定社会的文化，要求与之相适应，这就十分鲜明地体现出了政治对文化建设的重大影响和制约。而从正面角度来看，一个非常正义、代表广大人民群众根本利益，合乎历史发展趋势的政治，但它要想实质性地体现自身的正义、公平，自身在社会历史发展中的重大作用，也必然要塑造更为合理，更能够被广大社会群众认可和接受的文化形态，使得全体社会成员能从文化认知的角度认识这样伟大政治的根本用意，进而就会有力推动该社会政治真正而有效地发挥作用。所以，无论是反面和正面的政治，都鲜明体现出了政治对文化的重大制约作用，政治一定是文化建设和发展的重要制约因素，构成文化是否自信的重大基础。而反过来，文化也会对政治发生巨大的反作用，良好的文化会推动政治向前发展，而腐朽没落的文化会阻碍政治的前进。二者之间可谓相互联系、相互作用、相互支撑，共同存在于一定社会整体的建设和发展之中。

本文则是要侧重政治对文化自信所构成的影响，即进一步探究中国社会政治对中国特色社会主义文化自信的前提和基础性作用，这就需要了解我国社会政治到底是一个什么样的本质内涵，我国社会政治呈现出了怎样的鲜明特质，中国社会的政治到底受到哪些因素的影响，为什么说中国社会的政治是中国特色社会主义文化自信强有力的支撑因素。本文将对这些问题进行深度探究，而在探究之前，我们首先需要对政治这一概念本身做一个系统的梳理和界定。只有深刻认识了政治这一概念的内涵和外延，了解了人类社会为什么会产生政治、为什么需要政治，政治到底应该对人类社会起着什么样的重大作用，而一些反面的政治我们应该如何去分析和克服，所有这些都决定了我们首先应从学理上探究政治这一概念的内涵。而且，还应该对传统的政治概念做出一定的突破和创新，这不仅意味着传统政治概念有缺陷和不足，而且也意味着政治应该随着社会时代的变迁而相应地变化和发展，我们应该与时俱进地把握政治这一非常敏感的概念。

## 一、政治概念的狭义和广义内涵

政治这一概念具有多重的内涵，涉及的方面也颇多，人们也是依据不同的标准、不同的依据、不同的视角，形成对政治内涵的理解和认识的。而且，政治概念的形成和发展也经历了一个极其漫长的历史时期，在中西社会历史发展的过程中，形成了不同的对政治概念的理解。基于此，我们有必要对学术界关于政治概念的界定，形成不同的分类，系统梳理政治的不同含义，然后从中总结出目前及未来社会政治的内涵到底应该是侧重于什么，进而为了解我国社会政治，以及深度探究我国社会政治对中国特色社会主义文化自信所带来的巨大影响。

我们首先来看中国传统社会中对政治的理解。早在先秦诸子百家经典文献中，就有对政治的记载。比如《尚书・毕命》中就有“道洽政治，泽润生民”，《周礼・地官・遂人》有“掌其政治禁令”。大致的意思是好的政治可以恩泽百姓，同时也体现了其内在所具有的权力和强制性内涵。但是，在中国古代更多的情况下，并不是强调政治的强制性，而是将政治做更多的道德性解读，披上道德的色彩，强调人际关系的处理。同时“政”和“治”往往分开使用，各有各的意思。“政”主要是指国家的权力、制度、秩序和法令，而“治”则主要是指管理人民和教化人民，同时也指实现社会的安定与和谐等。自先秦诸子百家之后，儒家思想一直成为中国传统社会的主导思想，因此中国传统社会对政治的理解往往是儒家思想占据主导。在儒家思想中最为著名的是孔子关于政治的说法：“政者，正也。子帅以正，孰敢不正。”（《论语・颜渊》）可以看出，孔子关于政治的理解主要是以身为正，做出表率，然后感染他人，使他人做出效仿，有着深深的教化用意。按照孔子对政治的理解，从事政治的人应该修己治人，为政以德，政治就是从事政治的人应该“不以自己的私意治人民，不以强制的手段治人民，而要在自己良好的影响下，鼓励人民‘自为’”①。所以，中国传统社会的政治概念，往往具有更加浓重的道德和教化色彩，强调通过自身行为的修养来感染他人，本质上还是人际关系的处理。同时，我们可以看出，中国传统社会对政治本身的体制、制度、机制等方面研究得较少，这一点与西方社会系统化、理论化的政治研究，有着鲜明的差异。

相对于中国来说，西方社会从一开始就有着鲜明的政治概念，而且在西方社会漫长的历史演化过程中，形成了诸多对政治概念的解读，俨然成为一门显学，成为政治上层建筑体系中以及广大社会成员所普遍关注和参与的一项重要

---

①徐复观《孔子德治思想发微》，台北：学生书局，1988 年，第 102 页。

社会实践活动。而且无论是理论上还是实践上，西方社会对政治的理解和建构都呈现出非常丰富和复杂的态势。从语义学的角度来看，政治的英文概念是Politics，主要来源于古希腊语的Polis，其内涵是城邦或城市国家的意思。即早在古希腊时期，往往一个城邦就代表了一个国家，人们主要是在城邦这个人群共同体中生活的。而在这个城邦共同体中，究竟应该怎样展开自己的生活，从事各行各业的人们扮演着什么样的角色，由谁来控制和管理城邦，大家的公共事务怎么处理，以及如何体现个人的权利和义务，等，为此，古希腊城邦形成了多种政治体制，如君主制、寡头制、民主制等等。之后西方社会进入了漫长的中世纪时期，这时的政治与宗教密切相关，披上了浓厚的宗教色彩，同时也体现出了集权、专制等特征。到了文艺复兴时期，许多资产阶级政治家、思想家提出了符合资产阶级要求的政治观点，并通过资产阶级革命夺取封建专制的政权，在政治上形成了政党、选举、法律、民主、分权等特征。我国目前学术界的许多政治观点大都来源于西方资产阶级政治思想家的观点。但与此同时，西方近现代社会的政治随着资本主义的发展，也呈现出多样化、变动性的特征，并不是统一的资本主义政治内涵。各个资本主义国家依据自身的实际状况，出现了许多不同类型的政治体制，为此对政治概念的理解也是五花八门。

关于西方社会对政治的多维理解，有学者总结了14个方面：“（1）政治是一种社会价值追求；（2）政治是一种超自然、超社会力量的体现或外化；（3）政治是对于权力的追求和运用；（4）政治是一种管理活动；（5）政治是制定政策和执行政策的过程；（6）政治是人们从事社会公共活动的方式、方法和途径；（7）政治是对社会价值的权威性分配；（8）政治专指关于实际治理国家事务的职务或活动的知识；（9）政治是人与人之间关系中的权力现象；（10）政治是统治与服从的关系；（11）用道德的观点解释政治，把政治等同或归纳为伦理道德；（12）政治是一种法律现象，将政治说成是立法和执法的过程；（13）政治是治理国家的学问；（14）政治是治理人的艺术。”① 可以看出，西方社会对政治的理解非常多元，且有许多观点是相互论争的，并不是形成了相对统一

①李合亮《思想政治教育探本：关于其起源及其本质的研究》，北京：人民出版社，2007年，第49—50页。

和一致的观点。但是我们也可以看出，西方社会对政治内涵的关注，出现了十分多维以及多个角度的阐释，这给我们深度理解政治的内涵提供了多方面的视角。

按照唯物史观的基本原理，西方社会为什么产生了这么多的政治观点，为什么会发生各种观点的争执，其实是深刻源于西方社会多民族、多种族、多宗教，尤其是源于西方社会各个国家发展的传统、具体的现实经济状况不同。西方社会各个国家的不同的社会现实导致形成不同的政治体制，进而就会形成不同的政治概念标准。所以，我们也不应该随便拿一个西方社会的政治观点作为衡量和界定政治概念的标准，据此也不应该用某一标准去裁定我国社会的政治内涵，而应该结合我国社会的实际，在多维度吸收的前提下，做出最适合我国社会政治概念内涵的理解和界定。

关于古今中外的这些不同的政治观点，也有学者总结和归纳了这些不同政治观点背后的界定思路，即是从哪些角度、哪些切入点，或者是注重哪些要点来解析政治的。这些界定政治概念的思路也为我们提供了理解政治的多个维度，是政治背后的唯物史观思路的重要参照和借鉴。该学者做出了这样的总结和归纳：

“（1）价值性解释：政治就是追求和实现‘善治’的活动。这是一种政治哲学的思维向度，无论从‘儒家’的角度出发，还是从西方‘正义’的角度出发，人们倾向于从应然的理想的角度来定义政治，认为政治应当具有某种价值性特征或标准，背离这个特征或标准的现实政治，就是不正义或不道德的。应当承认，这种阐释为确立政治的价值评判标准提供了根据。

“（2）神学性解释：政治就是实现‘天道’或‘神意’的努力。这是一种宗教性的思维向度，在中国主要表现为‘受命于天’的思想，在西方主要表现为‘君权神授’的政治观。在这种思维向度下，政治生活是神意的安排。政治的神学性解释为政治生活提供了一时的合法性基础。

“（3）权力性解释：政治就是权力的分配和使用。这是一种现实主义的思维向度。它把政治理解为对权力的追求和运用。具体表现是，中国古代以法家为代表的‘法’‘术’‘势’的政治之道；西方以马基雅维利为代表的现实主义政治观，把政治的核心理解为夺取权力、维护权力和扩大权力；德国社会学家马克斯·韦伯认为，政治是指力求分享权力或力求影响权力的分配；美国政治学家拉斯韦尔认为，政治主要是指‘权力的形成和分配’。这种现实主义的思维向度力图从政治的核心要素出发来阐释政治生活，把政治理解为围绕权力而展开的活动。

“（4）管理性解释：政治就是组织管理的活动或过程。这可以理解为是一种现代管理的思维向度。它把政治视为公共管理活动。所以，从公共管理政策的角度讲，政治可以被定义为公共政策的制定和执行过程；从公共管理协调的角度讲，政治又可以被定义为协调不同利益群体之间利益关系的过程；从公共管理的参与角度讲，政治还可以被定义为社会成员从事社会公共活动的方式、方法和途径，等等。”①

可以看出，前两种解释往往是古代社会对政治的解读，明显带有伦理道德和宗教神学的色彩，后两种解释则是近现代许多思想家所主要倡导的对政治的界定，突出权力和管理两个方面。确实，政治的权力和管理特征是非常鲜明的，特别是近现代社会，权力和管理不仅是政治的两个重要作用，而且二者之间还发生着一定的变化。在以往突出政治的权力职能的格局下，政治的管理职能日益凸显，但这种管理职能又是和政治权力紧密相关的，没有权力作为后盾和基础，管理职能也很难付诸实施。而反过来，现代政治的权力职能，往往主要体现在管理职能之中，或者说往往体现为服务和管理，而不是过多的行政性指令。我们探究政治的概念，从界定政治概念背后所依据的思路去理解政治的内涵，可以更加深度地解读为什么人们会这样理解政治。比如在欧洲中世纪漫长的封建年代，之所以将政治界定为君权神授，很重要的原因就是受制于宗教观念的影响。在那个历史时期，宗教弥漫了整个欧洲社会，宗教不仅解释政治，而且解释社会生活中的方方面面，所以宗教神学的解释就成为中世纪人们对政治概念界定背后的思想观念基础。那么，据此，我们现代社会，尤其是我国目前进入到中国特色社会主义的新时代，以及面向未来我国社会的发展，我们应该依据什么样的思路、理路、基础去解读中国社会政治呢？进而依据这样

---

①燕继荣《政治学十五讲》，北京：北京大学出版社，2004 年，第 3—4 页。

的政治概念去奠定中国特色社会主义文化自信的基础，这就是本章节所要集中攻克的重大问题。

在当代中国政治和政治研究的发展中，马克思主义政治观念一直是占有主导地位的。这不仅是由于马克思主义理论在中国近代历史的变迁中起到了十分重要的作用，成功地指引了中国社会的独立和解放，而且还由于我国在改革开放的进程中，仍然是靠着马克思主义理论成功地取得了改革开放四十余年的伟大成绩。马克思主义理论是中国社会的核心意识形态，是指引中国社会前进和发展的根本指导思想。所以，马克思主义理论所阐释和界定的政治概念，一直是教科书、学术界比较普遍认可和十分认同的概念，形成了广泛的影响。从目前马克思主义理论学术界对政治观念的界定来看，主要集中在以下几个方面：

(1) 政治是一种特定的阶级利益关系，主要是阶级对抗的产物，反映了统治阶级和被统治阶级之间的斗争，因此政治具有十分浓重的阶级性色彩。比如，马克思恩格斯在《共产党宣言》中就明确指出："一切阶级斗争都是政治斗争。"① 列宁也认为"政治就是各阶级之间的斗争"②，"只有当阶级斗争不仅发展到政治领域，而且还涉及政治中最本质的东西即国家政权的机构时，那才是充分发达的、'全民族的'阶级斗争。"③ 毛泽东同志对政治也有类似的解读，他指出："政治，不论革命的和反革命的，都是阶级对阶级的斗争，不是少数人的行为。"④ 可以看出，马克思主义理论所理解的政治往往集中体现在阶级之间的斗争之中。进一步说，正是由于阶级之间激烈而残酷的斗争，为了保持特定阶级的存在和延续下去，并且是为了更好地壮大和发展，尤其是要掌握国家政权时，就需要政治。需要政治对斗争形成深刻的解读，并对斗争形成强有力的指导，以保证斗争的胜利。所以，正是基于阶级之间的斗争，往往人类社会中政治的地位和作用就更加凸显。目前来看，我国学术界往往是从阶级斗争的角度去了解和认识政治的概念内涵的。

---

①《马克思恩格斯选集》第 1 卷，北京：人民出版社，1995 年，第 281 页。

②《列宁选集》第 4 卷，北京：人民出版社，1995 年，第 308 页。

③《列宁全集》第 23 卷，北京：人民出版社，1990 年，第 249 页。

④《毛泽东选集》第 4 卷，北京：人民出版社，1991 年，第 866 页。

(2) 政治是经济的集中体现。这也是对政治非常深刻且非常主流的观点和看法。这主要是依据马克思唯物史观的基本原理：经济基础和上层建筑之间的关系而界定政治的。政治属于上层建筑范畴，自然它必然要受制于一定的经济基础，或者说它必然要建立在一定的经济基础之上，而且，作为政治上层建筑，还要集中反映它所代表的特定阶级的经济基础。即阶级斗争需要政治，而需要政治则是要反过来支撑特定的阶级，而支撑特定阶级的根本和实质就是维护和发展特定阶级的根本经济利益。其实，按照列宁对阶级的定义，阶级本身就是一个经济属性的概念，他指出："所谓阶级，就是这样一些大的集团，这些集团在历史上一定的社会生产体系中所处的地位不同，同生产资料的关系(这些关系大部分是在法律上明文规定了的)不同，在社会劳动组织中所起的作用不同，因而取得归自己支配的那份社会财富的方式和多寡也不同。所谓阶级，就是这样一些集团，由于它们在一定社会经济结构中所处的地位不同，其中一个集团能够占有另一个集团的劳动。"① 所以，从统治阶级角度来看，统治阶级为了占有更多的物质财富，为了剥削和压迫被统治阶级，就需要政治这一强有力的手段，去维系、保护、壮大自己的经济地位。所以，政治是经济的集中体现，特别深刻地道出了政治的实质内涵。这个实质内涵就体现在"集中"两字上，政治无论涉及的范围有多广，无论采取了什么多种多样的方式和途径，归根结底，到最终，都要落实到根本的经济利益上。所以，政治背后的逻辑是经济，政治是经济的集中体现。

(3) 政治的一个核心主题是国家政权。无疑，在政治所涉及的所有内容中，国家政权是政治围绕的一个核心主题。国家政权以其对权力的拥有，特别是权力所依赖的国家机器的拥有，成为一个国家和社会的主导因素。具有核心性的控制力和管理力。所以，任何一个阶级，以及阶级之间的斗争，往往都是围绕着国家政权而展开的。谁掌握了国家政权，谁就成为十分鲜明的统治阶级。政治也正是在国家政权的争夺中而凸显的。在我国大百科全书政治卷中有这样一段描述："在人类历史上，政治一开始就是围绕国家权力展开的，表现

①《列宁专题文集:论社会主义》,北京:人民出版社,2009年,第145页。

为人们攫取、维护、建设、执行、制约国家权力的全部活动。政治生活从社会生活中分离出来，是在原始社会向奴隶社会过渡中实现的。在原始社会末期，私有制使社会分裂为经济利益互相冲突、矛盾不可调和的阶级。为把冲突保持在一定秩序范围内，不至在斗争中使对立双方和社会毁灭，于是国家作为表面上凌驾于社会之上的缓和冲突的力量，从社会中产生并日益同社会脱离。人们为建立国家所进行的各种斗争和在斗争中各部分社会力量之间的相互关系及其变化的状况，构成了人类社会最初的政治生活。”① 这一点与恩格斯在《家庭、私有制和国家的起源》中对国家产生的理解是一致的。恩格斯指出：“确切地说，国家是社会在一定发展阶段上的产物；国家是承认：这个社会陷入了不可解决的自我矛盾，分裂为不可调和的对立面而又无力摆脱这些对立面。而为了使这些对立面，这些经济利益互相冲突的阶级，不致在无谓的斗争中把自己和社会消灭，就需要有一种表面上凌驾于社会之上的力量，这种力量应当缓和冲突，把冲突保持在‘秩序’的范围以内；这种从社会中产生但又自居于社会之上并且日益同社会相异化的力量，就是国家。”② 所以，伴随着国家的产生，围绕着国家权力，人类开始非常富有斗争性的政治生活。

(4) 政治是一种有规律的社会现象。在马克思主义政治学看来，人类政治活动是人类社会生活的一个重要方面，也有其产生、发展、前进的历程，内在的也呈现出一定的规律性，并不是非常偶然和不可捉摸的。人类政治活动肯定是与阶级、经济、国家政权紧密联系在一起的，在受制于阶级、经济、国家政权的过程中，随着这些因素的变化而发生相应的变化，特别是作为上层建筑体系中的一个重要组成部分，一定是会受制于经济基础的制约和规范的。而反过来，人类的政治活动对该社会阶段的经济基础则是具有巨大的反作用。只要能够深度探究政治活动体系中的各个要素，并有效阐释各个要素之间紧密的关联，就能够发现人类政治活动所呈现出来的规律性。这一点，马克思主义政治学是非常深刻的。政治作为人类社会活动中一个十分重要的内容，曾给我们带

---

①《中国大百科全书・政治学卷》，北京：中国大百科全书出版社，1992 年，第 483 页。

②《马克思恩格斯文集》第 4 卷，北京：人民出版社，2009 年，第 189 页。

来了十分残酷、斗争、剥削、压迫的内涵，那么，政治有没有能够推动人类社会前进和发展的功能呢？事实上是有的，而且政治活动对整个人类社会的前进和发展是有着非常巨大的推动作用的。所以，无论政治功能的正义与否，作为人类社会活动一个十分重要的内容，是有必要探究人类政治活动所呈现出来的规律性的。进而在深度把握政治规律的基础上，有效发挥政治对人类社会发展的推动作用。

在以上马克思主义理论对政治的解读基础上，以及目前学术界对古今中外关于政治内涵的理解，就大致和整体状况而言，无论是学术界还是广大的社会普通人群，形成了对政治内涵理解的两个重要倾向。对此，我国著名政治学家燕继荣教授做了这样的总结和归纳，这对于我们深度理解政治的内涵具有十分重要的支撑作用。他指出：

“一种倾向认为政治就是斗争，不管是阶级斗争，还是党派集团之间的较量，抑或个人之间的竞争，因此，政治就是区分敌友，就是‘把自己的人搞上去，把别人的人搞下来’。这种倾向具有明显的暴力强权政治特点。

“另一种倾向认为，政治意味着某种集体决策的方式，即通过劝说、讨价还价和协商的方式解决分歧、达成共识，形成集体决策。根据这种观点，劝说就是说理，因此，政治就是讲道理，而不是动武。既然劝说，就要让人信服，而要让人信服，你的言辞就要合乎逻辑、符合理性，要具有说服力。讨价还价是一种妥协和让步，因此，政治就是一种谈判的艺术。”①

暂且不说这两种倾向的对与错，但就该学者所做出的这两种倾向的界定，是十分中肯和十分客观且现实的。人们往往一谈到政治，似乎就没有什么好印象，总是觉得政治和斗争、谈判、针锋相对、你死我活相联系，甚至出现了所谓的一些人的“要上升到政治的高度”的话语，使得政治成为一种驯服、压制、控制和管理的工具。所以，就造成了许多人讨厌政治，不愿意接触政治，认为政治的内涵从骨子里就“没有什么好事”，政治总是处在“是是非非”的事情之中，很难去辨析，以及怎样辨析也得不出更好的结论来。这或许是人类

---

①燕继荣《政治学十五讲》，北京：北京大学出版社，2004 年，第 4—5 页。

社会漫长政治实践中带给人们的巨大创伤，非常讨厌人类社会某些阶段的政治黑暗的历史。相比较而言，特别欣赏那些政治清明、清正廉洁、仁义君主等的历史时期。但越是希望出现一个明君，盼望一个好的领导人，但越是会出现许多政治的黑暗，使得人们一谈及政治就会出现“谈虎色变”的感觉。所以燕继荣教授这样总结：“政治，太‘高尚’，又太‘黑暗’。‘高尚’的时候，让我们心怀激荡，为了民族、为了国家、为了人民而投身于一个一个的政治运动；‘黑暗’的时候，又让我们看到权力倾轧，以权谋私，不择手段，使我们好不容易建立的道德体系彻底崩溃。”① 这就造成了人们对政治难以解读的问题。而且，从大致感觉的角度，以上我们从多个方面去理解的政治，总是在人们的心底，感觉政治特别不容易被人们所接近，而且总是凸显了斗争、权力、根本的经济利益内涵，似乎政治的人性、人文、公平、正义、契约、法治等精神，总是离我们较远。而且似乎政治总是在追求这些方面，但又很难达到这些方面。那么我们到底应该如何去解读政治呢？即我国社会所建构的政治到底应该是朝哪个方向发展呢？近些年来，学术界对政治概念的解读，做了更为广义的阐释和说明。而这种广义的阐释和说明，就是力图突破政治的阶级斗争内涵、国家权力争夺内涵，以及维护统治阶级根本利益的内涵，日益强调政治的民主特征、政治为广大人民群众服务的宗旨，以及政治在更高的层次统摄、管理、推动社会前进和发展的重要职能。

2006年武汉大学刘德厚教授出版一本专著《广义政治论》，从广义的角度，阐释了人类政治生活的最初始的起源。探究人类社会的原始起源，目的是返本开新，进一步界定政治在人类社会未来发展的趋势中，到底应该凸显哪些职能，应该发挥什么样的作用。这些论述和探究，给我们深度解读政治内涵提供了十分重要的视角。总结刘德厚教授的阐释和说明，大致可以归结为如下几个方面：

（1）政治起源于社会，社会利益关系是形成政治的基础。原始社会已有政治现象，政治生活是与人类社会同生共存的。（2）政治首先是人劳动生存的需

---

①燕继荣《政治学十五讲》，北京：北京大学出版社，2004年，第1页。

求，政治生活归根究底是人的生存、发展的内在基本要求。阶级社会的政治成为特殊利益集团对社会的统治力量，政治关系国家化，公共权威权力化，是特殊社会历史条件的产物，但不是政治生活的永恒现象，更不是人类社会政治生活的一般规律。(3) 原始氏族制度的形成，是人类社会政治生活方式形成的起点。母系氏族制是人类原初社会体制，也是原初社会的政治体制。(4) 政治实践是以调控社会成员之间的根本性利益关系为内容，以公共权力（权威）的形式为核心建构起来的政治活动实体。原始社会的政治体制，被恩格斯称为“自然形成的原始民主制”和“共同体权力”形式。(5) 广义政治由人类社会政治生活的一般本质性和共同要素构成，与狭义的阶级政治相对应。①

从刘德厚教授的论述来看，他认为狭义的政治是人类在进入到阶级社会过程中所出现的政治，也正是我们目前所大量理解的阶级社会视角下的政治内涵，充满了斗争、权力、阶级统治等内涵。而从一个更为广延的角度，即从整个的人类社会角度来审视政治，必然要从追问人类原初社会即原始社会有没有政治的问题开始。这一论题刚开始确实给人以不成立的感觉，原始社会非常不发达，什么都处于原始的萌芽状态，既没有什么所谓的文明记载，也没有什么特定的阶级、军队、政权，进而何谈有政治呢？但是通过该教授的论述，我们可以更为宽广和更为深入地理解政治。政治不仅仅是阶级斗争、争夺权力、实施统治，而且更意味着围绕社会的根本利益关系，体现人类劳动生存的需求，关涉整个人类群体是否能够延续和繁衍下去的重大而核心的问题。所以，从这个角度来看，原始社会是有政治的，人类作为一个类，作为一个人群共同体，或者说作为一个人类命运共同体，只要它是一个整体性的存在，就必然存在着协调整体根本利益关系的政治。只不过到了阶级社会，这种原初的政治被扭曲，变成了特别维护被统治阶级根本利益的政治。而放眼人类未来社会进入到共产主义社会，那时阶级、政权、国家都将消亡，但政治还是会存在的，而且会以更高级的层次来存在，来表现自己更为重要的体现人类整体根本利益要求的政治状态。这样，就打通了人类从无阶级社会到阶级社会再到无阶级社会的

① 刘德厚《广义政治论》，武汉：武汉大学出版社，2004 年，第 3—32 页。

大通道，形成了政治贯通于整个人类社会的局面。这样的政治是人类之根本所需，是真正为人类整体根本利益而存在的政治。从道德和情感上来看，以及从理性上来看，这样的政治是每一个人所需，每一个社会成员所爱的政治。就剔除掉了政治所包含的斗争、统治、剥削等阶级社会的内涵。从这个角度来看，这样的政治应该是人类社会未来所需。

基于原始社会有政治，以及对原始社会政治状况的探究，我国著名思想政治教育理论家张澍军教授也对此进行了深度的解读和探究，他指出：

第一，政治发端于“人类社会”公共生活管理的需要；人类有了公共生活，也就发生了政治现象。“人类社会”不同于“人类”，它是从人类的“外婚制”开始，即从母系氏族制度开始。第二，政治的基本功能和价值，在于以公共权力和习俗权威规范、调节与整合人们的全局性的核心利益关系。比如台湾、西藏问题，作为政治现实就是关乎当代中国的核心利益问题。第三，在社会常规性稳态运行时期，政治的基本形式是人类生活有序运行的组织管理体制和体系。第四，在阶级社会，政治基本被纳入了阶级轨道，被纳入了阶级性的矛盾、冲突、斗争以及缓和、调节的轨道，“政治”充满了阶级的内容。第五，阶级乃至国家消亡以后，政治应当回归它的非阶级形态。第六，在我国社会主义初级阶段，政治现象如同国家一样，应有双重性质，应具有过渡性质。就是说，政治在阶级社会的某些性质，即总是与阶级问题联系在一起的性质，已然存在。理由很简单，国外已然存在阶级及其斗争；在我国进入社会主义社会之后，尽管还是“初级阶段”，尽管“阶级斗争在一定范围内还将长期存在”，但大量的社会现象已不具有阶级的性质。从阶级解放与人类解放的关系看，现实政治无疑也具有过渡性质和双重价值。①

暂且不看该学者对政治概念的解读，而是从字里行间可以看出，我们对政治的解读应该持一种运动变化的辩证思维。人类的政治并不是固定不变的，并不是阶级社会由于漫长的历史时间，就将政治的概念给固定化了，人们一谈到政治，自然就想到斗争，这种传统的固定的孤立和静止的审视政治的思维方

---

①张澍军《论“政治”在思想政治教育中的规范规约作用》，见《东北师范大学学报》(哲学社会科学版)，2015 年第 1 期，第 2 页。

式，应该被突破了。应该站在新的时代背景下，特别是应该站在展望人类未来社会前进和发展的角度，去进一步离析政治的内涵。所以，该学者特别突出了政治的公共生活管理职能，它是统摄人类整体、根本、公共利益关系的必然产物，而且政治的本真状态就是如此，只不过到了阶级社会被纳入到了阶级的轨道，鲜明体现了阶级斗争的色彩。政治的公共利益、公共权力特征日益凸显。因为每一个人在绝对意义上来说，都是拥有着不同的思想、不同的行为方式，在这些不同个人所交织起来的社会体系中，必然会产生处理公共问题所需的政治。恩格斯在揭示家庭、私有制、国家起源的时候，就已经探究了古代社会由于农耕的需要，必然要选择出一些人专门管理公共水渠，而这些管理公共水渠涉及整个农业灌溉需求的人，就会日益同这种公共利益相脱离，变成了霸占公共利益的主人，于是乎阶级、权力、国家等相应出现。我们也可以探究出，在原始社会末期，由于公共劳动所产生的剩余劳动产品，被一些氏族首领所私自窃取，久而久之，这些首领就会由原来代表公共利益的首领，变成窃取公共利益，且凌驾于公共利益之上的首领。而为了维护这种地位和身份，特别是为了维护对剩余产品以及为了获得更多生活产品的需要，于是组建了军队、监狱、国家政权等暴力设施。政治就由原来带来社会公共利益的角色变成专门为维护统治阶级利益的角色。只不过人们往往是更看重后者，在阶级之间残酷的利益、权力争夺中，政治的功能和作用非常凸显，人们往往忘却了政治最原本和最本真的内涵。于是造成了现今人们仍然沿用阶级斗争视角下对政治的解读。其实，即便到了阶级社会，政治也有着对公共利益公共关系处理的职能，只不过相比阶级统治这一职能来看，处理公共问题职能的政治往往被弱化了。

所以在阶级社会，“第一，政治被赋予了阶级对抗内涵，呈现为阶级关系的高级形式。第二，政治被赋予了阶级统治内涵，它以国家为中介，呈现为社会管理的阶级形式。第三，政治被赋予了斗争工具的内涵，政治斗争呈现为阶级斗争的高级阶段”①。这样对阶级社会中所呈现的政治状况，以及在阶级社会视角下对政治的界定的评价，是十分客观和中肯的。这也是我们大量接触的政

① 张澍军《论“政治”在思想政治教育中的规范规约作用》，见《东北师范大学学报》(哲学社会科学版)，2015 年第 1 期，第 2—3 页。

治概念的现状。这可以说是人类社会尤其是近现代社会残酷的阶级斗争带给我们的历史遗留。人类社会经历了太多的战争，太多的死亡，太多的灾难，自从有人类文明记载的历史以来，阶级斗争、利益争夺、政权更迭，似乎就是历史的常态。人们也有处在非常鼎盛、繁荣、和平的历史时期，但人类社会大量的时间阶段都是处于战争之中的。即便在某一较为和平的历史时代，局部战争也从来没有停止过。就是人类进入到当今时代，虽然和平与发展成为世界的主题，但恐怖主义、局部战争仍然此起彼伏。虽然这些斗争存在的方式，斗争的主题、原因各异，但归根结底，权力、经济利益是始终的主题和原因。但是，人类社会毕竟是要前行的，毕竟是要整体地繁衍和生息下去的，毕竟还是要朝向良好的方向迈进的。那么，就有必要站在人类整体、根本、长远的角度，特别是从人类命运共同体的角度去审视人类的政治生活，那么，人类的政治内涵，应该更加侧重关涉人类整体、根本、长远、公共、重大利益的内涵。不能仅仅或者专门体现统治阶级根本利益的需求。就是即便专门凸显统治阶级的政治，其实它也离不开社会整体的公共利益和关系处理的政治。没有了被统治阶级，统治阶级也无法生存。只不过在阶级斗争非常尖锐的历史时代，斗争的胜利、国家政权的争夺、根本利益的维护成为政治最首要的任务。但人类目前毕竟进入了和平和发展的历史时代，虽然战争、冲突不断，但总要体现政治作为公共利益和公共关系处理的职能。

那么，我们到底如何看待目前学术界对政治概念的界定，以及怎样认识马克思主义经典著作中大量地将政治与阶级联系起来的论述呢？张澍军教授这样做出了解析，非常值得我们去吸收和借鉴。他指出：

“第一，我们的大量论述主要是针对阶级社会的政治而言的，特别是资本主义社会阶级与政治的关系而言的。第二，就无产阶级斗争的迫切需要而言，那时，关于原始社会有无政治以及政治与阶级在人类历史长河中是否有某种分离，是无关宏旨的。第三，在马克思生前的很长一段时期内，原始社会史的情况还不够清楚，马克思、恩格斯的研究工作也较少专门涉猎这个领域，直至19世纪七八十年代，才‘加以探讨’。第四，马克思恩格斯也有一些超越‘阶级政治’的关于政治的论述。如认为国家形式的政治，也不是永恒的存在。一种非国家形式的政治生活，在史前社会和未来共产主义新社会是一种必然。他们以人类社会政治生活历史的整体观，对无阶级、无国家社会的共同体权力、原初社会的‘民主’生活方式所作的系统考察，为对阶级、国家与社会之间的关系作出的解释奠定了科学理论基础。因此，恩格斯在他晚年的几封关于‘历史唯物主义’的信中强调，要从总体上把握社会的经济与政治的内在联系；提出经济对政治的最终决定作用，经济同政治的相互依存、相互转化的辩证法，国家权力说到底是经济力和经济运动的政治。到了阶级后社会的完全阶段，政治就是一种自由人联合体式的，古代氏族的自由、平等和博爱在更高级形式上的复活。”①

所以，我们一方面要看到阶级社会中的政治，被赋予了浓重的阶级、国家、政权、斗争的内涵，这主要是由于马克思恩格斯生活的年代，阶级斗争十分凸显，同时也是为了无产阶级更好地展开阶级斗争，而大量表述阶级色彩的政治。但是透过在马克思逝世之后恩格斯晚年书信中有关历史唯物主义的表述，字里行间我们可以体会到无阶级的政治，是马克思主义理论的终极追求。每一个人自由和全面地发展，人类的彻底解放，是马克思主义理论的终极奋斗目标。而要想做到每一个人都能自由而全面地发展，整个人类的彻底解放，由单个特殊的、个别的、具体的人所组成的这样美好的具有共产主义色彩的社会里，人们的公共利益、公共关系将更加完美，或者说要处理得更加得当。无疑，是需要关涉整个人类共同体公共、整体、根本、长远利益的政治的。似乎原始社会中具有原始共产主义特征的社会结构，其处理公共利益和公共关系的政治状况，在经历有阶级斗争以来漫长的历史发展中，到未来的无阶级的共产主义社会，形成了一个否定之否定的局面和特征。但这种否定之否定，确实是在更高级阶段上的否定，代表着人类社会经历阶级斗争这样一个十分残酷的漫长的历史阶段之后，达到了一个更加高级的层次。那么，放眼目前人类所处的历史时代，以及中国社会目前和未来发展的趋势，无疑，这种代表公共、整体、根本、长远历史的政治，将是未来发展的趋势。

据此，张澍军教授对政治概念做了这样的界定：“（1）政治是由氏族、部

---

①张澍军《论“政治”在思想政治教育中的规范规约作用》，见《东北师范大学学报》（哲学社会科学版），2015年第1期，第3页。

族、民族、国家乃至人类世界等人的公共性生存发展需要、特别是它的核心利益关系决定的，是关乎社会有序运行的根本、长远、全局性的高端规范的管理形式。这一规定，无论对于阶级社会、还是无阶级社会，都是适用的。（2）政治是经济的集中表现，是贯穿于人类生活始终的、把握和处理社会重大事项的上层建筑范畴。（3）政治在不同社会条件下就有不同的历史形态。在阶级社会，具有强烈的阶级性。这一点，在社会意识形态中和在思想政治教育中，是完全一致的；而在无阶级社会，政治则恰恰呈现了它的本真形态。”①

关于政治的本真状态，张澍军教授进一步从唯物史观的角度，解析了这种本真状态所应具有的内涵：

“从唯物史观看来，有些社会现象是阶级社会所独有的，如剥削阶级、国家、社会革命等。它们将由于阶级及阶级社会的消灭而如青铜器一样被送入历史博物馆。有些社会现象则是贯穿于人类历史始终的，如生产力、生产关系、经济基础、上层建筑，也包括政治现象——进入阶级社会后，这些现象便被纳入了阶级运行的轨道，披染上阶级色彩；但随着阶级及阶级社会的消灭，它们将蜕去阶级性质，获得否定之否定性质的‘复归’，如同列宁说的‘仿佛是向旧东西的复归’实质‘是在更高基础上的重复’。正是在这个意义上，本文提出‘政治’在无阶级社会，恰恰是祛除了阶级色彩而呈现了它的本真形态。”②

如果不从阶级的视角去界定政治，燕继荣教授对政治的理解则是：“政治是人类集体生活的一种组织和安排，在这种组织和安排之下，各种组织、团体和个人通过一定的程序，实施对集体决策的影响。”③

通过以上学者对政治概念的新界定，以及从建构中国特色社会主义政治的角度，特别是从我国社会未来发展的角度，以及从中国特色社会主义文化自信所应该依赖的政治基础的角度来看，无疑，站在整个人类社会历史大背景以及大趋势的角度，政治应该是统摄整个人类社会整体、根本、公共、长远的利益

---

①张澍军《论“政治”在思想政治教育中的规范规约作用》，见《东北师范大学学报》（哲学社会科学版），2015 年第 1 期，第 4 页。

②同①。

③燕继荣《政治学十五讲》，北京：北京大学出版社，2004 年，第 6 页。

以及利益关系，或者说是对社会秩序的良好调控和管理，人类社会不应因为公共问题而带来巨大的纷争，更不应该出现十分严重的剥削和压迫，政治本应该为人类的可持续发展而积极发挥它的正能量。这样的政治应该是我国社会所要建构和追求的政治，也是中国特色社会主义文化自信所应该依赖的基础。

但是，我们也要看到，阶级社会的消亡，或者说国家、阶级、政党的消亡，一定是一个极其漫长的历史时期，不可能一蹴而就，更不可能立竿见影，甚至在这些因素都消亡之后的非常长的历史时期之内，这些因素也会以历史的惯性而长期存在。况且我国还处在社会主义初级阶段，整个社会各个方面的建设还是处于应该大力去提升的阶段，必然会面对各种阶级、阶层利益的冲突，乃至国内外各种反动和敌对势力的破坏。这一点是应该绝对需要正视和警醒的。我们所要建构的中国特色社会主义文化自信，一个十分重要的用意就是要对中国特色社会主义文化形成自信，而反对一些错误的、敌对的、落后的文化。这个主流文化建设的阵地中国特色社会主义文化不去占领，那就必然会被其他文化形态所占据。而文化的自主权一旦被其他文化所渗透、颠覆、占领，那么这个国家、社会、民族必然会灭亡，必然会消失。所以，中国特色社会主义文化是有阶级性的，而且是十分鲜明的阶级性，即无产阶级属性、人民大众属性，是真正为了中国社会广大民众而建构和发展的文化形态。这个文化形态不仅是为中国社会的广大民众服务，而且要看到这个文化形态是要反对落后、错误、敌对势力的文化。而要想支撑中国特色社会主义文化具有这样的功能，背后的政治基础不仅是必须，而且是必然，必然要有阶级性的政治，即中国特色社会主义政治也是鲜明的无产阶级属性、人民大众属性，要对人民群众服务，必然要反对破坏我国社会建设的各种敌对势力、犯罪分子。目前来看，中国特色社会主义政治这样的功能和属性是要长期具备，而且还要不断发展的。

但是，在强调中国特色社会主义政治的阶级性的基础上，以及随之而来的国家暴力设施、军队、警察、监狱等不断建设和发展的基础上，毕竟整个世界和平与发展仍然是主题，我国社会整体宏观面已然进入了和平和建设时期，已经从革命战争年代的大背景转变为和平建设的大背景，即我国社会最缺乏的就是和谐、建设、发展，最需要做的就是民生，满足人民对美好生活的向往，经济发展的不平衡、不充分的问题，特别是整体实现中华民族伟大复兴的中国梦这个历史主题。这就意味着我国社会政治在长期保留阶级性的基础上，应着重以建设和发展为主题，直至建设和发展成为最大的政治。而且，这个建设和发展一定要比阶级性问题要复杂得多、难做得多、艰巨得多。目前来看，虽然我国经济总量已经跃居世界第二，但仍然与美国差距甚大，而且是建立在我国人口众多、资源消耗巨大等基础上的不算太高水平的发展。我国社会建设在许多方面仍然还是落后于欧美等发达国家，而且关键的一些领域、技术仍然需要极其漫长的时间去补短板。方方面面都在说明我国社会最大的政治，在当今时代背景下，更艰巨、更困难。而且一旦我国社会建设和发展得不好，就会受制于人。我国如果不以发展为根本主题，面临的危机将更加巨大。

所以，中国特色社会主义政治，目前和长期来看，阶级性不能丢，不能因为阶级性在人类漫长阶级社会发展实践中所带来的斗争性内涵而一下子被取缔，而是要在阶级性的基础上，更加突出人民利益、社会治理、公共利益关系协调等内涵。而且中国特色社会主义政治一定是在不断进行改革和变化之中的，要适应国内外变化发展的实际，而且还要前瞻，引领我国社会不断地健康发展。这正如十九大报告中对我国社会政治的界定是："健全人民当家作主制度体系，发展社会主义民主政治。我国是工人阶级领导的、以工农联盟为基础的人民民主专政的社会主义国家，国家一切权力属于人民。我国社会主义民主是维护人民根本利益的最广泛、最真实、最管用的民主。发展社会主义民主政治就是要体现人民意志、保障人民权益、激发人民创造活力，用制度体系保证人民当家作主。中国特色社会主义政治发展道路，是近代以来中国人民长期奋斗历史逻辑、理论逻辑、实践逻辑的必然结果，是坚持党的本质属性、践行党的根本宗旨的必然要求……要长期坚持、不断发展我国社会主义民主政治，积极稳妥推进政治体制改革，推进社会主义民主政治制度化、规范化、程序化，保证人民依法通过各种途径和形式管理国家事务，管理经济文化事业，管理社会事务，巩固和发展生动活泼、安定团结的政治局面。"①

这样的政治是符合现实我国社会发展实际，反映我国社会现实，能够引领我国社会前进和发展的政治。依据这样的政治内涵，在这样的政治内涵基础上，我们所要建构的中国特色社会主义自信的基础，我们会在后面的内容中展

① 习近平《决胜全面建成小康社会，夺取新时代中国特色社会主义伟大胜利》，北京：人民出版社，2017 年，第 35—36 页。

开论述。

## 二、政治基础对中国特色社会主义文化自信的影响和制约

中国特色社会主义政治也是一个极其丰富的内涵，包含着十分多的内容，拥有多个要点的体系结构。那么，结合我国社会历史发展的进程，从我国社会政治的实际状况出发，我们着重选取以下要点阐述对中国特色社会主义文化自信的影响和制约：

### （一）党的领导对中国特色社会主义文化自信的影响

从政治的高度去建构中国特色社会主义文化自信的基础，首要的就是坚持中国共产党的领导。党的领导是中国特色社会主义文化自信建构的有力保障，框定了中国特色社会主义文化的根本性质，统摄着中国特色社会主义文化的形成、建设和发展，事关中国特色社会主义文化的前进方向。我国之所以会形成中国特色社会主义文化这一独特的文化形态，之所以要大力建构这种文化形态，党的设计、规划、指导是一个大前提。没有中国共产党，肯定就没有中国特色社会主义文化。所以，从政治的角度去建构中国特色社会主义文化自信的基础，首要的就是坚持中国共产党的领导。

那么，为什么文化自信的建构要特别强调党的领导呢？我们说，政党是某一阶级体系中的先进分子，政党背后是要鲜明代表某一特定阶级的根本利益，以及在政党围绕政权而展开的政治活动中，会集中面对来自社会各个方面的矛盾，以及整个社会的整体、公共、根本、长远等大问题，也需要政党去特别应对和处理。中国共产党是代表广大人民群众、无产阶级鲜明属性的政党，中国社会的各种矛盾、问题都会集中到中国共产党面前，其中的文化建设问题亦是如此。这不仅是由于中国共产党要面对这些问题，而且更在于中国共产党必须要处理好这些问题，否则就会影响执政。所以，中国共产党必须要承担起建构文化的使命和责任。很明显，中国特色社会主义文化的形成和发展就是典型逻辑。就是说，中国共产党不仅要用行政的手段，以及具体的各项方针政策去面对和处理国家建设过程中的各种问题，而且更需要文化这一软实力，做人们的内在思想心理的工作。二者是紧密联系在一起的，甚至后者起着更为关键性的作用。没有文化的涵育、引导、塑造、教育、凝聚等功能，怎么能够更好地引领广大民众进行社会建设呢？进行各项社会建设首先是需要人们在认识上予以

理解、把握和指导的。所以，往往一个社会建设得特别好，或者一个社会特别有序、繁荣和发达，往往都是该社会文化起着更为突出的作用。反过来说，没有高度的文化建设，该社会各项实体性建设肯定不会取得什么好的效果。

中国共产党的领导对文化自信的影响，首先，是决定采取什么样的文化形态，无疑中国特色社会主义文化这一形态特别符合我国社会实际，不能采取什么其他主义、特征、形态的文化。其次，是决定了这一文化形态的根本性质，一定是社会主义属性，反映广大人民群众的根本利益，体现无产阶级的价值取向。再次，决定了文化的具体实施条件，需要党在各方面调集各种资源去有效支撑文化的建设。而且文化的建设是一个长期的过程，不是一蹴而就的，同时文化建设还需要一个高级的建构，因为它是影响人心的，能够做到影响人心的文化是需要特别缜密、深刻、理性的思维的。第四，决定着文化建设的未来走向，文化到底向着什么方向发展，其实是一个十分重大的问题，如果文化方向选错了，整个社会建设的方向也会跟着走错，这一点，在我国社会发展中是有着深刻的历史教训的。为此，党管文化，进行顶层设计、理性规划、统摄管理，是绝对必要的。

关于党的领导，习近平总书记曾这样总结："中国共产党的领导是中国特色社会主义最本质的特征。没有共产党，就没有新中国，就没有新中国的繁荣富强。坚持中国共产党这一坚强领导核心，是中华民族的命运所系。"① 这不仅可以看出我国社会建设的根本特征，而且可以看出党在整个中国特色社会主义建设事业中的重要地位和重大作用。但是，反过来追问，为什么要如此坚定党的领导，在笔者看来，应从以下几个角度去思考：首先，是历史原因，在中国积贫积弱、内外交困的历史年代，只有中国共产党解决了中国社会的独立和解放这一根本历史任务，没有哪个党派和团体能够解决这一历史难题，只有中国共产党走了新民主主义革命道路，采取了正确的斗争方式，实现了中华民族的独立和解放，这就奠定了党的领导地位。进一步说，谁能够承担起历史责任，完成历史任务，谁就是历史的主导。中国共产党做到了，自然就是中国社会的

---

① 习近平《习近平谈治国理政》第2卷，北京：外文出版社，2017年，第18页。

领导者。其实这是十分艰难的，历史的艰辛只有深切了解那段悲惨的历史时期，才能够真正体会到党的领导地位来之不易。其次，中国共产党解决目前我国社会的时代任务问题，是有效的和正确的。我们得承认，在社会主义建设和发展的过程中，确实走了弯路，确实犯过一些错误，对此，中国共产党从来都是承认和坦率的。但是从主流上来看，特别是从改革开放四十余年建设和发展的历程来看，中国社会所取得的重大成就，中国社会所发生的巨大变化，足以证明党的执政能力、执政水平。没有哪个其他什么政党、团体能够引领中国社会的巨大变迁，能够实现各方面建设达到一定的高度和水准。我们所谓的“四个自信”，归根结底是要对我国社会的建设和发展进行自信，要相信通过党的领导，中国人民能够建设好自己的国家。我们从习近平总书记出版的书籍《治国理政》的名称中就可以看出，党是要加强自身的领导水平的，没有高超的领导水平，是不符合党的建设标准的。最后，我们再指向未来我国社会的建设和发展，必然还是需要党的坚强而有力的领导。我们回顾历史、注重现实，更重要的是展望未来，就目前中国社会建设的实际发展状况来看，唯有中国共产党的领导能够实现中华民族的伟大复兴。因为中国社会向着更高层次迈进，需要更高的领导和治理水平，中国共产党能够做到顶层设计、理性规划、正确前瞻。我们看到十九大报告中对我国未来社会发展的规划，在新时代中国共产党的历史使命以及新时代中国特色社会主义建设的基本方略中，都可以看出中国共产党的决心、使命，一定是要将中国社会建设得更加美好的。中国梦一个最为重要的特征就是指向未来。所以，在面向未来我国社会建设和发展的过程中更应该坚持党的领导。

那么具体针对中国特色社会主义文化自信的建设而言，党的领导也是首要的和根本的。其实，提出中国特色社会主义文化自信，本身就是党的主张，是在中国特色社会主义道路、理论、制度自信的基础上，提出文化自信更具有根本性，更加能够支撑前三个自信，所以，在三个自信的基础上，我们党又提出了文化自信。另外，关于党对中国特色社会主义文化自信的重要领导作用，可以更加集中体现在党对我国社会舆论、思想宣传方面的领导上。社会大众的舆论往往是社会文化的一个整体表现，反映了社会普遍的思想心理，为此需要党十分重视舆论导向，进行思想宣传，而这个导向和宣传必须要体现党的政治主张和价值取向。正如习近平总书记所指出的那样："牢牢坚持正确舆论导向。舆论导向正确，就能凝聚人心、汇聚力量，推动事业发展；舆论导向错误，就会动摇人心、瓦解斗志，危害党和人民事业。这一点，全党同志特别是新闻舆论战线的同志要时刻牢记。要坚持以正确的舆论引导人，做到所有工作都有利于坚持中国共产党领导和我国社会主义制度，有利于推动改革发展，有利于增进全国各族人民团结，有利于维护社会和谐稳定。讲导向，这是最重要、最根本的导向。"① 从习近平总书记的论述中，我们既能看到党对舆论工作的领导地位，又能看出党在哪些方面、哪些原则上具体引导舆论的建设和发展。

总体而言，党对中国特色社会主义文化自信的领导，在笔者看来，应注意如下几个方面：

首先，党对中国特色社会主义文化自信的强调和重视，应该是顶层设计和规划，即要管总体、管根本、管长远，而不宜特别细化。因为，日常生活领域的文化，虽然非常重要，但毕竟是人们自身的生活体现，乃至属于人自身的私生活领域。这一方面不宜过多地干涉和管理，而在涉及整个的舆论建设，整体的文化氛围建构，特别是公共领域的文化凝聚、塑造，以及文化建设的历史走向问题这些方面，一定是需要党站得高望得远的。反过来说，文化建设要是没有一个主心骨，没有一个根本的领导者，任凭社会舆论泛泛发展，任由人们建构不同形态乃至矛盾状态的文化，甚至允许糟粕文化大行其道，不能够建构属于自己的文化形态，那么后果是可以想象的，对于我国社会的建设将带来十分严重的负面效果。

其次，党对中国特色社会主义文化自信的建构，应更加着重面对文化建设中的深层次和重大性的问题，而不应过多关注一些细节和表面的问题。当然并不是说一些细节和表面的问题不重要，而是要说集中面对深层次和重大性的问题，社会的普通民众，广大的社会成员，是不可能予以解决的，需要党在宏观的层面，集中精力去特别面对一些深层次和重大性的问题。这不仅需要对相关专家予以支持，而且需要相关的制度保障，更需要党调动各种社会资源予以支

①《习近平关于社会主义文化建设论述摘编》，北京：中央文献出版社，2017 年，第 44 页。

持。比如，如何看待中国传统文化的优秀和不足之处，如何面对欧美等国家的强势文化，如何对我国文化形态形成根本性的界定，特别是对中国特色社会主义文化的内涵到底应该怎样归结，中国社会到底需要什么样的文化形态，我国社会对文化的根本性认识和运用，等等。这些重大的带有时代挑战性的问题，需要党的集中和统一领导。单个的个体是无法予以完成的，尤其是在目前的整个全球文化信息的交汇、交融中，以及内在的意识形态对抗中，到底如何去面对，如何提出有效的对策和方案，这些方面是需要党予以着重领导和攻克的。

最后，党的中国特色社会主义文化自信的建构，应该是一个十分长期和持续努力的建设过程。就是说党对中国特色社会主义文化自信的领导，应注重长期、不断地去积累，可持续地去发展，而不是一时兴起，更不是要立竿见影。要深知文化自信的建设是在做人的思想心理工作，是要做到人的内心深处，要让人内在心悦诚服。但这一点是需要漫长时间去不断累积和不断加强的，是不可能靠灌输、要求、规章制度去规范和强制的。文化自信的建设更需要润物细无声，更需要无形地去体会和感受，而不是非常直接性的告知和宣传。有的时候并不是就亟须文化贯穿和普及到各个领域，而是需要文化在人们特别需要文化时予以填补、拯救、充实人们的文化需求。即不是树立了文化自信这一招牌，人们就能够真实地文化自信，而是真正需要将最纯粹、最有内涵、最能够带给人们精神支撑的文化内容，去有效地植入到人们的心灵之中，而且能够持续性地给人们带来精神上的力量，这样的文化内容才能够在广大人民群众的内心深处扎根。所以，文化自信的建构是一个极其漫长且复杂的工作，需要长时间的用心，不断地去建构，才能逐渐彰显中国特色社会主义文化的内涵。

### （二）马克思主义理论对中国特色社会主义文化的影响

从政治领导核心角度来看，是中国共产党领导并建构了中国特色社会主义文化，而从指导思想角度来看，或者说从核心意识形态的角度来审视，则是马克思主义理论及其中国化的系列理论成果，是中国特色社会主义文化自信建构的内在思想精髓。如果从理论和文化之间概念内涵和外延的角度来审视，文化涉及的范围是非常广泛的，即便是狭义的文化，它也涉及人类精神活动的方方面面。而理论则非常集中，理论往往是以理性的浓缩方式，揭示人类精神世界中最为缜密、最为逻辑、最为实质的部分。理论以其高度的抽象性直指问题的实质和根本。而文化虽然也是人类精神活动的一种沉淀、凝结，但相对于理论来说它更侧重于人们具体而现实的生活，相比较而言，理论离具体而现实的生活要超拔一些，尤其是理论中的哲学部分，更为抽象和拔高。而从内在实质的角度来看，理论要做的是揭示某一领域乃至整个世界的普遍、一般、实质性的规律，而文化则要侧重于反映人类这一特殊物种的思想积淀、累积。所以，从理论和文化之间的区别来看，理论应该是文化中较为集中、缜密、凝练、核心的部分，理论的外围体现为各种文化的具体表现，是一定的文化孕育了一定的理论，而一定的理论又统摄、指引了一定的文化。所以，理论需要文化的指导，理论则要承担起文化建设的论证、阐释、说明以及指引方向发展的重要职责。基于此，我们所建构的中国特色社会主义文化自信，不仅需要理论的指导，而且应特别指出中国特色社会主义文化自信的理论基础是马克思主义理论及其中国化的系列理论成果。

从最为初始，以及最为实质和根本的角度，马克思主义理论所体现出来的基本立场、观点、方法，或者马克思主义理论的世界观和方法论，以及马克思主义理论所体现出来的价值取向，是中国特色社会主义文化自信建设必然要遵循和运用的重要思想武器。本著作所依据的视角就是马克思主义理论中的唯物史观，而唯物史观本身就是中国特色社会主义文化自信建构的十分重要的理论基础。唯物史观所揭示的人类社会历史变化和发展的普遍规律，是支撑中国特色社会主义文化自信建构的重要基础。中国特色社会主义文化自信的建构，要旗帜鲜明地指出：以马克思主义为最高指导思想，这一点是非常明确和肯定的。但是，从理论指导文化建设的角度，我们到底应该怎样运用马克思主义理论体系中的哪些部分去具体指引中国特色社会主义文化自信建构呢？这不仅是一个涉及多方面的问题，而且需要集中和实质。在笔者看来，应着重体现在以下几个方面：

首先，要运用马克思主义理论所揭示的唯物辩证的世界观。世界观是总的“阀门”，标识的是人们对待整个世界以及人与世界关系的总体看法、根本观点。有什么样的世界观，不仅决定了人们具有什么样的人生观、价值观，而且决定了人们会形成什么样的文化观，进而就会具体指引一定的文化形态怎样建构的问题。马克思主义的世界观是唯物且辩证的，深刻指出这个世界是客观实在的，是不依赖于我们的主观而客观存在的，且这个世界是富有联系以及运动变化和发展的，呈现出矛盾辩证的属性和特征。这就要求我们对待人类这一特殊的精神文化现象，要从文化自身的实际特征、客观的运行规律、内在的实质和根本出发，遵循文化形成和发展的一般规律，抓住文化问题的根本矛盾，进而从运动变化的角度去建构文化。虽然世界观更加侧重于人们对外在世界的审视，文化更加侧重于人的内在的精神世界，但两者恰恰体现了紧密的关联，深刻揭示了人的内心和外在、主观和客观、主体和客体之间的丰富而复杂的矛盾关系。也正是人作为主体在不断地认识世界和改造世界的过程中，在主体和客体不断地相互作用的过程中，产生了人类的文化。所以，应进一步将马克思主义的世界观和人类精神文化的具体展现紧密融合起来，使中国特色社会主义文化体现唯物辩证的世界观，又使唯物辩证的世界观有效指导中国特色社会主义文化的建设。其实，中国特色社会主义文化自信基础的建构，就是要以马克思主义理论的唯物辩证的世界观为坚实根基。

其次，要运用马克思主义理论所体现出来的方法论去指引中国特色社会主义文化自信基础的建构。方法其实是观点和具体实践之间的中介和桥梁，正如毛泽东同志所指出的那样："我们的任务是过河，但是没有桥或没有船，就不能过。不解决桥或船的问题，过河就是一句空话。"① 构建中国特色社会主义文化自信的基础肯定是需要方法的，方法得当、适用就会有效推动文化自信的建构，反之，就会延长或者拖累文化自信建设。文化自信建设不同于经济建设，它并不是一个实体性的建设，并不是靠科学技术、科学实验以及添加生产要素就能够达到一定水准的，而是人们有意识地去创造和积累，是在正反两个方面经验教训的反复对比中不断形成和建构的。文化自信的建设是直指人的内心世界，是有关人的精神生活世界的一种建构。但是人的内心、精神世界是最为丰富和复杂的，不仅人们的精神体验多种多样，而且人们内在的信念也并不总是一直坚定和明确的。就是说，稍有风吹草动，稍有来自各方面的影响，都会对人的精神生活带来冲击。虽然人是所有物种中最为富有思想意识的物种，文化

①《毛泽东选集》第 1 卷，北京：人民出版社，1991 年，第 139 页。

本身就是人的精神性的高度体现，乃至我们可以说人是一种高智商生物。但也正因为如此，人的精神生活并不总是一帆风顺或者十分坚定明确的，而是一个十分脆弱、软弱精神心理。甚至很小的一个影响，都会带来人的精神世界的巨大波动，何况在有着重大性的压力下，人们的精神生活会十分容易地进入到错乱、茫然、失望之中，甚至由于严重的精神心理问题而导致自杀。我们观察任何一个物种，唯有人类自身普遍存在着自杀行为，其他物种的自杀状况都是十分罕见的，并且有着来自自然方面的原因，而人的自杀往往都来自人自身的精神性原因。我们之所以要建构文化自信，很重要的原因就是人们有些不自信，甚至出现了许多精神心理上的问题，所以才需要用文化的力量去支撑自身的自信。但这种自信的建构不是喊出来文化自信就能够解决的，而是需要良好恰当的方法。

马克思主义既是世界观，也是方法论，而且是一个丰富而深刻的方法论系统。大的方面是唯物辩证的方法，要求我们从文化建设的客观实际、特殊规律、辩证属性的特征出发，遵循文化建设的一般规律。而针对文化自信建设是有关人的精神心理方面的建设，这应该遵循马克思主义认识论方面的原理和方法，体现实践、认识、再实践的认识逻辑，以及体现怎样由感性认识上升到理性认识的进程，同时还要注意各种非理性因素对文化自信建构的积极和消极影响。文化建设还应该遵循唯物史观所体现出来的社会运行规律，这一点正是本书所要阐述的。同时，文化建设还要体现科学社会主义理论中所体现的方法，马克思主义理论对资本主义社会批判的思维，对社会主义、共产主义建设的逻辑，这些都是文化自信建构所要运用的十分重要的方法。

再次，要运用马克思主义的意识形态去建构中国特色社会主义文化自信。马克思主义理论包含着丰富的内容，不仅具有世界观，还有方法论，不仅有着马克思主义哲学、政治经济学、科学社会主义理论，而且体现着马克思主义的立场、观点和方法。而所有的马克思主义理论最为集中、最为凝练的部分是马克思主义理论所体现出来的意识形态，也即马克思主义理论到底要为了什么，追求什么，具有怎样的目标，终极的价值和意义是什么。这就是马克思主义的意识形态，马克思主义理论体系中的所有方面，都要以意识形态为核心，不能偏离意识形态的指向。这是马克思主义理论乃至任何一个思想理论得以存在、建构和发展的根本所在。就犹如一个人的精神灵魂，没有了灵魂性的东西，一切的一切都将是无用的。相比较而言，一个特定的文化形态，虽然包含着多方面的内容，也表现在社会生活的方方面面，但也要有一个意识形态问题。任何一个文化形态都有着自己的核心意识形态，都要围绕着特定的意识形态而选择，这一点是无疑的。而且，文化要是没有了自己的核心意识形态，就会更加分散，或者会降低为较为粗俗、市井，而这样的文化形态是不可能长久延续下去的。文化总要树立起自己的核心意识形态，并用核心意识形态引导和建构自己，没有不围绕一定意识形态的文化形态。即便是一些非常边缘乃至非常没落的文化形态，它也有着自己的根本诉求。

很明显，马克思主义的意识形态和中国特色社会主义文化自信所围绕的意识形态，二者在本质上是一致的，那就是人民至上，是为广大人民群众的根本利益而奋斗的。

"马克思主义是我们党的指导思想，共产主义是我们党的远大理想。没有马克思主义信仰、共产主义理想信念，就没有中国共产党，就没有中国特色社会主义。我主持起草党的十八大报告时，专门要求写了这样一段话：'对马克思主义的信仰，对社会主义和共产主义的信念，是共产党人的政治灵魂，是共产党人经受住任何考验的精神支柱。我们干事业不能忘本忘祖、忘记初心。我们共产党人的本，就是对马克思主义的信仰，对中国特色社会主义和共产主义的信念，对党和人民的忠诚。我们要固的本，就是坚定这份信仰、坚定这份信念、坚定这份忠诚。世界社会主义实践的曲折历程告诉我们，马克思主义政党一旦放弃马克思主义信仰、社会主义和共产主义信念，就会土崩瓦解。共产党人如果没有信仰、没有理想，或信仰、理想不坚定，精神上就会"缺钙"，就会得"软骨病"，就必然导致政治上变质，经济上贪婪、道德上堕落、生活上腐化。'"①

所以，中国特色社会主义文化自信基础的建构，必须坚持马克思主义的意识形态，始终贯彻和落实马克思主义意识形态所体现出的为人民服务、为广大人民群众根本利益而奋斗的价值取向，这样就会保证中国特色社会主义文化始终有一个正确的发展方向。

总之，中国特色社会主义文化自信政治基础的建构，也是一个复杂而系统

①《习近平谈治国理政》第 2 卷，北京：外文出版社，2017 年，第 326 页。

的工程，也涉及政治领域中的诸多要素，唯有建构在强有力的政治的基础之上，中国特色社会主义文化自信才能得到坚实的保障。而中国特色社会主义政治的出发点和落脚点，一定是广大人民群众的根本利益。这就意味着中国特色社会主义文化自信最深厚的基础，以及最广泛、最源源不断的动力，是来自广大人民群众自身。正是中国广大人民群众勤劳而又智慧的实践，创造了中国特色社会主义文化。中国特色社会主义文化应深深扎根在广大人民群众之中，真正成为广大人民群众心底最深信的精神武器。所以，最后，我们要回归广大人民群众之中，从广大人民群众自身的社会实践中，找到中国特色社会主义文化自信最深厚的基础。

# 第六章
# 中国特色社会主义文化自信的人民群众基础

前几章我们分别运用唯物史观的基本原理探究了文化自信的自然地理基础、社会存在基础、经济基础、政治基础，但这些都是文化自信基础建构的外在的客观性因素，而内在的主观性因素，或者说文化自信基础建构的主体性因素，最为积极能动性的因素，那一定是人自身。是人自身创造了文化，文化的属性就是人化，没有了人自身，文化就无从谈起。我们上文所探究的文化自信的自然地理条件、社会存在、经济和政治的因素，其实人自身是始终贯穿于这些因素之中的。这些因素如果离开了人，没有人的有意识的参与，没有人自由自觉的创造性的发挥，也不会构成对文化自信的重大影响。但如何理解这个人，是单个的人还是广大的人民群众，以及由人所组成的各种社会阶层、集团，乃至正面的人还是反面的人，还是古今中外的人，这些都需要我们去加以区分。按照唯物史观的基本原理，人类社会的主体是广大人民群众，人民群众是社会历史真正的主人，唯物史观不仅重视个人在社会历史发展中的重大作用，对历史人物也有着十分重大的肯定，但唯物史观更加注重广大的人民群众真正推动了社会历史的发展。所以，中国特色社会主义文化自信的基础，一定是深深扎根在广大人民群众之中的。那么，如何理解广大人民群众，如何促使和最大限度地支撑广大人民群众去建构文化自信，或者说文化自信如何从广大人民群众这一主体性因素中源源不断地汲取营养，获得坚实的根基？这是本书研究的一个重点内容。我们首先来看广大人民群众的定义内涵。

## 一、人民群众的内涵

人民群众是一个非常宽泛、普遍、广义的内涵，按照一般唯物史观教科书的逻辑，人民群众是指社会人口中的绝大多数。例如人民群众是指“一切赞成、拥护和参加社会主义建设事业的阶级、阶层和社会集团”[①]。这里，需要进一步地界定和说明，这是从量上来看待人民群众的，在全部的人口数量中，人民群众占据着绝大多数。但是，这里一定存在着极少数的人不是人民群众的情况，这一点也是肯定的。那这就需要从质上界定人民群众的内涵，即在定性上，社会人口数量中的极少部分人，他们不在人民群众的范围之内，不但如此，他更是处于人民群众对立面。这就意味着从质的定性角度来看，人民群众的概念是一个政治概念，或者说是一个政治哲学范畴的概念，即一定实质反映社会历史现实，是一切推动社会历史发展，对人类社会的进步和发展起着正向作用的人群。所以，从质的定性角度来看人民群众，那些破坏社会建设，对社会历史的发展起着反面作用的人，就不应该隶属于人民群众的概念范畴之内。所以，人民群众主要是指人类社会历史发展的主体人群，是对人类社会历史发展起着正向作用的人们。

恩格斯认为：“自从阶级产生以来，从来没有过一个时期社会上可以没有劳动阶级而存在的。这个阶级的名称、社会地位改变了，农奴代替了奴隶，而他自己又被自由工人所替代……但是有一件事是很明显的，无论不从事生产的社会上层发生什么变化，没有一个生产阶级，社会就不能生存。”[②] 也就是说，每一个社会形态中，必然有一个生产阶级（劳动阶级）的存在，构成整个社会发展最稳定最基本的力量——这便是劳动群众。进一步说，劳动群众是人民群众的最基本和最稳定的群体，理解和把握人民群众的内涵和外延，脱离不了劳动群众。故综合起来，从量上而言，人民群众指的是占全部人口的绝大多数；从质的规定性而言，人民群众指的是一切对社会历史起推动作用的人群共同

---

①萧前、刘秀林等主编《历史唯物主义原理》(第三版)，北京：北京师范大学出版社，2012 年，第 260 页。

②《马克思恩格斯全集》第 19 卷，北京：人民出版社，1963 年，第 315 页。

体；就其内在结构而言，人民群众包含了一个最稳定最基础的生产阶级，即劳动群众。

但事实上，人民群众和非人民群众并不是截然对立和不可逾越的鸿沟，而是处于一个矛盾对立和不断变化转化的过程之中。有的人群正常来说是人民群众范畴之内，但在某种特定历史条件、特定环境、特定因素作用下，就会从人民群众的身份转化为非人民群众的群体中。但那些对社会建设和发展起着破坏作用的人群，经过改造和自我革新，也可以重新回到人民群众的队伍中来。例如对待人民内部的矛盾则采用团结—批判—团结的方式处理。处理方式方法，就在于团结一切可以团结积极的力量建设社会主义。人们的所做所想不可能都对人类社会历史的发展起着正向作用，也不可能清一色起着反向作用，甚至具体而现实的人们，在广泛而复杂的社会实践活动中，也很难预测自身的行为会带来怎样的社会效果。如核技术、克隆技术，就很难说起正面和反面的作用到底谁大，总是存在着喜忧参半的矛盾症结，陷入两难的境地。

所以，在笔者看来，人民群众的概念，不应该以过多的定性和静止、孤立、片面的观点来审视，而应该以一个富有辩证属性，尤其是运动变化发展的观点去看待人民群众这一概念范畴。所有的社会成员，每一个社会的阶层、团体、政党，都应该积极发挥各自的分工角色，都应该尽自己最大所能，在不断的尝试中纠错、在不断的奋斗中积累、在不断的追求中获得新生，即那些能够积极地、有意识地、勤勤恳恳地从事各种生产生活实践的人们，都应该称之为人民群众。正是他们名不见经传的默默无闻的活动、劳动、坚持、努力，才真正构筑了人民群众身上最光辉的色彩。我们经常说人民群众是最平凡，但又是最伟大的，即是这个道理。正如习近平总书记所指出的那样：每一个人都应该有人生出彩的机会，生活在我们伟大祖国的每一个个体，都可以通过自己的勤劳奋斗实现人生的出彩。所以，广大社会成员的每一个普通劳动者，每一个平凡的现实的个体，只要不断努力、勤劳致富、持之以恒，始终为社会、为国家、为家庭、为自身做出积极正能量的行为来，都可以是人民群众中的一员。而并不是说不可以犯错误，也并不是犯了错误就永远定性成非人民群众。所以，我们对人民群众的概念更应该做一个动态变化发展的理解。

这里，我们有必要列举马克思主义经典作家和党的历代领导人关于人民群众的一些经典表述，以进一步增强我们对人民群众这一概念的深刻理解。

马克思、恩格斯在《神圣家族》中强调："历史活动是群众的活动，随着历史活动的深入，必将是群众队伍的扩大。"① 这里的群众，便指的是人民群众。恩格斯也十分重视人民群众，在《反杜林论》中提出："人民有可能在一定时机反对军事长官而实现自己的意志。一旦人民群众——农村工人、城市工人和农民——有了自己的意志，这样的时机就要到来。那时，君主的军队将转变为人民的军队，机器将拒绝效劳，军国主义将由于自身发展的辩证法而灭亡。"恩格斯在这里强调人民群众一旦有为了自己谋求自由的意志时，旧的国家机器就会因人民追求自由的革命被取代或消亡。

恩格斯认为："如果要去探究那些隐藏在——自觉地或不自觉地，而且往往是不自觉地——历史人物的动机背后并且构成历史的真正的最后动力的动力，那么问题涉及的，与其说是个别人物、即使是非常杰出的人物的动机，不如说是使广大群众、使整个整个的民族，并且在每一民族中间又是使整个整个阶级行动起来的动机。"② 这就是说，研究历史不能仅仅停留于个人的动机，而是要深入研究推动人民群众实践的动机，重视人民群众的利益需求。换言之，人民群众是整个人类社会发展中既在的、客观的现实力量，是社会革命、改革和改良的重要基础。虽然历史看似是由少数历史名人创造，但最终还是决定于人民群众。

列宁认为："随着人们历史创造活动的扩大和深入，作为自觉的历史活动家的人民群众在数量上也必定增多起来。"③ 列宁充分认识到人民群众作为历史创造主体，本身队伍的壮大也得益于自身的实践创造。因此，"我们应当跟随着实际生活前进，应当让人民群众享有发挥创造精神的充分自由"④。共产党政党要想使国家稳定和谐，必然要正视和表达人民的意愿，因为"在人民群众中，我们毕竟是沧海一粟，只有我们正确地表达人民的想法，我们才能管理。

①《马克思恩格斯文集》第 1 卷，北京：人民出版社，2009 年，第 287 页。
②《马克思恩格斯选集》第 4 卷，北京：人民出版社，1995 年，第 249 页。
③《列宁选集》第 1 卷，北京：人民出版社，1995 年，第 127 页。
④《列宁选集》第 3 卷，北京：人民出版社，1995 年，第 351 页。

否则共产党就不能率领无产阶级，而无产阶级就不能率领群众，整个机器就要散架”①。同样，“可是为要完成这一‘仅有’的事情，就需要一场变革，需要有全体人民群众在文化上提高的一整个阶段”②。可见，人民群众在物质资料生产中起着积极作用，而正视和重视、发挥人民群众的创造作用，听取群众意见建议，对于共产党执政具有重要意义，而社会变革的实现，则需要培育和提高人民群众的文化。

毛泽东指出：“任何英雄豪杰，他的思想、意见、计划、办法，只能是客观世界的反映，其原料或者半成品只能来自人民群众的实践中，或者自己的科学试验中，他的头脑只能作为一个加工工厂而起制成完成品的作用，否则是一点用处也没有的。人脑制成的这种完成品，究竟合用不合用，正确不正确，还得交由人民去考验。”③ 进一步说，“人民，只有人民，才是创造世界历史的动力。苏联人民创造了强大力量，充当了打倒法西斯的主力军。苏联人民加上其他反法西斯同盟国的人民共同的努力，使打倒法西斯成为可能。战争教育了人民，人民将赢得战争，赢得和平，又赢得进步”④。因此，毛泽东同志预言：“我国几亿人民一旦真正得到解放，他们巨大的生产潜力一旦被解放出来，并被用于各个领域的创造性活动，就能够促进经济发展，提高全世界的文化水平。”⑤ 因此，人民群众的力量是伟大的，历史由人民群众所创造，要求“我们要在人民群众中间，广泛地进行宣传教育工作，使人民充分认识到中国的真实情况和动向，对于自己的力量具备信心”⑥。

邓小平认为：“我们工人阶级的杰出人才，是来自人民的，又是为人民服务的。”⑦ 因此，“人民群众提出的意见，当然有对的，也有不对的，要进行分

---

①《列宁选集》第 4 卷，北京：人民出版社，1995 年，第 695 页。
②《列宁选集》第 4 卷，北京：人民出版社，1995 年，第 770 页。
③《毛泽东文集》第 7 卷，北京：人民出版社，1999 年，第 358 页。
④《毛泽东选集》第 3 卷，北京：人民出版社，1995 年，第 1031 页。
⑤《毛泽东文集》第 1 卷，北京：人民出版社，1993 年，第 393 页。
⑥《毛泽东选集》第 4 卷，北京：人民出版社，1995 年，第 1131 页。
⑦《邓小平文选》第 2 卷，北京：人民出版社，1994 年，第 96 页。

析。党的领导就是要善于集中人民群众的正确意见，对不正确的意见给以适当解释”[①]。同时，为维护社会主义中国的稳定，“需要向广大人民群众做好思想政治工作，动员和组织他们自觉地、积极地行动起来，同各种破坏安定团结的势力进行有效的斗争”[②]。

江泽民同志指出：“历史和现实都表明，一个政权也好，一个政党也好，其前途命运最终取决于人心向背，不能赢得最广大人民群众的支持，就必然垮台。”[③] 所以，“最大多数人的利益是最紧要和最具有决定性的因素”[④]。同样，“在人民的历史创造中进行艺术的创造，在人民的进步中造就艺术的进步”[⑤]。也唯有“坚持深入群众、深入生活，努力把握时代脉搏，充分认识建设中国特色社会主义的时代意义，充分认识最广大人民群众的根本利益，充分认识人民群众对文艺发展的基本要求。脱离人民、脱离生活的艺术，矫揉造作、无病呻吟的作品，不可能有感召力，也不可能有生命力。只有虚心向人民群众学习，向生活学习，从人民群众的伟大实践和丰富多彩的生活中汲取营养，不断进行生活和艺术的积累，才会有美的发现和美的创造，才能为人民提供最好的精神食粮”[⑥]。

胡锦涛同志指出：“我们提出以人为本的根本含义，就是坚持全心全意为人民服务，立党为公、执政为民，始终把最广大人民群众的根本利益作为党和国家工作的根本出发点和落脚点……坚持发展为了人民、发展依靠人民、发展成果由人民共享。”[⑦] 这就要求我们共产党员“尊重人民主体地位，尊重人民首创精神，拜人民为师，把政治智慧的增长、执政本领的增强深深扎根于人民的

---

①《邓小平文选》第 2 卷，北京：人民出版社，1994 年，第 145 页。

②《邓小平文选》第 2 卷，北京：人民出版社，1994 年，第 371 页。

③《江泽民文选》第 3 卷，北京：人民出版社，2006 年，第 129 页。

④《江泽民文选》第 3 卷，北京：人民出版社，2006 年，第 280 页。

⑤《十四大以来重要文献选编》下册，北京：中央文献出版社，2011 年，第 224 页。

⑥《江泽民文选》第 3 卷，北京：人民出版社，2006 年，第 403 页。

⑦《十七大以来重要文献选编》上册，北京：中央文献出版社，2013 年，第 107 页。

创造实践之中"[①]。只有把人民群众放在心中最高位置，坚持同人民在一起，坚持以人民为中心，充分发挥人民群众的积极创造性，我们的国家和民族才会重新屹立于世界民族之林。

习近平总书记指出："人民是历史的创造者，是决定党和国家前途命运的根本力量。必须坚持人民主体地位，坚持立党为公、执政为民，践行全心全意为人民服务的根本宗旨，把党的群众路线贯彻到治国理政全部活动之中，把人民对美好生活的向往作为奋斗目标，依靠人民创造历史伟业。"[②] 治国理政，必须坚持人民至上，以人民为中心，"要面对面、心贴心、实打实做好群众工作，把人民群众安危冷暖放在心上，雪中送炭，纾难解困，扎扎实实解决好群众最关心最直接最现实的利益问题、最困难最忧虑最迫切的实际问题"[③]。

因此，到底什么是人民群众？一是从数量上观之，人民群众是占整个社会人口中的绝大多数；二是从质规定视之，人民群众是指人类社会历史发展的主体人群，是对人类社会历史发展起着正向作用的人们；三是从内在结构而言，劳动群众（生产阶级）是人民群众最稳定最基础的群体。明白了人民群众的具体含义，我们就更好进一步了解人民群众于中国特色社会主义文化自信的作用及意义。

## 二、人民群众对中国特色社会主义文化自信的影响和制约

文化是人文的，其创造的主体一定是人，是人这一特殊物种在改造所有对象性事物，包括人自身的过程中，所逐渐孕育、形成、建构、积淀而成的，深深地打上了属人的印记。反过来说，如要是没有了人，没有了人的积极主动的创造，那这个世界上肯定是没有文化这一专属于人的特殊存在。所以，归根到底，文化是人创造的，其最深厚的渊源来自人自身。但是，这个人自身是需要多方面的界定和说明的，严格意义上来说，并不是所有的人都创造了文化，有

---

①胡锦涛《在庆祝中国共产党成立 90 周年大会上的讲话》，北京：人民出版社，2011 年，第 15 页。

②习近平《习近平谈治国理政》第 3 卷，北京：外文出版社，2020 年，第 11 页。

③习近平《习近平谈治国理政》第 2 卷，北京：外文出版社，2017 年，第 364 页。

的人仅仅是文化的被塑造者，甚至他们对文化没有起到任何实质的作用。但也不能据此就说人类的文化主要是由某几个或某些文化名人所缔造的，之后的所有人都不可超越。文化名人背后的创造逻辑，一定又是深深扎根在整个的人类社会体系之中的，或者说一定是扎根在广大人民群众的文化生活基础之上的。所以，我们需要对文化创造的主体进行辩证的理解和深度的把握，需要把握文化本身具有的自我超越性和批判性。但无论如何，从总体和根本上，无疑，人民群众是人类文化得以形成和发展最深厚的根源，正如我上文所界定的那样，人民群众是特指对人类社会起着推动作用，发挥积极正能量的人群，所以，由人民群众所创造的文化才是真正意义上代表整个人类社会，反映人类社会发展趋势的文化。当然，文化名人所创造的文化，以及文化名人自身，一定是隶属于广大的人民群众之中的。

那么，人民群众对中国特色社会主义文化自信构成了怎样的基础呢？当前人民群众对中国特色社会主义文化的自信究竟应该源于哪里呢？我们从以下几个维度予以探究：

### （一）人民群众是中国特色社会主义文化的选择者

中国目前社会之所以要大力发展和弘扬中国特色社会主义文化，之所以要对中国特色社会主义文化形成充分的自信，或者说，为什么只有中国社会要建构中国特色社会主义文化这一特定的文化形态，最根本的渊源是中国广大人民群众的选择。中国近代的危机，一定程度上来看其实是文化危机。封建社会时期，中国长期居于世界领先地位。但封建社会以血缘姻亲为纽带的宗法制度、自给自足的小农经济，根深蒂固的封建伦理纲常，阻挠着新的生产关系的生成和发展。晚清的中国人，还做着“天朝上国”的美梦，资本主义仍旧是萌芽状态。与此同时，西方正以复兴古希腊理性主义进行文艺复兴、思想启蒙和宗教改革等来构建技术理性时代，以人本主义将哲学的目光从外在世界回复到人的存在本身。从思想文化革命肇始的“复兴”，推进资产阶级革命和逐步形成以资本逻辑为核心的世界体系。所以，西方资产阶级通过复兴文化稳固自身、影响世界。西方资产阶级出于资本原始积累和增殖的需要，中华封建帝国的大门被叩开，看似强大的清王朝不堪一击。政治、军事和外交等失利，内部此起彼伏的农民起义，内忧外患，积贫积弱。亦如贺麟先生所言：“中国近代百年来的危机，根本上是一个文化的危机。”① 故西方的成功经验，乃至日本明治维新的成功，给当时日薄西山的晚清统治者和知识分子以希望。

选择“中学为体，西学为用”的文化自救，即是说继续延续中国传统的思想文化，尤其是中国传统的封建主义文化，而且这个文化还延续了几千年的历史，拥有深厚的历史积淀，当然，这里并不是说中国传统文化不优秀，而是说传统封建统治者所选择的中国传统文化是一种特别反映传统封建统治阶级的传统文化。那么，这个文化就是落后的、不合时宜的。随着整个人类社会进入近代化的历史潮流，那些固守传统封建文化的遗老遗少们，随着近代社会不可阻挡的发展趋势，自然会被淹没在历史的洪流之中，自然会被送进历史的博物馆之中。这一点是必然的。试图以“西学”之用，而不抛弃“中学”，或者说，不变革整个社会的上层建筑，尤其是政治上层建筑——封建君主专制制度，难以实现既定目标。因此，洋务运动“器物救国”、百日维新“制度救国”终究不过昙花一现，未能实现富强之目标。同时，也要看到，地主阶级的自救运动为何失败？虽然合儒道释为一体的中国传统文化强调“穷则变，变则通，通则久”等改革变化的追求，但地主阶级作为既得利益获得者，绝不会轻易放弃自身地位和利益。进一步说，地主阶级作为统治者阶级，只是用“西学”之形态，弥补和挽救自身统治危机。所以，虽有左宗棠、曾国藩、李鸿章等举办实业救国，却仍未能真正实现自强求富的目标。此外，资产阶级的改良运动，效仿西方君主立宪或推倒封建国家建立资产阶级共和国，但因资产阶级的阶级基础弱小，广大人民群众被摒弃在外等原因，也都宣告失败。因此，“中学为体，西学为用”，忽视了国情和实际的生搬硬套的文化自救，难免不了失败。

选择“全盘西化”抛弃传统文化以实现文化自救。“中学为体，西学为用”是一种试图以“西学”挽救民族和国家，但仍不忘本，即“中学”为体。“全盘西化”则是完全抛弃传统文化以及历史，试图以西方的政治理念、政治实践等改造社会和国家，全面推行西方文化。龚自珍认为：“灭人之国，必先去其史；隳人之枋，败人之纲纪，必先去其史；绝人之才，湮塞人之教，必先去其

---

①贺麟《文化与人生》，北京：商务印书馆，1988年，第5页。

史；夷人之祖宗，必先去其史。”就连美国《全国历史课程标准》也提出“没有历史，一个社会就不会对自己的历史起点、核心价值观，以及过去的决定对当前的影响有一个共同记忆；没有历史，就不能对社会中的政治的、社会的或道德的问题进行任何合理的考察；没有历史知识和以历史知识为基础的探究，人们就不可能成为见多识广、有鉴别能力的公民。”没有历史，主观任意或全面否定历史文化，尤其是丢弃优秀传统文化，显然，必将带来民族个性和特质的消失，甚至可能亡国灭种。推行“全盘西化”，虽是出于救国救民之心，却非妥当之道。“全盘西化论”最后也证明，拯救不了中国。并且，历史虚无主义思潮的形成与其有一定的关系，仍然试图沉渣泛起影响当今。概而言之，不管是“中学为体，西学为用”，抑或“全盘西化”的文化自救，终究是因为各种原因，导致了最终的失败。因此，毛泽东就提出了疑惑：“帝国主义的侵略打破了中国人学西方的迷梦。很奇怪，为什么先生老是侵略学生呢？中国人向西方学得很不少，但是行不通，理想总是不能实现。多次奋斗，包括辛亥革命那样全国规模的运动，都失败了。”①

其实，“中学为体，西学为用”或“全盘西化论”，说到底是移植西方的文化模式或政治实践来改造中国。其结果不言而喻，以失败告终。古人云：以史为鉴，可知兴替。既然资本主义文化模式和道路不适合中国大地，必然要选择全新的文化形态和道路。所以，中国特色社会主义文化是在中国传统文化的基础之上，继承了中国传统文化的优秀部分，结合近代世界历史发展的潮流，在中国广大人民群众反复地对比、筛选中所形成和发展起来的。中国人民只有选择中国特色社会主义文化，才能够走出近代历史的阴霾。所以，中国特色社会主义文化自信基础的背后，是中国人民自身的主体性，是中国人民自身选择的结果。

事实上，是中国人民选择了走中国特色社会主义道路，即按照马克思唯物史观的原理，人民群众在选择某一社会形态时，是有着自身的历史主体性和选择性的。虽然人类社会形态的更替具有客观性和顺序性，一般是按照五种社会

①《毛泽东选集》第4卷，北京：人民出版社，1991年，第1470页。

形态依次更替的，但在某一特定社会、特定国家里，受制于具体的历史发展阶段，尤其是特殊的国情，这里最为根本的是广大人民群众实际的生存生活，整个社会的基本的经济状况，决定了广大人民群众只能选择适合自己的社会形态，走适合自己的社会发展道路。中国近代社会历史发展的过程就证明了中国人民只能选择中国特色社会主义发展道路，建构中国特色社会主义社会，所以，据此，中国人民一定会选择中国特色社会主义文化。

### （二）人民群众是中国特色社会主义文化的创造者

中国人民群众之所以选择了中国特色社会主义文化，其实背后是中国人民缔造了中国特色社会主义文化。并不是先天有着那样一个文化叫作中国特色社会主义文化，而是中国人民在近现代历史的征程中，在不断地反复对比，特别是在维系自身生存、解放和发展这一根本主题上，唯有走出一条适合自己的文化发展道路，形成属于自己的文化思想，才能够真正实现自己的生产、解放和发展。很明显，这是一个极其艰难的历史过程。这里面就透露出自信与他信、徘徊与犹豫、自负与自卑、不知所措，甚至是无所适从的艰难历程。看到欧美发达国家方兴未艾，觉得欧美文化可以拯救中国；看到自身文化几千年的历史积淀，但在现实面前却不堪一击；看到苏联社会主义文化一跃而成功，缔造了世界上第一个社会主义国家，我们照抄照搬，但却遇到了苏联解体，东欧剧变的惨痛结局。所以，中国近现代社会可谓各种文化相互交织、相互涤荡，在令人难以选择的过程中，我们深深地知晓，只有广泛借鉴，但到最后，一定得是符合自己的国情，切近中国社会的实际，反映中国人民生存、解放和发展的主题的文化，才是真正属于中国人民自己的文化。

在广泛借鉴的过程中，最为根底的是：只有中国人民自己靠着自己辛勤的劳作，在改造自然的物质生产实践活动过程中，在变革社会的社会政治实践活动中，以及中国人自己的文化工作者辛勤的文化实践活动中，才能真正缔造出属于自己的文化。所以，中国人民群众之所以选择了中国特色社会主义文化，背后的逻辑是中国人民亲手缔造了中国特色社会主义文化。只有自己创造的属于自己的文化，才能真正标识自身的独立性、存在性以及长远的发展性。可以推论，如果在文化思想上依附于外来文化，成为文化的附庸，那就是真正意义上成为傀儡。一个在思想文化上没有主心骨，没有自己核心灵魂的文化形态，甚至都不能称之为一个独立的文化形态，必然要成为他人、他国的附属品。我们可以看到许多被殖民的地区和国家，他们用着宗主国的语言、行为规范、制度体制，虽然还是这些原有的人们，但在很大程度上，他们已经成为宗主国的附庸，甚至没有了属于自己的真正意义上的灵魂的东西。这一点是非常可怕的。中国近现代历史的发展，就严重出现过极端的全盘西化，以及极端的完全自负，这两种文化派别争执和对峙了相当长的历史时期。最后的结局和内在的逻辑规律，一定是在中外对比中，在反复的借鉴甄别中，走出一条适合自己的文化发展道路。这是文化振兴以及文化自信的根本逻辑。中国近现代文化变迁的历史过程，鲜明地体现了中国人民在文化层面上的极端自负，到极端不自信，即西化和苏联化，再到走中国特色社会主义道路，形成中国特色社会主义文化，并在习近平总书记的领导下，形成中国特色社会主义文化自信的艰辛历程。而这背后的逻辑，是中国广大人民群众历经几代人的艰苦卓绝的努力，唯有靠自己，唯有在不断地摸索，乃至不断地犯错误而又持之以恒地前进和发展的过程中，中国人民逐渐形成了属于自己的中国特色社会主义文化。所以，中国特色社会主义文化的形成及其自信，背后的逻辑一定是在中国广大人民群众艰苦奋斗中缔造的。

其实，不管何种文化，归根结底都是由人创造，“是一定社会的政治和经济在观念形态上的反映”①。这就是说：人们不是随心所欲地选定的条件创造文化，而是在既在的、客观的条件下创造，中国的政治、经济因素，乃至传统文化、风俗习惯等，都影响着人们的文化创造。换言之，因为“人的本质不是单个人所固有的抽象物，在其现实性上，它是一切社会关系的总和”②。社会关系，尤其是经济关系和物质利益的普遍存在，普遍存在的关系化为先天的力量，影响着人们本身，进而影响着文化创造。文化由人创造，不同社会环境和原生文化氛围，必然使某一文化既具有文化一般性、普遍性特征，也蕴含该文化鲜明的特色。因此，中国特色社会主义文化属于文化的基本范畴，遵循文化发展的客观规律；诞生于社会主义社会，具有社会主义的本质特征；文化的地

①《毛泽东选集》第 2 卷，北京：人民出版社，1991 年，第 694 页。

②《马克思恩格斯文集》第 5 卷，北京：人民出版社，2009 年，第 208 页。

域性、民族性，使它具有中国的民族风格、气派。这就是说，人民群众创造文化立足于“直接碰到的、既定的、从过去继承下来的条件下创造”[①]，另一方面，政治、经济、历史文化等因素，影响着人，塑造着人。所以，我们谈到人民群众创造文化，实际上承认一个客观前提，即创造文化立足于客观实际状况，受原生的、既在的客观力量影响和制约。这种客观力量，也促使中国广大人民群众创造的文化打上不可磨灭的中国特色和社会主义的烙印。

**（三）人民群众创造中国特色社会主义文化的具体表现**

人民群众创造中国特色社会主义文化表现在多个维度，不仅是中国特色社会主义文化的直接创造者，即中国特色社会主义文化就是中国人民广大群众直接创造的结果，同时也是中国特色社会主义文化更为间接、更为实质意义上的创造者。具体而言：

1. 人民群众广泛的社会生活是中国特色社会主义文化的深厚渊源

一种特定的文化形态，不会无缘无故地产生，如果它能在一个非常广泛的范围内，同时又带来非常深刻的影响，那么，它一定是有着广泛的群众基础的。它已经渗透到了社会生活的方方面面，已经植入每一个人的行为思想之中。而且，更应该反过来看，正是在广大人民群众的广泛的社会生活中，正是因为广大人民群众切实地需要一种特定的文化，来反映他们的社会生活，特别是来反映他们的内在的思想心理，表达他们的价值理想诉求，那么，一定的文化形态必然会产生，也必将成为人们信赖和信仰的文化。而在这一过程中，这种文化形态就成为人们十分自信的文化形态。事实证明，在中国社会近现代的历史征程中，无论是中国近代社会走了一条独特的新民主主义革命道路，取得了中国社会的独立和解放，还是中国现代社会走了一条具有中国特色社会主义的道路，取得了改革开放以来举世瞩目的伟大成就，都反映了中国近现代社会广大人民群众的夙愿。希望我们这个民族能够独立起来，希望我们这个国家能够繁荣富强起来，希望整个中国社会能够更好更快地发展。所以，中国特色社会主义文化就应运而生，当然这里新民主主义文化一定是中国特色社会主义文

①《马克思恩格斯选集》第1卷，北京：人民出版社，1995年，第585页。

化的前身，有着不可忽略的重要地位。但总的来看，中国特色社会主义文化这一特定的文化形态，最深厚的渊源，是扎根在中国广大人民群众广泛而又现实的生活之中的。唯有扎根在广大人民群众活生生的现实生活之中，这样的文化才能源源不断地获得滋养。正如毛泽东同志所指出的那样：

"一切种类的文学艺术的源泉究竟是从何而来的呢？作为观念形态的文艺作品，都是一定的社会生活在人类头脑中的反映的产物。革命的文艺，则是人民生活在革命作家头脑中的反映的产物。人民生活中本来存在着文学艺术原料矿藏，这是自然形态的东西，是粗糙的东西，但也是最生动、最丰富、最基本的东西；在这点上说，它们使一切文学艺术相形见绌，它们是一切文学艺术的取之不尽、用之不竭的唯一源泉。这是唯一的源泉，因为只能有这样的源泉，此外不能有第二个源泉。"①

所以，中国特色社会主义文化正是现实中国广大人民群众实现自己美好生活的最直接的反映，也是最根本的反映，它就是要反映广大人民群众现实对美好生活的向往。

习近平总书记在《坚持以人民为中心的创作导向》一文中指出：

"人民不是抽象的符号，而是一个一个具体的人，有血有肉，有情感，有爱恨，有梦想，也有内心的冲突和挣扎。不能以自己的个人感受代替人民的感受，而是要虚心向人民学习、向生活学习，从人民的伟大实践和丰富多彩的生活中汲取营养，不断进行生活和艺术的积累，不断进行美的发现和美的创造。要始终把人民的冷暖、人民的幸福放在心中，把人民的喜怒哀乐倾注在自己的笔端，讴歌奋斗人生，刻画最美人物，坚定人们对美好生活的憧憬和信心。"②

所以，广大人民群众现实中的生活感受，是中国特色社会主义文化最深厚的渊源。其实，我们在理解和塑造中国特色社会主义文化的过程中时，很多学者一般都将其政治化、意识形态化，确实，中国特色社会主义文化一定是体现政治和意识形态指向的，这一点没有异议。马克思指出："统治阶级的思想在每一个时代都是占统治地位的思想。这就是说，一个阶级是社会上占统治地位

---

①《毛泽东选集》第 3 卷，北京：人民出版社，1991 年，第 817 页。

②《习近平谈治国理政》第 2 卷，北京：外文出版社，2014 年，第 317 页。

的物质力量，同时也是社会上占统治地位的精神力量。”① 简单地把其归结于国家意识形态建设的必然性，是控制和规范人民群众的一项举措。虽然，现阶段的政治、经济发展尚存不足，但不可否认党和国家完善政治制度、推进政治改革，发展和壮大社会主义经济实力，稳妥推进新时代已经转化的社会主要矛盾的解决方案，坚定解决问题的决心和具体落实行动。从这个意义上讲，文化自信不是思想控制、文化灌输，不是克制自我的思想，而是代表人民群众的根本利益，从而提出维护、规范无产阶级及其广大人民群众切身利益的政党自我升华和积淀的思想。如果固执于认为文化自信就是思想控制、克制自我的狭隘偏见，难免陷入自己否定自己的荒诞谬误。始终端正党对国家、对人民忠心的立场，这是人民群众从政治条件的认识误区走出来的认识论前提。

虽然说，中国特色社会主义文化带有意识形态属性，但是据此就把中国特色社会主义文化举得高高在上，甚至是束之高阁，这样就会造成中国特色社会主义文化让人们无法高攀的局面，与人们现实的社会生活越来越远，时间长了，人们对这种理解的中国特色社会主义文化就会敬而远之，到最后是不可能对之予以自信的。其实，这里是一个矛盾，中国特色社会主义文化又不可能是市井文化，社会中的俗文化，那样就会降低中国特色社会主义文化的身段、品位，中国特色社会主义文化绝对不是社会生活中的十分俗气和十分市井的文化，但中国特色社会主义文化又应是广泛存在于中国社会广大人民群众现实而具体的社会生活中，同时又高于现实的社会生活。中国特色社会主义文化一定是要反映中国社会广大民众的喜怒哀乐的，但又不是直接和具体的反映，而是内在实质、内在精髓，带有一般性和普遍性的反映。所以，只有既基于现实的社会生活，又高于现实社会生活，特别是集中反映广大人民群众内在价值诉求的文化，不仅具有生命力，而且能够得到最广泛的赞同和支持，这样的文化才能得到最广泛而深刻的自信。我们不能直接说中国特色社会主义文化扎根在广大人民群众的社会生活中，而是要在此基础上进一步加深，要在广大人民群众广泛而现实的社会生活中予以采集、提炼、整理、浓缩，这样加工的文化形态

①《马克思恩格斯选集》第1卷，北京：人民出版社，1995年，第98页。

才是真正反映整体中国社会的文化形态。所以，从这个角度来看，广大人民群众现实的生活是中国特色社会主义文化最深厚的渊源。

2. 人民群众的物质生产活动是中国特色社会主义文化最内在的根基

广大人民群众现实的生活表现在方方面面，这是一个广义的范畴，但在所有现实生活中，物质生产生活是最具有根基性的活动，是中国特色社会主义文化形成和发展的最具有决定意义的层面。这一点，与我们曾阐述的人类社会的经济活动对文化具有归根到底决定意义的原理是一致的。即广大人民群众是社会物质财富的创造者，在改造大自然的过程中，在关涉人们现实的生存吃喝住穿的过程中，最能够形成属于自己的文化。如果从最根源的角度来看，人类首先是需要满足自己的生存需求的，而这个生存需求就是面向大自然的物质生产活动，在人们取得了相应的生产生活资料的基础上，人们才有时间、有精力去从事文化的创造。而这种文化创造本身，归根结底是要反映广大人民群众现实的物质生产生活的，要对现实的物质生产生活提供智力支持、精神支撑。

如果按照唯物史观社会存在决定社会意识，以及经济基础决定上层建筑的原理来审视，人民生产什么，其实人们就在思考什么，人们怎样生产，其实人们也就怎样思考，实质来说，就是人们现实的物质生产生活的方式，决定了特定的文化形态。比如，在中国绵延几千年的封建社会，主要是农耕的生产生活方式，人们被束缚在特定的土地上，进行着纯粹手工的、自给自足的、简单的农业生产。而这种生产生活的方式就注定了对家庭、家族、宗族、寻源，以及伦理道德的重视。因为许多农活不是一个人能够做得了的，是需要许多人联合才能实施的，为此，首要的家庭成员就极为重要。而且许多体力活只有男人才能去做，女人无法胜任，这就会造成男耕女织的物质生产生活方式，而据此中国传统封建社会一定是男权社会，女人的地位是十分低下的，同时形成了相应的伦理道德规范。祥林嫂就是中国封建社会文化毒害的典型。另外，因为长时间，祖祖辈辈在特定土地上的生存模式，一定会带来故土难离、乡情风俗、乡土文化，同时也会带来封闭、保守和狭隘，不能够开眼看世界，也没有什么冒险的精神。马克思针对东方社会的类似形态写道："这些田园风味的农村公社不管看起来怎样祥和无害，却始终是东方专制制度的牢固基础，它们使人的头脑局限在极小的范围内，成为迷信的驯服工具，成为传统规则的奴隶，表现不出任何伟大的作为和历史首创精神。”① 所以，中国传统几千年的封建文化，最为实质和根本的是中国传统封建社会农耕的物质生产生活。

但是，随着中国近现代历史的巨大转变，尤其是中国改革开放以来，在市场经济、全球化、网络化、信息化的多重交织作用下，人们的生存生活方式发生了翻天覆地的变化。人们的流动性、变动性、随时性、瞬时性、短暂性，甚至我们所强调的创新性，都带有转瞬即逝的特征。一个新的产品、新的服务、新的影响模式、新的生产方式，乃至一个新的创新成果，还没有等到被完全消费掉时，它已经显得过时和落后了。社会时代的潮流总是目不暇接，没有什么东西可以代表永恒，也没有什么产品可以用一辈子。社会生活的五花八门，尤其是人们的工作方式、职业方式、就业方式、获取劳动报酬的分配方式，都不再是传统清一色了，而正是这些事关人们具体而现实的物质利益的生产、分配、交换、消费样式的转变，使人们的思想文化必定发生翻天覆地的变化。英国著名社会学家鲍曼在《流动的现代性》一书中借用“固体”和“流体”的对比和形象比喻，来描述现代社会的变化特征：

“我们对现代性的看法……依附和互动模式的转变——‘液化’——已经开始。这种模式在今天具有可塑性，在一定程度上，我们的先辈们没有亲历过这种模式，对它也深感不可思议；但是，像所有的流体一样，这种模式不能长期保持它的形态。塑造它的形状比保持它的形状更为容易。固体是一次定型，并且一劳永逸。保持流体的形状要求长期予以密切注意，同时保持警惕，并付出持久的努力——而且即使是这样，这种努力之取得成功也只是一种预想。‘流动的’的现代性的到来，已经改变了人类的状况，否认甚至贬低这种深刻的变化都是草率的。”②

从中我们可以看出，在现代社会里，随着市场经济的波动，资本、货币、价格、利益的博弈和交织，使得现代社会的一切要素都变得不可捉摸，甚至转瞬即逝，没有什么永恒的协议，也没有什么永恒的合作，有的只是暂时性的满足，短时间的利益，以及人们对现实幸福和享受的满足，“每一既定社会的经

①《马克思恩格斯选集》第 1 卷，北京：人民出版社，1995 年，第 404 页。

②鲍曼《流动的现代性》，北京：中国人民大学出版社，2018 年，第 33 页。

济关系首先表现为利益”[1]。所以，市场经济的千变万化、转瞬即逝，确实给我国民众带来了巨大的冲击，人们的思想观念、就业观念、生活方式都发生了巨大的变迁。但是，也正是在这样富于变化的时代潮流中，中国社会的巨大变迁却不同于西方资本主义社会的巨大变动。我国社会是在充分发挥市场机制的作用上，一方面是刺激各种要素的充分涌动，改革确实是时代的最强音；但是另一方面，我国又是有着强大的社会主义制度，中国共产党的顶层设计和有效规划的。在纯粹的市场领域，是充分变化、变革，但在顶层设计和长远规划上，则是稳定、有序、渐进。比如，不能因为一味地市场逻辑，就忽略边远地区的贫困人口，也不能因为急剧的市场变动，我国的金融、政府就不具有稳定性。事实上，正是在政府宏观调控的前提下，在市场机制充分发挥的过程中，带来了我国社会快速、稳定、协调、有序和可持续的发展。所以，建立在这样的广大人民群众既利益多重变动，又利益相对稳定，不仅形成了我国社会独特的有中国特色社会主义属性和特征的文化，也会对这一文化形成深刻自信。

这里，其实是两个维度：一是人们的一切思想文化都同人们切身的物质利益密切相关，人与人之间最根本的关系一定是物质利益关系，所以归根到底，人们的物质生产活动，最终制约、影响着人们对某一种文化十分自信，或者说是否能够形成某一种文化。但是，另一方面人们所需要的文化形态，所赖之以自信的文化，又并不完全直接就是人们物质利益的体现，而是在利益的变迁过程中，需要国家、社会、政府，以及各种政治和观念上层建筑的保障，是利益变迁和利益稳定交互作用的产物。中国特色社会主义文化就是这一物质利益变化与稳定的深刻产物。毛泽东指出：“我们是无产阶级的革命的功利主义者，我们是以占人口百分之九十以上的最广大群众的目前利益和将来利益的统一为出发点的……任何一种东西，必须能使人民群众得到真实的利益，才是最好的东西。”[2] 可以想象，在中国社会改革开放四十余年的变迁过程中，东南沿海、大城市的物质利益得到了充分的体现，但边远地区的广大人民群众，在国家精准扶贫的过程中，不仅得到了物质利益的满足，也充分享受到了改革开放的成

①《马克思恩格斯文集》第 3 卷，北京：人民出版社，2009 年，第 320 页。

②《毛泽东选集》第 3 卷，北京：人民出版社，1991 年，第 864—865 页。

果，这些边远地区的贫困人口，就会对中国特色社会主义文化深信不疑。他们虽在改革开放物质利益的变迁中被边缘化了，造成了他们的贫穷，但是党中央并没有忘记他们，而是在改革开放建设的过程中，实施了精准扶贫。扶贫本身，很大程度和根本上就是物质利益的满足。所以，中国社会广大人民群众物质利益的变迁和中国社会独特的制度优势保障，是中国广大人民群众对中国特色社会主义文化自信的根源性基础。

3. 人民群众的社会变革是中国特色社会主义文化自信的深刻社会基础

这是从社会层面来考量人民群众在社会变革中的主体地位，进而对相应的文化及其自信所带来的深刻影响。人民群众是社会历史的主体，是真正推动社会历史变迁的决定力量，正是在广大人民群众广泛而又深刻的社会变革实践活动中，形成了相应的文化形态，同时也决定了是否对这一文化形态形成自信。

狭义的社会变革主要是指社会形态的变化，这是巨大的社会历史变迁。人民群众在社会革命，特别是在推翻旧的社会形态过程中，爆发出了极大的革命热情，缔造了鲜明的革命文化。这一点，在中国共产党所领导的新民主主义革命斗争过程中，广大人民群众在革命战争中所表现出来的英雄气概，积极参与的革命激情，缔造了典型的革命文化。中国特色社会主义文化是内蕴革命文化的，而且还要将革命文化和革命精神发扬光大。这里，主要是说明在巨大的社会革命的变革实践活动中，人民群众的主体性、积极性，在具体推翻旧制度的过程中，缔造了鲜明的文化形态。

广义的社会变革不仅包括社会形态的更替，而且体现在社会生活的方方面面，是政治、文化、生活方式、活动方式、思维方式等各领域的全面而深刻的变化。如果从一个大的历史背景变迁的角度审视，中国社会俨然已从革命战争年代转向了和平建设年代，目前的社会主题已不同于革命战争时期的主题，和平、建设、发展，向着更美好的生活迈进，已经成为当下人民群众的追求。就是说，我们要从历史变迁的大背景角度来审视，当前我国社会正处于改革开放、社会大变动、几乎所有的人都在受着改革开放的洗礼，每一个人、每一个阶层、每一个社会主体都在经历着社会的巨大变化。正如上文我们所引用的鲍曼对现代社会的流动性的描述和思考，深刻展现了现代社会的巨大变动，这种巨大的社会变动给人们带来了巨大的影响，社会的文化形态也随之发生变化，或者说产生了具有新质的文化内容。但是，这里，社会的巨大转变又是源于什么呢？其实，就是源于广大人民群众广泛而深刻的社会主体实践活动。各行各业，每一个人，都在忙碌着，都在各自的岗位上奋斗着，在不懈地追求和努力的过程中，特别是在平凡人的日常的生产生活之中，最真实地展现了中国人的风采风貌。中国特色社会主义文化就是目前广阔的中国人民群众在广泛的社会变革实践中，人们的所思所想、人们的价值追求、人们的希望梦想的切合反映。

人民群众是发挥社会变革力量的创造性主体。人民群众不仅创造社会历史发展的物质财富，生产着精神财富，也推动着社会变革。物质财富的生产和创造，衍生了相应的政治、法律、哲学、宗教、艺术及社会心理等社会意识形态，构成人类社会的精神财富。一方面，这种社会意识形态客观反映着社会存在的变化和发展；另一方面，社会意识又凭借自身的相对独立性及能动的反作用，影响着社会存在。进而言之，人民群众在创造着物质生产生活资料的同时，也生成精神文明和制度文明。再者，随着劳动异化和私有制的产生，加之生产力的易变性和生产关系的相对稳定性，造成阶级社会的矛盾变动不居，阶级矛盾和阶级斗争随之演化为社会革命。在社会变革的历史过程当中，人民群众扮演着社会革命的主要参与者或主力军的角色。因此，人民群众是社会历史变革的主要创造者和参与者，“在属人的世界中，人是这一世界的主人，其他的存在事物是人的活动对象。事物成为认识对象和改造对象，不仅必须以认识者和改造者的存在为前提，并且要受制于认识者和改造者”①。那么，归纳和总结起来，社会历史变革的历史结果出现，在于人民群众是否发挥自身创造性主体作用。因此，中国特色社会主义文化自信不管是从其经济基础根源、社会历史文化渊源或阶级属性等的角度来看，都是由广大人民群众所创造、所自觉形成的。假如这是一座文化自信建构的宏伟殿堂，而人民群众就是该殿堂的坚实地基，只有地基稳固才能进一步去探讨和挖掘殿堂里的瑰宝。

从狭义和广义对于人民群众社会变革力量的二维区分，主要目的是阐释清

①高青海《马克思主义哲学基础》下册，北京：北京师范大学出版社，2012年，第7页。

楚人民群众对社会形态更替的影响，或者对整体社会生活的创造作用。所以，前者是竭力争取广大人民群众的支持和帮助，团结人民群众战胜敌人，建立新社会形态的国家。后者则是某一特定国家或地区，在人民群众积极地发挥自觉性和创造性的基础上，实现内部的自我完善、自我发展。

同时，人民群众也是发挥社会变革力量的自觉主体。马克思指出："我们自己创造着我们的历史，但是第一，我们是在十分确定的前提和条件下创造的。其中经济的前提和条件归根到底是决定性的。但是政治等的前提和条件，甚至那些萦回于人们头脑中的传统，也起着一定的作用，虽然不是决定性的作用。"① 从马克思的论述当中可得知，虽然经济基础对人类社会历史发展起决定作用，但政治、思想等上层建筑也起着一定的作用。人民群众在发挥历史创造主体作用的同时，也会受到社会上层建筑等政治条件、精神条件的限制。这种历史局限性，在建构人民群众文化自信思想的历史进程中是客观存在的。它一方面阻碍着人民群众历史创造主体作用的发挥，影响着人民群众对社会主义经济、文化等的认同，制约着中国特色社会主义文化自信塑造的主体的精神状态；另一方面，又妨碍着人民群众对自我的正确认知与客观剖析，影响着在改造客观世界的基础上对主观世界、对自我的改造，消解人民群众对中国特色社会主义文化自信的自我觉悟和自我认同，即消解人民群众发挥社会变革的自觉主体性力量。针对人民群众对自身的了解和自制力的调适而言，客观上需要有正确的理论引导和适当的精神鼓励。因此，文化自信思想是一种思维方式、价值观念、行为方式等的锤炼和重构，能够改造和塑造符合新时代中国特色社会主义改革并促进人民群众的内在自我觉悟和外在自我解放。

值得注意，中国特色社会主义文化自信作为一种体现社会主义属性的意识形态，本质上是一种社会主义核心价值观，具有"反映社会存在、维护和批判现实、调控社会和人的活动、创造新的生活内容和形式等反作用"②。这种反作用首先体现在反映社会存在，即中国特色社会主义文化自信映照着社会主义的

①《马克思恩格斯选集》第 4 卷，北京：人民出版社，1995 年，第 696 页。

②萧前、刘秀林等主编《历史唯物主义原理》(第三版)，北京：北京师范大学出版社，2012 年，第 98 页。

经济基础、社会上层建筑等方方面面，以及表达出无产阶级及其政党的诉求，形成维护社会主义制度的思想和批判资本主义制度、抵御西方社会思潮侵蚀的现实力量，进而调控新时代中国特色社会主义社会以及广大人民群众的社会生活。而这种反映、映照，造就了中国特色社会主义文化自信既由人民群众创造，又需要人民群众觉悟和自觉遵循的双重属性。它形成了中国特色社会主义文化自信提出、建构和指向的创造性主体、自觉主体——人民群众，又造就了人民群众成为其目标主体指向对象的客观性和必要性。所以，唯有牢牢把握人民群众，破解那些来自政治、经济、精神等影响其发挥历史创造作用的客观限制，中国特色社会主义文化自信才能够不断向更高级形态发展。

鲁迅曾说："希望是本无所谓有，无所谓无的。这正如地上的路；其实地上本没有路，走的人多了，也便成了路。"[①] 中国最广大人民群众积极投身新时代中国特色社会主义建设，将会走出近现代屈辱史的阴霾，挣脱文化自卑的心理，避免再犯文化自负的心态，以慎思明辨的理性，于实践中创造社会主义先进文化，于思考中觉悟文化自信。因为，我们相信"历史活动的规模愈大、范围愈广，参加这种活动的人数愈多，反过来说，我们所要实行的改造愈深刻，就愈要使人们关心这种改造并采取自觉的态度，就愈要使成百上千万的人都确信这种改造的必然性"[②]。人民群众的社会变革建构着中国特色社会主义文化自信的深刻社会基础。进一步说，要想在人民群众中确立中国特色社会主义文化自信思想，必先改革和完善政治的、思想的上层建筑，继续解放和发展生产力、壮大社会主义经济基础，并且协调处理限制人民群众实践主体和创造主体作用发挥的阻碍。唯有人民群众的实践创造性和自觉性得到充分释放，自觉认同中国特色社会主义文化自信思想，中国特色社会主义文化自信才能获得发展的前途，获得生存的土壤和持久的生命力，而人民群众也将在建构中国特色社会主义文化自信的过程中实现思想解放、精神重塑、充分发展。

---

①鲁迅《鲁迅小说精选集》，北京：北京联合出版公司，2015 年，第 60 页。

②列宁《列宁选集》第 4 卷，北京：人民出版社，1995 年，第 348 页。

# 结 语

中国特色社会主义文化自信的问题，实质是要追问中国特色社会主义文化何以自信，其自信的前提到底是什么，进一步在追问前提的过程中，最终是要构筑中国特色社会主义文化自信的坚实基础。无疑，社会历史发展中的多重要素都会影响和制约着人们对中国特色社会主义文化的自信，这就涉及我们要跳出文化学的视域，从马克思唯物史观的角度，即从唯物史观审视人类社会历史发展内在规律的角度，去探索和构筑中国特色社会主义文化自信的基础。这样，既能够从另一侧面理解中国特色社会主义文化自信的内涵以及在社会历史发展中的地位和作用，同时又能将其纳入整个社会历史各方面因素之中，从外围解析出影响和制约中国特色社会主义文化自信的各种因素。

依据马克思唯物史观分析人类社会历史的内在逻辑，特别是其审视人类社会发展的重要视角，本书着重选取了自然地理环境、社会存在的客观因素、经济基础、政治基础、广大人民群众这几个十分重要的维度。遵循着从客观到主观，从广延到内涵的思路，逐步探究这些因素对中国特色社会主义文化自信的影响和制约。可以看出，任何一种文化形态，尤其是中国特色社会主义文化这一特定的文化形态，一定首先是建立在特定的自然地理环境之中的。那就是扎根在中国社会的这片沃土之中。以往，我们十分重视社会性的因素对文化自信的影响和制约，却忽略了自然地理环境这一先天的制约因素。但这里需要予以辩证地解析，虽然文化不直接受制于自然地理环境因素，但作为先天的自然条件，在许多方面，是非常制约和影响在独特的自然地理环境中所形成的文化形态及其自信程度的。所以，本书对此做了深入的研究。同时，在自然地理环境要素分析的基础之上，本书进一步拓展到整个社会存在领域，依据马克思唯物史观社会存在对社会意识决定作用的原理，从客观的社会存在角度，解析和探究社会存在如何对中国特色社会主义文化的自信构成客观性的决定作用，找到最深厚的根源。无疑，在客观的社会存在体系中，经济因素，尤其是其中的生产力因素，起着最为归根到底意义上的决定作用，没有厚实的经济因素作为坚实的基础，人们就不会形成对中国特色社会主义文化的自信。文化毕竟属于上层建筑范畴，但又不是上层建筑体系中的核心范畴，很明显，上层建筑体系中的政治因素，最能够制约和规范某一特定文化形态的形成以及对其是否要求自信。中国特色社会主义文化是中国共产党带领广大人民群众，在中国社会革命、建设和发展的历程中所逐步形成和发展起来的。党的政治指向，政治奋斗的目标，决定了中国特色社会主义文化这一独特文化形态的建构和发展，也构成了对这一文化形态自信的最为重要的政治基础。最后，中国特色社会主义文化自信的基础，一定是最终落实到广大人民群众的生产生活实践中，源于群众，是中国广大劳动人民群众创造了中国特色社会主义文化，中国特色社会主义文化最深厚的基础，就是广大人民群众的内心，人们能够从中国特色社会主义文化中汲取精神的营养，获得文化的力量，进而就会在广大人民群众的内心中形成对中国特色社会主义文化的坚实自信。

总之，中国特色社会主义文化自信的前提追问和基础建构问题，是中国特色社会主义文化自信的核心问题，只有探索出来自社会发展体系中的各个方面的因素，并从这些因素之间的相互作用中，总结和建构出中国特色社会主义文化自信的规律，才能够真正实现广大人民群众对中国特色社会主义文化自信的坚实基础。

# 参考文献

## 一、著作类

[1]马克思恩格斯选集:1—4卷[M].北京:人民出版社,1995.

[2]马克思恩格斯文集:1—10卷[M].北京:人民出版社,2009.

[3]列宁选集:1—4卷[M].北京:人民出版社,1995.

[4]毛泽东选集:1—4卷[M].北京:人民出版社,1991.

[5]邓小平文选:1—3卷[M].北京:人民出版社,1994.

[6]江泽民文选:1—3卷[M].北京:人民出版社,2006.

[7]胡锦涛:在庆祝中国共产党成立90周年大会上的讲话[M].北京:人民出版社,2011.

[8]习近平谈治国理政[M].北京:外文出版社,2014.

[9]习近平谈治国理政:第2卷[M].北京:外文出版社,2017.

[10]习近平谈治国理政:第3卷[M].北京:外文出版社,2020.

[11]习近平.决胜全面建成小康社会,夺取新时代中国特色社会主义伟大胜利[M].北京:人民出版社,2017.

[12]习近平新时代中国特色社会主义思想学习纲要[M].北京:学习出版社,2019.

[13]习近平新时代中国特色社会主义思想三十讲[M].北京:学习出版社,2018.

[14]习近平关于社会主义文化建设论述摘编[M].北京:中央文献出版社,2017.

[15]习近平.在纪念邓小平同志诞辰110周年座谈会上的讲话[M].北京:人民出版社,2014.

[16]十七大以来重要文献选编(上册)[M].北京:中央文献出版社,2013.

[17]冯契.哲学大词典[M].上海:上海辞书出版社,1992.

[18]黑格尔.精神现象学(上)[M].北京:商务印书馆,1974.

[19]刘德厚.广义政治论[M].武汉:武汉大学出版社,2004.

[20]燕继荣.政治学十五讲[M].北京:北京大学出版社,2004.

[21]胡适.胡适选集[M].天津:天津人民出版社,1991.

[22]贺麟.文化与人生[M].北京:商务印书馆,1988.

[23]泰勒.原始文化——神话、哲学、宗教、语言、艺术和习俗发展之研究[M].北京:上海文艺出版社,1992.

[24]C·恩伯,M·恩伯.文化的变异[M].沈阳:辽宁人民出版社,1988.

[25]奥斯瓦尔德·斯宾格勒.西方的没落(上卷)[M].北京:商务印书馆,1963.

[26]塞缪尔·亨廷顿,劳伦斯·哈里森.文化的重要作用[M].北京:新华出版社,2002.

[27]蓝德曼.哲学人类学[M].北京:工人出版社,1988.

[28]罗荣渠.从"西化"到现代化[M].北京:北京大学出版社,1990.

[29]本尼迪克特.文化模式[M].杭州:浙江人民出版社,1987.

[30]鲍曼.流动的现代性[M].北京:中国人民大学出版社,2018.

[31]衣俊卿.文化哲学十五讲[M].北京:北京大学出版社,2015.

[32]张岱年,方克立.中国文化概论[M].北京:北京师范大学出版社,2004.

[33]李鹏程.当代文化哲学的沉思[M].北京:人民出版社,2008.

[34]耿超,徐目坤.文化自信:中国自信的根本所在[M].南宁:广西师范大学出版社,2019.

[35]耿超.中国特色社会主义文化自信论[M].南宁:广西师范大学出版社,2016.

[36]陈先达.文化自信中的传统与当代[M].北京:北京师范大学出版社,2017.

[37]陈先达.文化自信与中华民族伟大复兴[M].北京:人民出版社,2017.

[38]钟兴国.简述中外文化　坚定文化自信[M].北京:国家行政学院出版社,2017.

[39]沈壮海.论文化自信[M].武汉:湖北人民出版社,2019.

[40]沈壮海,佟斐.吸引力　影响力　文化软实力——中国特色社会主义文化建

设[M].武汉:武汉大学出版社,2014.

[41]曾仕强.中华文化自信[M].北京:中央编译出版社,2016.

[42]王蒙.王蒙谈文化自信[M].北京:人民出版社,2017.

[43]李程骅.文化自信[M].南京:江苏人民出版社,2019.

[44]朱宗友.中国文化自信解读[M].北京:经济科学出版社,2017.

[45]陈晋.中国道路与文化自信[M].北京:学习出版社,2019.

[46]丁晓强.文化自信——中国特色社会主义文化研究[M].北京:高等教育出版社,2019.

[47]上海市中国特色社会主义理论体系研究中心.文化自信:创新引领潮流的时代精神[M].上海:上海人民出版社.

[48]高宁.中国特色社会主义文化生产方式[M].广州:暨南大学出版社,2016.

[49]颜晓峰.坚持中国特色社会主义文化[M].重庆:重庆出版社,2019.

[50]冯思淇.中国特色社会主义文化底蕴研究[M].北京:中国社会科学出版社,2018.

[51]陈胜云.中国特色社会主义文化实践论[M].上海:上海三联书店,2009.

[52]胡刚.中国特色社会主义文化创新研究[M].北京:中国社会科学出版社,2018.

[53]肖贵清.道路　理论　制度　文化——中国特色社会主义论[M].北京:人民出版社,2018.

[54]肖贵清,赵学琳,闫晓英.中国特色社会主义文化论[M].北京:中共党史出版社,2006.

[55]马建辉.朝向远大理想精神的建构:中国特色社会主义文化建设研究[M].北京:中国人民大学出版社,2016.

[56]何红兵.中国特色社会主义文化载体研究[M].成都:四川大学出版社,2013.

[57]张造群.传统文化的当代价值:中国特色社会主义视角的省察[M].北京:中国社会科学出版社,2015.

[58]姚宏志.走向文化强国的精神支柱——坚定中国特色社会主义共同理想[M].北京:人民出版社,2018.

[59]韩永进.中国特色社会主义文化理论体系概论[M].武汉:湖北人民出版

社,2012.

[60]陈辉吾.中国特色社会主义文化发展道路[M]武汉:武汉大学出版社,2017.

[61]张瑞才,范建华.中国特色社会主义文化建设的理论与实践[M]北京:社会科学文献出版社,2012.

[62]维恩政.中国特色社会主义文化建设[M]北京:中央党校出版社,2006.

[63]冯天瑜.中国特色社会主义文化建设研究[M]武汉:武汉大学出版社,2008.

[64]李宝艳,叶飞霞.中国特色社会主义文化建设问题研究[M]厦门:厦门大学出版社,2013.

[65]罗文东.中国特色社会主义文化理念论[M]北京:中国法制出版社,2003.

[66]阿尔贝特·施韦泽.文化哲学[M].上海:上海人民出版社,2017.

[67]丁立群.文化哲学基础理论研究[M].北京:社会科学文献出版社,2019.

[68]孙麾,丁立群.马克思主义文化哲学研究[M].北京:中国社会科学出版社,2015.

[69]李宏斌,杨亮才.文化哲学与社会主义核心价值研究[M].北京:人民出版社,2015.

[70]沈青松.跨文化哲学论[M],北京:人民出版社,2014.

[71]张利民.中国近代文化哲学研究[M],北京:知识产权出版社,2019.

[72]任杰.唯物史观视野中的文化与制度变迁关系研究[M].北京:中国社会科学出版社,2010.

[73]张三元.文化与自由:唯物史观创新研究[M].武汉:湖北人民出版社,2016.

[74]孟宪平.马克思主义文化动力思想及其实践研究[M].北京:北京师范大学出版社,2018.

[75]高青海.马克思主义哲学基础(下册)[M].北京:北京师范大学出版社,2012.

[76]萧前,刘秀林,等.历史唯物主义原理(第三版)[M].北京:北京师范大学出版社,2012.

## 二、学术论文类

[1]陈培永,李茹加.中国特色社会主义文化自信:内在逻辑、现实困境与未来前景[J].学术研究,2020,02.

[2]李长学.中国特色社会主义文化的哲学审视[J].科学社会主义,2019,12.

[3]杨起予.文化自信的历史由来和现实思考[J].上海师范大学学报(哲学社会科学版),2019,11.

[4]李来荣.文化自信内在特质与发展理论的多维探析[J].天津社会科学,2019,11.

[5]曹素玲.中国特色社会主义文化自信的辩证张力[J].江苏社会科学,2019,11.

[6]韩文乾.习近平关于坚定文化自信重要论述的四个维度[J].思想理论教育导刊,2019,11.

[7]杨柳青,王建新.新时代中国特色社会主义文化自信的价值要义[J].河南师范大学学报(哲学社会科学版),2019,11.

[8]马冬虹,赵旭.新时代坚定文化自信的理论支撑、实践价值及实践路径[J].学术交流,2019,11.

[9]赵永明.新时代中国特色社会主义文化自信的现实意义和实现进路[J].思想理论教育导刊,2019,10.

[10]陈金龙.新中国70年文化自信的表征、成因与特质[J].学术论坛,2019,09.

[11]朱宗友.近年来学界关于文化自信研究的回顾与前瞻[J].当代世界与社会主义,2019,08.

[12]项久雨,石海军.中国特色社会主义文化自信的内在根据[J].学习与实践,2019,07.

[13]林志友,章冠博.中国特色社会主义文化自信的多维审视[J],社会主义研究,2019,08.

[14]刘惠惠,刘晓哲.关于文化自信研究的回顾与展望[J].社会主义研究,2019,08.

[15]徐奉臻."文化自信"的定位内涵及功能路径[J].社会科学家,2017,10.

[16]王永贵.文化自信与新时代中国特色社会主义意识形态创新[J].学海,2017,11.

[17]王文俊,钟洁.习近平新时代文化自信思想:生成逻辑、核心要义、坐标导向[J].广西社会科学,2017,11.

[18]刘玉霞.价值引领:文化自信的功能定位[J].理论月刊,2017,01.

[19]邵龙宝. 文化自信的内蕴、特征及其传承培育[J]. 兰州学刊,2018,01.

[20]刘仓. 论习近平文化自信的多维理论[J]. 山东社会科学,2017,12.

[21]王永友,宁友金. 坚定文化自信的基础地位与主体要求[J]. 毛泽东邓小平理论研究,2017,11.

[22]魏则胜. 中国特色社会主义文化何以自信[J]. 华南师范大学学报(社会科学版),2018,01.

[23]肖贵清,张安. 关于坚定中国特色社会主义文化自信的几个问题[J]. 当代世界与社会主义,2018,02.

[24]刘波. 习近平新时代文化自信思想的时代意涵与价值意蕴[J]. 当代世界与社会主义,2018,02.

[25]沈江平. 中国特色社会主义文化自信的四大主体建构[J]. 东南学术,2018,01.

[26]王彬. 中华优秀传统文化是文化自信的根基[J]. 山东社会科学,2018,02.

[27]徐国亮. 社会主义先进文化是中华民族文化自信的灵魂[J]. 山东社会科学,2018,02.

[28]许其亮. 习近平文化自信思想的科学内涵和当代价值[J]. 理论视野,2018,12.

[29]彭岚嘉,杨华. 文化自信的历史根据与当代价值[J]. 甘肃社会科学,2018,11.

[30]张婷,孙英. 中国特色社会主义文化自信的生成及结构性构建[J]. 甘肃社会科学,2018,11.

[31]胡江霞. 新时代中国特色社会主义文化的自信基础[J]. 理论月刊,2018,05.

[32]刘凯亚,陈绍华. 理解中国特色社会主义文化自信的四个维度[J]. 学校党建与思想教育,2018,08.

[33]马文保,盛晓伟. 透视中国特色社会主义文化的自觉和自信[J]. 西安交通大学学报(社会科学版),2018,07.

[34]庞飞,李程骅. 文化自信的多维认知与建构逻辑[J]. 学习与探索,2018,04.

[35]张忠家,杨值珍. 论文化自信的构建[J]. 江汉论坛,2018,05.

[36]丁立群. 文化自信的哲学省思[J]. 天津社会科学,2018,09.

[37]陈永胜,曹雅琴. 试论文化自信的内容谱系、生成逻辑与建构方略[J]. 科学

社会主义,2018,10.

[38]蔡瑛,孙必鹏.论新时代坚定文化自信的实质[J].东岳论丛,2018,10.

[39]郭建宁.文化自信与当代中国[J].北京大学学报(哲学社会科学版),2018,03.

[40]赵义良.文化自信的中国表达[J].哲学研究,2018,06.

[41]段忠勇.文化自信的内在逻辑与实现路径研究[J].河海大学学报(哲学社会科学版),2018,08.

[42]蒙云龙.中国共产党要坚持意识形态建设的文化自信[J].广西社会科学,2018,07.

[43]崔丽娜.文化自信的生成逻辑[J].教学与研究,2018,09.

[44]胡旭华,马夏根.论中国共产党文化自信的生成渊源[J].湖北社会科学,2018,08.

[45]雷家军.文化自信:历史、理论与逻辑[J].理论学刊,2016,11.

[46]潘新喆,刘爱娣.文化自信的理论基础与实践要求[J].马克思主义研究,2016,11.

[47]李长学,王子凤,胡振良.中国特色社会主义文化自信何以可能[J].科学社会主义,2016,10.

[48]秦志龙,王岩.论坚定文化自信的三个基本问题[J].科学社会主义,2017,02.

[49]郭华,王文兵.论中国特色社会主义文化自信的现实之维[J].湘潭大学学报(哲学社会科学版),2017,07.

[50]崔利萍,阎树群.中国特色社会主义文化自信的三重逻辑[J].思想教育研究,2017,07.

[51]王钰鑫.中国特色社会主义文化自信的逻辑与理论意蕴[J].广西社会科学,2017,09.

[52]范晓峰,郭凤志.关于中国特色社会主义文化自信的几点思考[J].思想教育研究,2016,07.

# 后 记

本书从开始构思到完稿，大约经历三年多的时间，在对中国特色社会主义文化自信的前提和基础进行探究的过程中，笔者申报了“2020 年辽宁省教育厅科学研究经费项目：东北振兴的文化自信困境与对策研究（LR2020004）”，成功获得了立项。在国家振兴东北老工业基地的宏观规划中，不仅需要经济等硬实力的建构，同时东北文化自信的重要性也不言而喻。而东北文化自信的大前提，又一定是中国特色社会主义文化的自信，所以，本书的写作，既是该课题的一个重大研究成果，也是该课题研究的重要基础性工作。

中国特色社会主义文化自信的前提追问和基础建构，实质是一个十分重大的理论性探究，同时，本书又是基于马克思唯物史观的理论视域，涉及众多细节性和关键性的研究。为此，本书邀请了两位志同道合的同事做了共同撰写和理论论证。本书的主体部分主要是本书的前五章由于泉蛟、王书梅、王启云共同完成，第六章有关中国特色社会主义文化自信的群众基础部分，由笔者的硕士研究生赖传辉、温雅兴、何莹、周淑敏、王帆、宗雪、许若楠来完成，同时他们为本书的写作收集整理了大量的学术资料，并进行了全书的校对工作。本书还得到了长春出版社编辑的支持和指点。在这里，向所有参与此书的工作人员表示深深的感谢。